# 芬兰道路

## 世界可以从芬兰教育改革中学到什么

### 第二版

Finnish Lessons 2.0
What can the world learn from eduational change in Finland?

［芬兰］帕斯·萨尔伯格 著
Pasi Sahlberg

鲍方越 译

上海教育出版社
SHANGHAI EDUCATIONAL PUBLISHING HOUSE

# Preface | 第二版序

# 另一个世界

帕斯·萨尔伯格的《芬兰道路》恰在最需要的时刻出版了。在其问世之时,所谓的教育改革运动在美国愈演愈烈,举足轻重。

奥巴马总统与教育部长阿恩·邓肯(Arne Duncan)都是改革有力的支持者。他们在2009年颁布的"力争上游计划(Race to the Top)"涵盖了改革的核心要素:测试、责任制以及选择。对此,教育者们倍感惊讶,他们原本以为奥巴马总统会结束小布什总统受人诟病的"有教无类法案(No Child Left Behind)",而奥巴马的政令却是直接建构于"有教无类"项目的基础上。"力争上游计划"不仅没有摒弃高风险测试(high-stakes testing),还强调了考试的重要性。如今,不仅学校和学生都需要为他们的测试成绩负责,连教师都因学生成绩的好坏而获得奖惩,甚至有教师会因此被解雇。

改革运动在2010年进入高潮。春季的一期《新闻周刊》封面故事宣称:"我们必须将坏老师炒鱿鱼",仿佛学校正在被"坏老师"统治。那年秋天,电影《等待超人》(Waiting for Superman)上映且备受瞩目。电影传达的信息是:我们的公立学校正走在倒退衰败的道路上,对"受困"的孩子们来说,唯一的出路是逃到私立体制下的特许学校。此时,后来担任了华盛顿特区首席法官的米歇尔·瑞伊(Micelle Rhee)发表了对学校的尖锐评论,并分享了她在解雇教师与校长

芬兰道路

世界可以从芬兰教育改革中学到什么(第二版)

中感受到的快感,使她成了媒体关注的焦点。

美国一些最富有的基金会都在改革运动中一掷千金,包括比尔与梅琳达·盖茨基金会(The Bill and Melinda Gates Foundation)、布罗德基金会(The Eli and Edythe Broad Foundation)、沃尔顿家族基金会(The Walton Family Foundation)等,他们提倡高风险测试,支持"美丽美国"(Teach for America,美国教育公益组织)的事业,鼓励举办特许学校,甚至宗教学校。

威斯康星、密歇根、印第安纳等州重新进行了集体劳资谈判,教师工会成了替罪羊,被当作是学生成绩不佳的罪魁祸首,而教师的健康保险与福利待遇则造成了教育支出的增多。调查显示,因为这些针对教师职业的攻击,教师们士气低落,倍感羞辱。

正当此时,帕斯·萨尔伯格的《芬兰道路》出版了,在这场事关教育前景的辩论中增加了一个新的思考维度。在国际学生评估项目(PISA)中,芬兰拥有极佳的成绩,但并没有做任何美国改革者们强烈要求的事。芬兰的公立学校体系非常强大,并没有特许学校。成为教师的门槛很高,并没有所谓的"美丽芬兰"项目,允许缺乏教育经历的年轻大学毕业生在芬兰学校里授课。在书中,萨尔伯格介绍了时长为五年的师范项目,所有准教师都必须完成专业的师范类教育,才能进入芬兰的学校授课。

芬兰的教师与校长属于同一个工会。工会不只为薪资和工作条件谈判,也为学校和学生发声。尽管芬兰拥有国家课程,教师仍然有较大的弹性,根据他们的需要与优势调整课程。最好的一点是,芬兰并不要求在高中之前的学生参加标准化测试。正如萨尔伯格所言,学校是"无标化考试区"。

很多美国教育者喜欢《芬兰道路》这本书,因为它描述了另一个世界。在那里,教育者得到尊重,并能做出最好的工作,整个社会达成共识,保证学生的健康和快乐。萨尔伯格深知,芬兰的故事建立在与美国和其他国家大相径庭的对比中。他将这项强调测试与选择的运动称为"全球教育改革运动"(GERM: The Global Education Reform Movement)。①

事实上，美国、英国与其他许多国家都被"全球教育改革运动"这种"病毒"所扰，而《芬兰道路2.0》是一瓶解毒剂。它提醒我们，一个国家只要足够关注学生的需要，提供优质的师范课程并选择好教师，建立关注教学趣味性的教育社群，就能够拥有受人尊敬的学校体系。

——戴安·拉维奇(Diane Ravitch)

---

① 全球教育改革运动的英文缩写GERM也是单词"病毒"的意思。

# Preface | 第一版序

# 未竟的芬兰教育事业

20世纪60年代,苏联发射人造卫星,驱动了美国的教育体系进行大规模的科技发展与数理领域创新。20世纪80年代与90年代,日本与其他亚洲新兴经济体的日渐繁荣,促使许多人呼吁政府尽快仿效日本教育方式,包括更为严格的学校作业,提高标准化测验的影响力,增加每学期的授课时数等。在过去十年间,印度与中国急速增长的经济实力,亦刺激美国启动各种教育任务与计划,以求培养学生拥有21世纪技能。这些教育改革举措包括:提出更严格的课程要求,推广通用的国家教育标准,采用更多的考试、更激烈的校际竞争与教师比较,要求每个人都更刻苦工作等。

但是,过去的25年,美国学校与教师的表现在国际评估中每况愈下。尽管如此,就像其他英美国家①一样,美国仍然坚持不懈地完美演绎了爱因斯坦所谓的疯狂:日复一日,做同样的事,却求结果有所不同。这些策略包括强制竞争、施加压力、强化羞耻心,自上而下的干预、市场化、标准化、测验,降低成为教师的门槛,关闭表现不佳的学校,开除效率不高的教师与校长,起用年轻教师,广设新学校等。这些改革策略在过去20年间让英美等

---

① 译注:此"英美国家"原文是"Anglo-American nation",泛指英、美、加(拿大)、新(西兰)等讲英语的,与英、美两国具有历史渊源和现实影响关系的国家。

西方国家大失所望,如今却仍然来势汹汹,带着更强的力道与决心被反复执行。

## 旅鼠登顶

批判应声而起,国际变迁的趋势顾问专家迈克尔·富兰(Michael Fullan)曾预言,美国总统奥巴马的"力争上游计划",即改善全国表现最差的5 000所学校,解除特许学校的设立限制,导入成绩责任薪资制度以求提升教师质量等举措,终将以失败告终。富兰认为,这些举措很少或完全没有关注发展教育领导者和教师的能力,根本无法改善教育系统的整体表现。这项政策来自另一种错误的理论,即认为教师质量能够因为竞争与奖励而有所提升,同时也建立在另一种充满瑕疵的管理模型基础之上,即每个人只需自扫门前雪,进而强调责任制,并且鼓励同仁竞争。但是这一切只不过创造出独善其身的氛围,让教育专业人士缺乏互助的能力与动力。

前任美国教育部副部长戴安·拉维奇(Diane Ravitch)也批判奥巴马总统所拟定的"可怕教育计划",甚至比那位受尽嘲讽的前总统小布什所推行的"有教无类法案"更糟。奥巴马的教育计划执意提倡特许学校,却无视相关经验证据早已指出,特许学校的表现根本比不上同学区的公立学校,甚至连后者的平均水平都达不到。特许学校在贫穷社区搜罗了最优秀的学生,却留下其他人继续挣扎(Ravitch, 2010b)。同时,成绩责任薪资制度将教师的奖励捆绑在可怕的测验设计之上,这些测验不仅信度令人怀疑,而且摧毁了原先坚持分享知识的教育专业人士的团队合作精神。因此,她认为,"这场教育改革不仅刻薄,更像是一种报复性政策,完全没有认识教师所面对的真实难题"。

美国学者赵勇(Yong Zhao)是中国和东南亚教改议题的顶尖权威人士。他指出，作为美国在经济领域的主要竞争者，中国事实上已经在实施课程设置去中心化、评估多样化，并鼓励地方教育自主创新。同时，赵勇总结说，中国在进行课程去中心化，新加坡开始采取"教得越少，学得越多"（Teach Less, Learn More）原则，进而建构出充满创意的学习环境，美国教育仍然顽固地迈向权威主义，让政府决定学生与学校应该学习什么内容，以及采取哪一种方法（Zhao, 2009）。

在文化、政治、商业等领域——包括教育改革——英美文化与社会都病态地沉迷于所有更大、更快、更高、更强的概念，比如为追求短期股价上开而牺牲顾客安全的公司，为追求利润而冒险破坏生态平衡的公司，造成天文债务数字的金融体系，恣意设定不切实际的增长目标与裁员人数而使环境崩溃的企业改革专家。这一切都是毫无耐心、傲慢、刚愎、贪婪所带来的结果，也是最差劲的商业模式经常出现的典型特征。失败、裁员、竞争、关闭学校等举动，在教育界的意义就像是商业界里的企业解体。这些专家所提供的政策选择实在"火热"，就像企图使用激素来增强教育改革的绩效。

即便是在商业界，这种高深莫测的政策转向带来的改善也无法长久。公司解体、变卖资产与随意裁员的方式或许会得到短期的股价回升，但绝不会带来长期发展。许多转型中的企业最终都沦为领导者鲁莽行为的受害者。企业管理专家曼费德·凯兹·迪·瓦瑞斯（Manfred Kets de Vries）曾经解释，为什么所谓的企业改革专家都是精神状况有问题的自恋、反社会、社会适应不良与控制狂者（Kets de Vries, 2006）。

## 第三条路与第四条路

在其他英美国家，这种糟糕的激素式教育改革运动已经通过较温和且较不

具报复性的替代方案获得改善。虽然在这些替代方案之中,提高阅读、数学与科学成绩等政治目标与实验性质仍然非常顽固,但是较温和的改革方案以及高水平的专业支持,通过改善教学材料、增加资源、加强训练等形式,调和了先前的发展情况。

英国在十年前曾经广泛推崇与提倡一种特定的教改模式,介于20世纪70年代的完全强调专业、自主与90年代早期盛行的功利化的市场导向模式之间。当然,包括加拿大的安大略省与澳大利亚在内的各个地区本来都在追随英国90年代的潮流,但随后也采取了十年前盛行的模式。

这一"第三条路"的教育改革模式对之前外表鲜丽的激素式教育改革在两个方面做了扭转:一是明确教育的道德使命,二是要求教育专注于培养能力。

当"第三条路"的竞争对手紧密控制和压榨着教育专业,迫使教育臣服时,"第三条路"提出的内容远比竞争对手更有专业说服力,也更能激励人心。即便如此,第三条路的论点仍大有问题。

首先,"第三条路"所提倡的道德目标或许令人尊敬,但其实跟改革之前一模一样。在实践中,"第三条路"虽然承认各种文化、国家与环境不同,但道德目标却别无二致——就是改善阅读与数学能力测验的成绩,通过提高标准,缩小差异,并且通过强制性且广泛的系统规范来达到目标。无论是在加拿大安大略省还是澳大利亚,百慕大或是英国的曼彻斯特地区,这种道德目标几乎如出一辙。这些国家与文化之间或许殊途,但是顾问专家的PPT内容却是同归。"第三条路"并未定义和发展彼此之间的共同事业和道德目的,也没有属于自己的视野,他们从别人那里"租用"想法。

其次,"第三条路"提出广受尊崇的能力培养时,却经常扭曲"能力"的意义,让教育发展步入歧途,远离了教育应该巩固才能本源的崇高目标。能力培养的关键首先出现在发展中国家背景下,非常近似于社群组织的概念与策略,意指协助社群达到自助。这原是一种具有人文主义色彩的赋能概念,目的是帮助人们实现个人感兴趣的目标,但现行的第三条路政策早已与此南辕北辙——"第三条路"的真相是通过某些外部制定的目标,拟定有限的政策选择,以此作为教育的标准。

在"第三条路"当中,能力培养只不过是传达满足政府需求的教育方法而已,在丹尼斯·雪利(Dennis Shirley)与我的作品中,我们从芬兰与加拿大阿尔伯塔(Alberta)的高效能政府中得到一些启发,随即进化为"第四条路",它注重鼓舞、创新与集体责任,并且主张能力培养应当更为强调自我导向的发展与能力。如果用简短而明确的方式评论"第三条路",就是它只关乎他山之石,只要做到借用其他政策,就能满足传达政策目标,就会感到心满意足。但"第四条路"却关心每个人共享的所有权,以及发展每一个社群独有的灿烂目标。

## 北方之光

芬兰其实是最不可能取得教育改革成功的例子,却能够真正实现前述所及的相关教育政策。这座北欧小国的学生不仅受惠于教育改革,取得了前所未有且稳定持续的高水平国际教育评估表现,同时学业成绩差距很小。芬兰更在经济竞争力、企业信息透明度、普遍生活水平与适宜性等国际指标中获得了相当好的成绩。芬兰虽然只有550万人口,却能制定出与英美国家迥然不同的教育目标与经济方针。

芬兰的非凡例子自然引起了外界的好奇与困惑,全世界的教育学家与政策制定者纷纷造访,试图找出他成功背后的秘诀,我也有幸能共襄盛举。2007年,我获得了一次难得的机会,参与经济合作与发展组织(OECD)的芬兰访问团队,期盼能找出芬兰成就及其培养教育领袖政策之间的关联所在(Hargreaves,

Halasz & Pont，2008）。

许多芬兰经验的评论仍仅仅仰仗二手资料，拜访少数资深政策制定者，或者读一读常见的教育评析学术作品，但我们并非如此。与之相反，我们进行实地观察，访谈学生、教师、学校、地区行政长官、大学研究专家以及芬兰教育部最高层的几位工作人员，广泛探索芬兰社会历史与组织架构，也在最有活力的当地企业中进行同样规模的考察。我们期盼能够了解这个国家的历史与教育体制，并且厘清在20世纪90年代"柏林墙"倒塌之后，芬兰如何在失去既有的苏联市场时，还能完成犹如戏剧般传奇的经济与教育转型。所有的研究成果都让我们迅速得到了显而易见的答案，有一位权威人士始终领导着芬兰独特的教育改革，这个人就是帕斯·萨尔伯格先生。

萨尔伯格成长于芬兰的教育世家，曾任职于芬兰的基础教育体系，随后转往大学执教，此后一直关注着芬兰教育部的专业发展策略。如同许多最优秀的研究者与评论家一样，萨尔伯格持续保持着局内人与旁观者两种身份。作为忠诚且备受信任的局内人，他所掌管的组织领导着芬兰教育创新，拥有丰富且准确无误的认知基础，并且了解国家教育体制与社会系统的内在运作机制。对许多局外人而言，这些内容通常非常神秘而难以理解。

萨尔伯格因为担任世界银行的重要职位而离开芬兰。他理解与诠释的能力发展得很快，还能够为东欧、中亚、北非、中东等地区提供系统性的协助，他发表了许多以芬兰为主题的重要学术论文，也为世界银行撰写了许多关于芬兰的重大报告。

萨尔伯格的局内人身份相当重要。他对系统性教育改革的兴趣不只是理性认识，也对学生、教师、社群这些深受教改影响的人怀有热情，并且始终与他们保持联系。他前往其他国家进行系统评估与协助时，总是最先在该国一间中学讲授数学，与学生聊天，这是他一向鲜明的个性特质。

## 第一版序

萨尔伯格协助我参与的OECD参访团队了解了芬兰教改成功的原因,读者也同样可通过此书了解个中道理,以及这个优秀的教改典范将如何让英美国家的教育体系感到难堪与困扰。本书中,他说明了——

- 芬兰已经发展并拥有了独特的教育与社会改革理念,这种理念极具包容性与创新力,而不是从其他地方借用来的标准化理念。
- 芬兰依赖高质量的、接受过良好训练的教师。新的教师候选人不仅具有良好的学术研究能力与硕士学位,同时,他们加入教育社群的原因也是基于自身对教育理想的追求、系统对教育自主性的尊重与个人对教育的支持等,这一切都与英美国家短期而快速的教师培训流程、见异思迁的争取晋升路径形成对比。
- 芬兰拥有极具包容性的特殊教育政策,将近半数的芬兰学生都会在完成九年基础教育的同时获得特殊教育协助,而不是采取西方国家的常见方针,也就是针对个人学习情况进行法律认定、辅导以及标签化管理。
- 芬兰让教师拥有共同发展课程、进行集体评估的才能以及责任感,而不是满足于受限制的课程,配合中央政府所设立的标准化测验。
- 芬兰拓展了教育改革的意义,使其与经济竞争力的创新发展联结,关乎社会凝聚力、包容性以及共享社群观念。

萨尔伯格极力主张不可追随英美政治领袖与教育专家所提出的全球教育改革运动(他称呼为此项运动为GERM)的原则和政策。后者往往因为芬兰教改的成功令其意识形态立场难堪,而批评芬兰教改经验根本不值一提。那些国家追求高度的经济不平衡发展,并且深陷其中,迫使自己只能以激烈的宣言运动应对公众的不满。萨尔伯格也说明了,某些人因为鄙夷而认为芬兰这个弹丸之地的经验不值一提,却忽略其550万人口已经相当于美国大部分联邦州的平均人数,而美国大多数教育政策都是在各州中诞生。为了反驳美国、英国、加拿

大等与芬兰相距甚远的谬论,萨尔伯格也说明了,芬兰如何进行国家认同与教育导向的转型,其他国家又应如何效法以及为何必须如此。

过去那种热情洋溢的激素式改革方案以及"旅鼠登顶"等政策,从来无法解决西方国家的教育改革问题,但萨尔伯格的研究成果却足以胜任。因为他是芬兰教改中最受赞誉的内部专家人士,也是世界顶尖学者,曾经以世界银行专家的身份成为许多国家的座上宾,实际接触了各国的教育体系,因而发展出具有国际视野的教改政策与观点。萨尔伯格先生的外在改革者身份优势也令芬兰的独到经验能成功地与他国分享。

向其他教师学习是教师自我提升的方法之一。学校也能见贤思齐,以达到提升的效果,故步自封是进步的大敌。我们已花费数十年的时间来打破教师在学校内部与学校之间的孤立风气。如果我们能够描摹出教育改革的理念,并且真正激励教师们勤勉,致力于改善学生的学习效果——特别是协助那些最为挣扎的学生——现在就是打破美国与其他英美国家所盛行的优越主义的最好时机。而这场关键的教育改革道路上,帕斯·萨尔伯格先生无疑是我们最好的教师。

——安迪·哈格里夫斯(Andy Hargreaves)

# Foreword ｜ 第二版前言

在世纪之交时,全球教育图景与今日大为不同,世界上的许多国家都相信自己拥有最好的教育体系。各国投入大量的金钱在教育改革中,并承诺会修正过失,打造更卓越的教育,以期望能够提升在国际上的排名。与此同时,也有另一些国家致力于建设平等的教育体制,希望为所有的孩子提供获得优质教育的公平机会。这些国家并不追求在国际上获得"最佳",而是试图为他们的孩子与家长提供最优质的教育。讽刺的是,时至今日,那些追求排名的国家并没有成为最好的,而那些今日最好的教育体制并不曾追求过第一。

《芬兰道路》正是诞生于这一新兴的全球教育图景下。世界各地的研究者纷纷开始关注芬兰、韩国、加拿大、日本、新加坡和后来的爱沙尼亚拥有什么共性,使他们的教育在世界上获得出人意料的成就。而更困扰我的问题是,哪些举措是这些国家没有实践但其他国家正在执行的?很快,我意识到,芬兰在很多方面都与其他国家不同。芬兰似乎有许多核心的学校政策,与美国、英国、澳大利亚、新西兰以及世界上许多国家的做法相悖。在2011年末出版的《芬兰道路》讲述了通往教育成功的另一种选择,讲述了芬兰惊人的教育表现背后的故事。

当我受邀介绍《芬兰道路》时——实际上在这本书出版以来,我在世界各大

洲都进行过这类活动——我总是用三个"警示"来开头,而我也想在这里再次强调。第一,我写作这本书与发表演讲绝不是意图说服我的读者与听众认同芬兰拥有世界上最好的教育。国际媒体与一些专家都曾造成一种错误的印象,世界上存在一种全球性的统一测量标准,可以判断出世界上最好与最差的教育体制。事实上,当前的国际教育排名仅仅包含了少部分的学科——也就是阅读、数学和科学。因此,当第一次国际学生测评项目(PISA)在2001年12月发布芬兰获得第一时,许多芬兰人对自己说:"我们肯定做错了什么,才会在一个世界性的学科标准化测试中排名第一。"几乎没有芬兰的教育者会认为芬兰拥有世界上最好的学校体系。

第二,在我的书籍或演讲中,我从未认为其他国家只有模仿芬兰的做法才会进步。许多致力于改进教育体制的专家曾比喻:学校改革就像是贫穷的旅人,对一个教育系统有效的做法可能对另一个系统没有相同的效果。当然,我必须承认,大多数时候,我经常遇到造访芬兰或是研究芬兰教育的人们,他们相信,只要有芬兰的课程、学校建设体系与教师,他们面临的教育挑战就会消失。这本书与我在世界各国的工作经验显示,我们确实可以彼此借鉴、见贤思齐。芬兰或许会给他国的教育者一些启示,帮助他们更深刻地反思自己国家的文化与制度。正如我在本书中分享的,芬兰的一些经验可供大家学习,正如芬兰也曾受到许多来自其他国家的教育者与学校教育政策的启发一样。

最后,请记得,芬兰课堂上采取的许多教学革新与教育政策都脱胎于其他国家。当芬兰在20世纪初独立时,芬兰的教育体制正是模仿了德国与瑞士才得以成型。公平、全面的教育系统的理念来自邻近的北欧国家,特别是瑞典。近年来,英国、苏格兰、加拿大和美国都是芬兰教育者学习的对象,这丰富了芬兰学校内的教学举措,而学校领导模型更是美国教育研究自20世纪80年代起在芬兰产生积极影响的典型案例。

## 第二版前言

《芬兰道路》的再版包括了芬兰教育场景的全面更新以及最新的国际教育测评指标数据。第二版使用了2011年起芬兰在各项世界性测评的表现数据。基于这些更新后的资料,第二版也探讨了芬兰国内发生的变化,以及最新趋势所代表的含义与可能采取的对策。第二版还包括了早期教育这一教育系统新板块的介绍,描述了更新的特殊教育系统以及更详尽的高中毕业考试。

《芬兰道路》出版至今较为顺遂。我曾在苏格兰、英国、瑞典、澳大利亚、新西兰和欧盟的议会上介绍这本书的内容。在2013年,《芬兰道路》获得了格文美尔奖(Grawemeyer Award),一项由路易斯维尔大学授予的奖项,以认可其作为教育行业的重要作品,具有改变世界的影响力。事实上,这本书使我成为世界许多知名大学的演讲嘉宾。对数以千计给我留言评论、分享见解的人们,我深怀感激。他们的许多建议都融合在第二版中。

我希望《芬兰道路》能够让你相信,我们有能力创造一个优质的公立教育体系并服务好所有的孩子。芬兰拥有优质教育的秘密很简单:总是问自己,你计划施行的政策或改革是否会对你的孩子或教师有好处。如果你犹豫了,那么别去做。

——帕斯·萨尔伯格(Pasi Sahlberg)

2014年秋,于麻省剑桥

# Acknowledgments | 致谢

在写作这部分之前,我去了社区内的书店并阅读了许多其他作者的致谢部分。许多人提供了长长的感谢名单——同事、学生,有时甚至包括对手——他们对书籍都有影响。部分文字让我怀疑,这些所有提及的人是否真的值得感谢。这本书里,我可以保证,每一个以下提及的名字都在本书策划与写作的过程中扮演了重要的角色。每个人的贡献程度不等,但全都非常重要。

倘若没有时不时地咨询局外人,写作这样一本与自己生活与工作紧密相关的书是非常困难的。在写作本书时,我依赖一些亲近的同事与伙伴的智慧、知识与经验。他们相信芬兰的经验有价值,值得与世界分享,他们的信心是我下定决心写作本书的重要动力。但只聆听赞同的声音并不会写出好故事。正如我祖母极具智慧的言论:"如果我们想的都一样,那我们就没有人会仔细思考了。"因此,我要格外感谢那些信任我,也提出不同意见的伙伴,既表达了观点,又总是使用雄辩而尊敬的措辞。

特别感谢以下同事与朋友:Erkki Aho, Lisa Belzberg, David Berliner, CIMO, Jean-Claude Couture, Linda Darling-Hammond, Carrie Fuller, Slavko Gaber, Howard Gardner, Kauko Hämäläinen, Andy Hargreaves, Tom Hatch, Jarkko Hautamäki, Hannah Hayman, Henry Heikkinen, Olli-Pekka Heinonen,

Martti Hellström, Stephen Heyneman, Peter Johnson, Ben Levin, Henry Levin, Stephen Murgatroyd, Cera Murtagh(帮助我给这本书起名字),Nicholas Negroponte, Hannele Niemi, David Oldroyd, Lyda Peters, Diane Ravitch, Sir Ken Robinson, Veera Salonen, Laura Servage, Robert Schwartz, Dennis Shirley, Tony Wagner 和 Win Wincke。我想特别感谢 Sam Abrams 的友情与周到的支持,使我这本书在很多方面能够更易于读者理解。

写作这本书的另一个灵感来源是我在世界各地参加会议、讨论与大会上遇到的数不清的人们。他们教会我更深刻地理解教育改革的复杂性。因此,面对问题:为何一些国家的教育比另一些国家的更好?我非常谦卑。当试图解释为何芬兰学生在国际测验上表现良好时,人们往往很容易忽视复杂的情境而给出简单的解释。聚光灯下抛给我的提问、讨论与顾虑对我来说很重要,帮助我深刻地思考芬兰教育发展的历程。我在赫尔辛基大学的国际学生们也是我灵感的来源,我们共同探索芬兰教育体制的秘密,他们总是给我与芬兰本地学生不一样的视角与经验。我对所有的观众与学生都心怀感激,他们将这本书的写作过程变成一项兴致勃勃的体验,一种自我提升的过程。芬兰外交部也慷慨地在他们的活动上分发《芬兰道路》,我也非常感激。

这本书的不同部分由我早期的一些研究、分析与评论演变而来,这可以在引用部分看到。对我前作进行编辑与校对工作的人们,也对提升我讲述芬兰故事的论点的准确性有很大的帮助。

我对佩特拉(Petra)长期以来的支持、在我低谷时给予我动力,永远抱有感激。我也应当给我们的儿子奥托(Otto)一个大大的亲吻,他给了我一个全新的理由来写作这本为了全体孩子教育的书籍。

# Contents | 目录

**导论　是的，我们可以（见贤思齐）** ... 1
　　一路向北 ... 3
　　他山之石 ... 6
　　见贤思齐 ... 10
　　本书计划 ... 14

**第一章　芬兰梦想：建设属于所有人的好学校** ... 19
　　第二次世界大战后的芬兰 ... 20
　　普世的基础教育 ... 24
　　新学校的诞生 ... 29
　　高中的扩张 ... 33
　　提升教育成就 ... 35
　　国家大学入学考试 ... 39
　　教育改革的时代 ... 43
　　2015年的芬兰教育体系 ... 50

## 第二章　芬兰悖论：少即是多　...57
从无人问津到聚光灯下　...58
教育的完成度　...62
教育结果的平等　...65
学生的学习　...72
教育支出　...85
芬兰教育悖论　...90

## 第三章　芬兰优势：教师　...103
教育文化　...104
成为教师　...107
研究导向的教师教育　...112
教师就是研究者　...122
教师专业发展　...124
既是教师，也是领导者　...126
学校领导者也是教师　...131
良好的教师，优秀的学校　...132
假如优秀的芬兰教师在你的学校任教　...137

## 第四章　芬兰道路：竞争性福利国家　...145
全球化的力量　...146

全球教育改革运动 ...149
创新型经济 ...160
福利、平等与竞争 ...166
外部创新,芬兰施行 ...171
备受挑战的芬兰梦想 ...175

## 第五章 未来是否继续芬兰道路? ...181
从差异中寻找卓越 ...182
成功的教育改革 ...185
教育改革知识的转换性 ...193
芬兰教育的未来 ...199

后记 ...214
参考文献 ...217
注释 ...230

## 导论

# 是的，我们可以（见贤思齐）

未来10年内，将有约12亿15—30岁的年轻人进入职场，而按照我们当前的工作安排规则，其中只有约3亿人会找到工作。其余约10亿年轻人，我们怎么安排他们？我认为，这将是我们想要为这些年轻人创造和平发展与有希望的未来，要面对的最大挑战之一。

——马尔蒂·阿赫蒂萨里，芬兰前总统（1994—2000），2008年诺贝尔和平奖得主

如今我们越来越清晰地发现,现有的教育体系已经无法为学生提供习得"未来所需"的机会。追求更高质量、更平等与更有效的教育是普遍诉求。事实上,教育系统正面临着双重挑战:怎样改变学校,使学生可以学习新知识与技能,从而能够应对更为未知、多变的世界?怎样在做到上述改变的同时,对所有年轻人敞开大门,使他们无论处于什么样的社会经济状况都可以获得同样的教育?成功应对这些挑战,对于我们的社会与领导来说,既是道德问题,又是经济问题。这是一种道德责任,因为每个人的美好生活与终极幸福都将来自优质教育提供的知识、技能与世界观。这也是一项经济使命,因为国家的富强正前所未有地取决于"专业技能"(know-how)。近年全球经济危机的后续发展也证明,失业人口将是拖垮政府的关键因素,许多年轻人失业正是因为缺乏能够助其脱困的相关知识与训练。

这本书讲的是芬兰及芬兰人如何改变教育体系,使其从20世纪80年代的乏善可陈到如今成为世界杰出教育的代表之一。国际标准测量指数显示,芬兰是世界上教育水平较高的国家之一。他能够以平等的方式提供教育机会,并且能充分、有效地运用相关资源。芬兰教育如今吸引着全世界的学者。琳达·达林-汉蒙德(2010)在《平的世界与教育》(The Flat World and Education)一书中记录了很多。马克·塔克(2011)在他编辑的《超越上海》(Surpassing Shanghai)一书中,将芬兰作为对比美国的优秀案例。安迪·哈格里夫斯与丹尼斯·雪利(2012)选择芬兰作为教育系统成功转型的国家代表,在《全球的第四条路》(The Global Fourth Way)一书中进行介绍。戴安·拉维奇(2013)在《为错误退让》(Reign of Error)一书中将芬兰列为美国人需要学习的例子,展示了为何普及公立教育可以为所有人提供更优质的教育。芬兰教育的章节,已经成为介绍现代教育思考与实际操作的国际手册或书籍的标准组成部分。国际发展机构、咨询公司与媒体通讯社都将芬兰当作"公立教育成功转型"的案例与"见证人"。¹ 关于芬兰的学校与教师的专题著作在中国、韩国、日本、法国、斯洛文尼亚、墨西哥和德国等国家出版。这本书的第一版已经被翻译为 20 多种语言——显然,芬兰的经历已获得了世界的兴趣与关注。

维罗·赫维博士在 20 世纪 90 年代早期带领芬兰走上教育改革之路,时任国家教育委员会领导人的他,在一次演讲中对他的听众说:"一个接受良好教育的国家不是用武力创造的。"他认识到,必须聆听教师与学生的声音,进步之路需要通力合作。在芬兰,教师和学生坚持在教学设计、学习方法和学习时间上拥有更大的弹性与自由。"我们正在创造一种新的教育文化,而且没有退路。"赫维说。这种新文化的基础是教育权威部门与学校之间的信任。正如我们所见证的那样,这样的信任不仅创造了可持续的变革,而且为执行这项变革的教师们所拥有。

## 一路向北

20 世纪 90 年代初期,按照世界标准来说,芬兰教育并无特别之处。所有的芬兰年轻人按常规上学、放学,学校网络广泛密集。因为所有的芬兰人都可以接受中等教育,高等教育对于越来越多的高中毕业生是现实的选择。但是,芬兰学生在国际测评中的表现与国际平均水平相差不大。唯一的例外是阅读,芬兰学生比其他国家的同龄人都表现好一些。20 世纪 90 年代初期,意外的经济衰退使芬兰的经济接近崩溃,所以必须采取果敢而有效的方法减少国库赤字,并想办法从 90 年代苏联解体之后低迷萎缩的国际贸易中复苏过来。诺基亚——芬兰在世界舞台上最主流的品牌,成为帮助芬兰摆脱这场第二次世界大战后最大的经济危机的重要推动力。另一个芬兰品牌,在当时还不被许多外国人所知,就是芬兰的公立学校系统(perukoulu),即芬兰九年综合基础教育系统,

成为帮助芬兰经济与社会转型的关键角色。

全世界范围内,许多教育领袖发现自己国家的教育体系正处于20世纪90年代芬兰所处的困境之中。全球经济低迷严重影响了许多学校、大学和整体的教育系统。以爱尔兰、希腊、英国甚至美国为例,作为知识驱动型经济体,生产力与创新能力都是国际竞争的必备条件,但当地学生的水平远达不到其生产力要求。学生似乎认为,学校与大学提供的教学正变得越发无趣,并与快速变化的世界无关。本书介绍的芬兰教育故事将给那些怀疑教育体系改进可能性的人们带来希望。对另一些试图改变教育政策,使其足以复苏当前经济局势的朋友来说,这本书也提供了精神食粮。芬兰的教育改革经验会让人耳目一新,因为它们与通常呈现在书本与杂志中的教育发展论点不同。芬兰的经验展示了,只有用智慧与可持续发展的理念制定政策与策略,并且由学校教师与领导共同参与计划的制订、实施与总结所有可能的变化,才有可能切实可行地实现系统性的进步。

尽管芬兰的经验看似保障了成功的前景,但我们仍需保持耐心。在这个追求即时成果的时代,教育需要有与之不同的心态。学校改革是复杂而缓慢的过程,欲速则不达,匆忙推进只能毁坏结果。本书的故事也清楚地展示了这个道理。推进的步骤必须由学者、政策制定者、校长与教师们共同的扎实研究来执行。

本书的主题是芬兰第二次世界大战后进化的过程。这是第一本向国际读者介绍芬兰怎样创立一个在平等性与高质量上为世人所称道的教育体系的书籍。世界上许多重要的报纸与媒体,包括《纽约时报》《华盛顿邮报》《伦敦时报》《世界报》(法国)、《国家》(西班牙)、美国国家广播电台、美国国家广播公司、德国之声、CNN、BBC等,都曾报道过芬兰的教育奇迹。电影导演摩根·斯普洛克受芬兰式学校的吸引,在他的电影《局内人》(*Inside Man*, 2006, 在CNN

播放)中将芬兰学校包括在内。数以千计的官方代表团拜访了芬兰的相关机关、学校和社群,希望了解到底什么是卓越教育的推动力。然而,成功的秘诀无法在一本书的内容中全部厘清与说明。

考虑到改革过程中有无数人共同参与,我写本书的路径既是学术研究式的,又是关于个人的。考虑到我个人与芬兰教育的密切关系,这本书有个人的部分。我出生于芬兰北部,在一所乡村小学长大,我的父母都在这所乡村小学里做教师。我童年的大部分回忆或多或少都与学校相关。我仿佛有一种特权,可以观察所有人离开之后教室的样子,而我发现教育世界这样丰富多彩。学校是我的家,它非常吸引人。因此,并不让人感到惊讶的是,我成了一名教师。我的第一个教职是在赫尔辛基的一所初中里,为七年级学生讲授数学和物理。随后,我在教育行政管理与大学教师教育专业内工作多年,因而理解在学校内外教育的异同。作为经济合作与发展组织(OECD)的政策分析师、世界银行的教育顾问以及欧洲委员会的教育专家,我获得了宽广的全球视野,能够有深度地、赞赏地看待芬兰在世界教育中的独特位置。

以这些不同职务来代表芬兰教育时,我面对了很多观众和媒体的提问,内容是芬兰的方法论究竟有什么特点与不同,倒逼着我加深了对芬兰教育的理解。在过去的十年间,我在世界各地做了超过400场主题演讲,接受了超过200场采访,内容都是关于芬兰教育。我与数千人对话,他们教会我用更敏锐的眼光理解世界教育变化的复杂性。和我一样,这些人通常对教育都很感兴趣,与他们的对话帮助我更新了这本书的内容。以下这些问题是我常被问到的:"芬兰教育成功的秘诀是什么?""在芬兰,你们是怎样使最优秀的年轻人从事教育行业的?""在你们不测试学生、不监控教师的情况下,你们怎么可以保证学校都尽到其应尽的责任呢?""20世纪90年代经济崩溃期间,芬兰是怎样拯救教育体系的?"对这些问题和与其相关的批判性评论,我心怀感恩。没有这些对话,

我可能无法对芬兰教育的不同之处有更准确的评价。

这也是一本学术驱动的书籍,因为它的内容来源于一系列研究。这些研究的跨度超过20年,其中我既是一名共同作者(部分作品与他人共同完成),又是评论者。因此,这本书并不只是一篇专题论文,为一项专门的研究或特定的活动而写。这是一本合集,内容包括十年的政策分析、作为教师与管理者的经历以及与全世界数以千计教育者的对话。我很荣幸能够在芬兰之外生活一段时间,并与许多政府的合作,因而更好地理解了芬兰教育与芬兰学校的真正特点与内涵。

我曾经在赫尔辛基大学多年,教授过一门名为"芬兰教育体系导论"的课程。我的学生来自世界各地,他们中的大部分来到芬兰学习一整年,因为他们希望更好地理解芬兰学校体系的结构与精神。在哈佛教育学院的教学经历,让我接触了对世界各地教育体系好奇的美国学生。在世界不同学府教学的机会,帮助我提升自身对芬兰教育体系的理解。因此,通过倾听并学习我的学生、观众与同事,我更新并改进了《芬兰道路》,成了本书的第二版。

## 他山之石

在世界许多地方,公立教育体系正处于危机中。以其中几个发达国家为例,如美国、英国、瑞典、挪威与法国,公立教育正备受挑战,因为其无法为所有的儿童提供他们所需的、充足的教育机会。在这些国家,强硬的解决方式并不少见。学校间激烈的竞争、要求校方对学生表现有更强的控制、基于绩效表现决定教师薪资、关闭有问题的学校都是为应对教育体系的失败所采取的措施。激烈竞争、紧密监控、废除教师工会、开办更多特许学校或使用更多商业模式管理学校,都不是本书推崇的方式,我也不认为这些措施将会解决上述危机。相反,本书的主旨是,我们用其他方式能够提升教育体系,有与上文提及的"市场导向的改革"方式不同的方法。这种"其他方式"包括提升教师实力、降低学生考试频次到最低值、将信任与责任置于管控之前、致力于教育平等、将学校甚至区域级别的管理权交给有经验的教育人员。在2012年的国际学生评估项目(PISA)中展现出较高教育水平的国家(包括芬兰)中,这些教育政策主题都是常见的(2013b;2013d)。本书共分析了五种原因来解释,为什么对寻找提升本国教育系统的人们来说,芬兰会是有趣而实用的灵感启迪。

第一,芬兰拥有独特的教育体系。芬兰的教育在短短20年间,从20世纪70年代的表现平庸进步为表现卓越的国家,甚至成为现代教育体系的典范之一。正如2000年起PISA测评的结果所显示的,芬兰的独特性是芬兰教育体系不仅带来了良好的学习结果,更能展现教育的平等性,同时使在不同地区、不同学校的学生能够在测评中差异较小。这项国际上杰出的成绩仅仅通过合理的、有限的财务支出实现,比许多国家在改革上的投入要少。

第二,由于前述论及的发展过程,芬兰确实展现出另一种创造良好教育体系的方法,这种方法与世界许多其他以"市场"为导向的国家不同。正如安迪·哈格里夫斯与丹尼斯·雪利在《第四条路》(*The Fourth Way*,2009)中提到的,芬兰道路是一种充满着信任、专业性与共享责任的制度。芬兰展示了一种教育改革的案例,在这个国家,缺少学校监管,也不依靠外部收集信息、标准化课程、高风险学生测试、应试管控以及"力争上游"精神机制。

第三,芬兰的成功提供了一些替代性方案,来解决诸如美国、英国、其他北欧等国现存的问题,包括高中的高辍学率、教师过早损耗、特殊教育不足等。芬兰对待辍学学生的方法、提升教师专业性的途径、推行更灵活的校园责任制、采用更灵活的学生评估,或许可以为其他追求成果的学校系统提供灵感。

第四,芬兰还是一个在商业、科技、可持续发展、政府管理、经济、性别平等

与儿童关怀等方面表现不俗的国家,因而常常引发外界探究芬兰的教育与其他社会领域之间互相依存的关系。我们发现,其他公共领域,例如健康与就业,对于广义的、远景上的教育发展与改革也有影响。正如后续章节将要介绍的那样,芬兰其他的公共领域,包括收入的公平性、社会的灵动性、社会内的信任感等,都对教育有影响。

第五,我们应该聆听芬兰故事的原因还有,它给那些正在对公立教育失去信心、怀疑公立教育是否能够进步的人们带来了希望。本书展现了教育体系是可以转型的,但这一过程需要时间、耐心与决断。芬兰道路是一个尤其有趣的案例,因为其中的一些关键政策与变革在第二次世界大战后最严峻的经济危机时期推行。这也提示我们,危机也可以是转机,能够点亮生存之火,比平时更能唤醒处理险峻问题的方法。有些人相信,解决教育体系顽疾的方法是剥夺校方的决策权,并将其转移给特许学校或者其他私有经营者等更高效的管理者。但本书反对这种观念。芬兰经验开展的模式或许不能完全应用于其他国家,但一些基本经验对其他国家的教育体系具有普遍参考价值,其中包括培养教师能力的实践、保障学生能轻松无惧学习的方法以及逐渐增强教育体系内的信任。

正如本书所示,教育体系绝不会因为单一原因有所成败。相反,包含许多相关因素的网络才是关键——无论那些因素是属于教育、政治还是文化领域——它们将在不同情境下发挥不同功能。在此,我要指出三个重要的芬兰教育政策因素,这些政策自20世纪70年代起就被坚持贯彻。

第一个关键因素是充满启发性的,是对"什么是好的公立教育"的愿景:芬兰一直以来都致力于建设一个优质的、由大众提供资金的、本地管理的、为每一个孩子平等提供机会的基础教育体系。这一共同的教育目标,将教育公平的优先级放在首位,并深深扎根于芬兰政治与公共服务之中,从而能够在政党倾轧与政府轮替之下保持良好。20世纪70年代早期引入"公立学校制度"(peruskoulu)

之后,芬兰经历了20届政府轮替,27任不同的教育部长上任,来负责教育改革。但芬兰人对"为每个孩子提供优质公立教育"的信念坚定,使得有的人将此称为"芬兰梦想"。这个名称提醒了其他致力于教育改革的国家:要拥有自己的梦想,而不是从其他国家"租赁"梦想。

第二个值得关注的教育改革关键因素是芬兰对待来自友国、邻国建议的态度。1917年芬兰独立时,芬兰就从其友邻处,特别是瑞典,获得了许多启发。瑞典的福利国家模式、医疗健康系统以及基础教育都是"借鉴模式"的案例。随后,芬兰教育政策也受其他国际组织的指导和影响,尤其是芬兰于1969年加入的OECD和1995年加入的欧盟。在本书中,我认为,尽管受到国际影响,借鉴了邻国模式,但芬兰最终创造了属于自己的独特教育体系并使用至今。我称其为"芬兰道路",因为它与过去25年间世界其他国家的模式并不相同。芬兰道路保留了芬兰自己的传统,展现了优秀的教育实践,并结合了来自他人的教育创新。芬兰教育改革理念中的培养信任、提升自主性、允许多样性等,许多教学理念与创新最初都从其他国家引进,通常来自北美或者英国,如来自英国、美国加利福尼亚州和加拿大安大略省的课程模式,来自美国和以色列的合作式学习,来自美国的档案式评价,来自英国、美国与澳大利亚的科学和数学学科的教学,来自加拿大和荷兰的学生互助式领导力项目等。与此同时,芬兰教育的"芬兰梦想"是"芬兰制造",属于芬兰人,而并非从他国"租赁"而来。

第三个改变的方面是在芬兰学校内让人感到被尊重、充满启发性的工作环境,这是系统性地为教师与校长们设计的。本书提出了一个重要的问题,在整个教育改革的讨论中一遍又一遍地被提及:我们如何让最优秀的年轻人投身教育工作?如同本书第三章详述的芬兰经验所示,仅仅创设世界一流的教师培训课程或仅仅提高教师的待遇是不够的。芬兰的确创设了世界一流的教师培训课程,也确实给予了教师丰厚的薪酬,但芬兰真正的独到之处是,期许教师在学

校中最大限度地实践他们的专业知识与判断,不论是独立完成还是协作完成的。他们有权利掌控课程大纲、学生评价、学校进步以及社区参与程度。这被称为教师的专业精神。世界上许多教师在投身行业之初都抱有建设社群、传承文化的使命感。但与其他国家的同行相比较,芬兰的教师们拥有真正践行他们理想的自由与权利。

### 见贤思齐

芬兰是否可以成为他国进行教育改革时效仿的对象？芬兰教育体系从原有的精英主义、难以评估、相对低效发展为平等且高效的典范,这一过程使许多人着迷(Schleicher, 2006)。在34个经济合作与发展组织国家中,芬兰也是少数实现教育表现提升,并在国际指标与学生测评中体现的国家。此外,许多国际访客惊讶地发现,教育成为芬兰年轻人心中首屈一指的职业——超过了医学和法学——小学教师教育项目是芬兰大学中竞争最激烈的专业之一。本书将在后续章节更深入地展开探讨这些问题。

当然也有许多人质疑,由于其特殊性,芬兰的经验是否能够适用于其他教育体系。其中最常被提起的是,考虑到芬兰的特殊性,它的经验就很难对美国、英国、澳大利亚、法国或其他国土广大的国家适用,如迈克尔·富兰所写,芬兰"非常特殊,根本无法作为一个完整的模型,使整个北美都能效仿"(2010, p.xiv)。人们探讨芬兰的教育改革对他国是否有借鉴意义时,通常会强调以下两个论点。

第一,芬兰在文化和种族上都相对单一,因而与许多国家不同,例如美国。这点确实有一定道理,但我们可以看看日本、韩国、爱沙尼亚、波兰、中国上海等国家和地区。在芬兰,2013年外国出生的公民的比例是5.2%,而不说芬兰语的公民比例超过10%(芬兰统计局,2014a)。值得一提的是,芬兰是一个拥有三种语言的国家,芬兰语、瑞典语和萨米语都是官方语言。拥有最多人数的种族及语言的少数族裔是俄罗斯、爱沙尼亚和索马里。在20世纪90年代中期之后,芬兰拥有全欧洲最快的种族多元增长速度,增长率达到了800%。80年代中期,当我在赫尔辛基开始教学生涯时,教室里很少能看到长得不一样的学生。而如今,芬兰公民中在外国出生的数量在21世纪的第一个10年翻了3倍。芬兰不再是单一民族国家了,当然,在多元化上仍然无法和美国、澳大利亚等多文化多民族的国家相比。

第二,人们认为芬兰规模太小,无法作为完整的模型被幅员辽阔的北美洲借鉴。这种论点比较棘手。一旦我们开始将教育改革中的"规模"因素纳入考虑范围,我们也需要注意到许多国家的州、省、区域在教育管理与运营学校方面都拥有很大程度的自主权,例如在美国、加拿大、澳大利亚、巴西和德国都是如此。芬兰的人口是550万,与美国明尼苏达州或澳大利亚的维多利亚州人口相当,只比加拿大的阿尔伯塔省和法国的北加来海峡省略多一些。事实上,在美国约有30个州的人口与芬兰相当或略少一些。这些州当中包括马里兰州、科罗拉多州、俄勒冈州和康涅狄克州。华盛顿州、印第安纳州、马萨诸塞州的人口也只比芬兰少一些。在澳大利亚,只有新南威尔士地区的人口大约比芬兰多一些,其他区域的规模都比芬兰小。在法国,只有巴黎和周边地区形成的大都会区比芬兰大。加拿大也只有安大略省的人口与土地面积超过芬兰,其他省份与芬兰基本相同。在与芬兰大小相当的行政区域中,如果有关单位能够自主制定教育政策,也可以执行最佳教育改革方针,那么芬兰经验必然能带来有趣且有价值的影响。法国是前述国家中唯一由中央政府执行统一教育管理的,所以他们的教育政策制定者或许会认为小型教育体系的经验没有太多参考价值。

最后,也有人质疑国际评价指标是否如其所表现得那样有效?一种观点

是，学业水平测试，诸如 PISA，"国际数学与科学能力趋势调查"（Trends in International Mathematics and Science Study，TIMSS）以及"国际阅读能力调查"（Progress in International Reading Literacy Study，PIRLS）等国际评比的指标过于狭隘，无法显示学校教育的全景，也因而遗漏了包括社会技能、道德发展、创造力以及数字应用能力等其他重要的公立教育结果（本书第二章详细解释了这一论点）。此外，越来越多的人担心，这些评比越发影响各国教育政策的制定，导致"数字治国"的文化（Grek，2009；Meyer & Benaot，2013；Zhao，2014）。另一类持怀疑态度的人群评论道，这些国际评比使用的测评方法论更有利于芬兰，因为这类测评方式与芬兰的教育文化更匹配。[2] 这类人同时包括芬兰本地人与外国的科学家与专家。近期，哈佛大学的霍华德·加德纳教授也提醒芬兰人必须谨慎对待现行的这些学生测评研究，并且认为这些评比调查过于强调特定学科的测验结果与对应的研究方法。[3] 不仅如此，这些评比调查没有测量人际交往、空间使用与创造性技能，而这些技能在我们现代社会中正变得越发重要。似乎越来越多的人正在质疑 PISA 测试的信效度，尤其考虑到 PISA 测评只凭自身的测量结果就很大程度上挑战了原有的教育，创造了教育世界的新秩序。

尽管芬兰一直都比其他国家表现更出色，但其所取得的成就一直以来也被某些备受赞誉的国际政策低估。例如，在麦肯锡公司一份极具影响力的报告中（Mourshed, Chijioke & Barber, 2010），芬兰甚至没有被列在"可持续进步国家"的名单上。这样做的结果就是，许多来自其他国家的政策制定者在制定政策时并没有考虑芬兰的策略。最近的国家教育策略与政策指导，例如 2010 年英国的《学校白皮书》（Schools White Paper，英国教育部，2010），《美国应该从 PISA 中学到的》（Lesson from PISA for the United States，OECD，2013f）以及《世界银行教育战略 2020》（The World Bank Education Strategy 2020，World Bank，2011），通常都会将高效的教育体系视为必要的进步标准。在韩国、新加坡、加拿大阿尔伯塔省、芬兰的教育体系中,教师效率、校园自主、责任制与学习数据都是相当重要的议题,但处理方式却各不相同。如同本书一再提及的,芬兰在"上述方面是具体怎么实践的"有独特之处。芬兰经验展示了,持续关注平等与合作——而非选择与竞争——能够造就让所有孩子都能成功的教育体系。基于学生成绩表现决定教师薪酬,或是将公立学校都转为私立或特许学校,在芬兰教育进步的语境里都是不被考虑的。

诚然,比起情况更多元、更复杂的社会,芬兰的人口规模和其相对单一的社会民族条件确实使制定教育政策与推行改革更容易。然而,这些因素本身无法完全解释本书所描绘的芬兰教育改革经验以及其中达成的成就与进步,更不应该阻止人们见贤思齐,尤其我们都追求的是同一个目标:为所有人提供更优质的教育。不过,正如诺尔·查克在他的书《芬兰奇迹》(2011/2014)中所描述的,芬兰由于其特有的价值观、文化因素以及社会黏性而成为独特的案例。公平、诚信与社会正义深植于芬兰人的生活中。人们都有非常强烈的集体责任感,因为这不只是为了他们自己的生活,更是为了他人的生活。为了让孩子们拥有健康、快乐的生活,我们的准备从他们出生前就开始,并持续到他们长大成人。所有的孩子在7岁学龄前都拥有日托的权利,成长阶段中,公共卫生服务非常便捷。在芬兰,教育被视为公共资产,因此理当如同基本人权一样受到宪法保障。古谚"小即是美"(small is beautiful)、"少即是多"(less is more)都能贴切地形容芬兰的日常文化。

在本书中,笔者将描绘芬兰人如何通过自己的方式建立平等的公共教育体系,从而建设一个实用的、可持续的、公平的国家。芬兰国家形象大使、诺基亚前首席执行官约玛·奥利拉曾在2010年写道:"在芬兰,我们不鼓励人们照搬他人的做法,不论是穿着还是言行。比起已有的规矩,芬兰人更喜欢根据他们对事情的理解进行理智的思考(外交部,2010,p.59)。"芬兰人强烈的个人主义

风格与相对较淡化的阶级观念、同心协力的传统信念,使他们开拓了一条无尽的创新之道。这份创新也孕育和启发了芬兰人对优质平等的教育体系的愿景。

本书的数据并非来自单一来源,也不认为教育卓越可以由单一的国际研究证明。本书援引了来自国际评估的数据库资料,例如PISA和TIMSS,既包括了国际教育指标,也包括了多样的芬兰国家统计数据。

## 本书计划

《芬兰道路》第一版的出版给予我许多机会进行关于教育改革与芬兰教育模式的深入对话。第二版包括了国际评估数据的更新、对芬兰教育平等性更细致的描述,以及2013年之后芬兰教育改革框架的更新版梳理。我也将回答大众在2012年PISA结果公布之后的一些问题,包括:怎样解释芬兰在全球PISA测评中排名的下滑。

这本书从十个方面详尽阐释了以下观点:

- 芬兰拥有良好的教育体系,使年轻学子可以良好地学习,且在可控的支出与人力资源的情况下保持学校间表现差距较小。
- 芬兰的教育体系并非一直如此。
- 在芬兰,教师是一份有声望的职业,许多年轻的芬兰人都想成为教师。
- 芬兰人或许拥有世界上竞争最激烈、学业难度最大的师范类专业。
- 作为结果,芬兰教师拥有较大的职业自主权,并在职业生涯过程中有机会参与目标明确的专业发展项目。
- 20世纪70年代之后,芬兰教育政策的目标一直是让每个孩子都有好学校读书,而不是在国际教育评估中表现出色。

- 大约一半的16岁芬兰人,在结束义务教育之后,会在学校里接受某种形式的特殊教育、个人定制化帮助以及个性化生涯指导。
- 比起其他国家,芬兰在校内外,教师教得更少,学生花更少的时间来学习。
- 芬兰学校很少有在美国或其他国家很常见的标准化考试、应试复习或私人家教。
- 芬兰教育成功背后的所有因素似乎都是美国与其他国家教育原则的反面,例如竞争、成绩责任制、标准化测试以及主宰整个教育体系的私有化措施。

导论之后,本书共有五章。第一章探索芬兰在第二次世界大战后的政治与历史情况,以及探讨其如何在20世纪60年代末促使全民基础教育的诞生。由于笔者曾经试着向外国访客介绍芬兰的教育改革故事,因此了解,芬兰的教育改革需要从20世纪70年代的公立教育体系(peruskoulu)诞生之前开始说起。第一章将解释旧学校体制改革的过程,即从旧体制严重依赖私立或合资的文法学校到改革后将教育体系转变为综合、公立管理并资助的体系。这一章还详细阐述了义务教育后(即初中毕业后)的教育的主要特质。这种"义务教育后教育"是在20世纪70年代后期执行公立学校体系改革之后出现并推行的。此外,这一章还介绍了芬兰标志性的大学入学考试的主要特征,这是芬兰学生在高中毕业时会参与的考试。

第二章解答一个基本问题:在过去,芬兰在教育上表现是否也很出众?正如我们所预料的,答案是:不。这个答案自然会引发下一个问题:究竟什么是好体制?哪种教育改革使芬兰教育获得这么大的进步?本章的核心是,芬兰教育体系能够在国际评比中取得优秀的表现,至少有一部分原因来自一个悖论。

我们可以用一个简单的原则来解释这个问题:"少即是多"。第二章提供了丰富的、有事实支撑的案例,用以说明这个矛盾的理念是怎样出现在今日芬兰的教育制度中的。

第三章是关于芬兰的教师与教育职业。本章考察了教师在芬兰扮演的关键角色,并描述了教育职业、教师培训以及教师责任的主要特点。这一章说明,尽管高质量的师范大学专业与持续性的教师培训都是吸引有天赋、有意愿的年轻人从事教职的重要条件,但仅仅如此是不够的。我们必须提供给教师专业的工作环境,使他们感到受尊重,能够满足他们在学校工作的道德追求。这一章同样也观察了芬兰教师中的领导力以及他们对外访谈时的言论,包括OECD 2013年的"教师教学国际调查"(Teaching and Learning International Survey, TALIS)中关于芬兰教师职业的发现。

自芬兰从20世纪90年代初的经济衰退中奇迹般的复苏之后——甚至还安然度过了2008年的全球金融危机——许多人已经讨论过,芬兰是充满包容性的信息社会与充满竞争性的知识型经济体的结合(Castells & Himanen, 2002; Dahlman, Routti, & Ylä-Anttila, 2006; Halme et al., 2014)。芬兰经济复苏过程中的关键是,经济与公共领域正在适应面对更严酷的竞争并追求更高的生产力时,教育体系的表现也正在持续进步。第四章讲述了在经济复苏时期,芬兰教育政策与其他公共领域政策的相互依存性。本章认为,当政府致力于提升经济竞争力、推进透明化建设与福利政策等进步手段时,这些策略也会带动教育领域实现进步。

最后,第五章提出了一个问题:芬兰学校教育的未来将会是什么样的?令人惊讶的是,这个问题并不经常被外国访客问及。事实上,受到世界的关注也要付出相应的代价。芬兰人自2001年下半年开始,接待了数以千计的外国教育访客,因而只有有限的时间与精力用以思考教育体系自身的未来发展。这一现象征兆被记录在2009年的PISA结果中,并再次在2012年的PISA测试中得到证明。第五章强调,对于芬兰来说,从自身过去的经历中应该学到,明确下一步计划非常重要。笔者总结道,在教育改革辩论的中心并不利于芬兰思考自身教育在未来究竟需要什么。尽管当今世界,芬兰的教育杰出备受赞扬,但第五章的结尾认为,芬兰教育需要改变。

请本书的读者知悉在我的调研中,我主要使用来自OECD数据库和芬兰统计局的数据,对于感兴趣的读者,这都是公开可查的数据源。笔者根据数据绘制了图表,来展示数据的关联性或数据的缺失——例如,教育支出与教育表现在不同国家的关系。传统的统计学与科学观念表明,关联性并不代表因果性。这一点希望读者牢记。这也意味着,就算两个数据之间存在关联性,也不自动代表着两者间有因果关联。相关性是线性因果的必要条件,并通常启发数据之间因果关系的可能性。第二章中的图2-8、表2-10、第四章的表4-1与第五章的表5-1展示了如前述的线性相关。

# 第一章

## 芬兰梦想：
## 建设属于所有人的好学校

> 神教化世人。若非神，我们甚至连一个字母都不认识。每一位基督教公民的首要职责就是识字，而宗教的法律一定会强迫我们学会阅读。你知道国家正派了什么东西监视着我们：一旦我们不循规蹈矩地读书，它会用下颚撕裂我们。那些镣铐在等待着我们，我的兄弟们，那些黑色的镣铐，他们残忍的下颚宽如黑熊。看守用他地狱一般的钳子向我们发出威胁，除非看到我们怀抱热诚、日夜勤勉地学习，否则他必然会实施报复。
>
> ——阿莱克西斯·基维
> 《七兄弟》(*Seven Brothers*)

芬兰的故事是关于生存的故事。这一特征被阿莱克西斯·基维在他的《七兄弟》(1870年出版的第一本芬兰语小说)中清晰而真实地展现了出来。故事讲述了一群孤儿兄弟们意识到"识字"是拥有幸福生活的关键。此书问世之后,阅读便成了芬兰文化内涵的一部分。教育也成为芬兰建设文明社会与国家的重要战略,并造就了今日因多项文化与技术成就而闻名于世的芬兰。因此,《七兄弟》是现在大部分芬兰学校的核心读物。

作为一个在东西方列强夹缝中生存的小国,芬兰学会了接受现实,并学会以现有条件抓住机遇。运用外交、促进合作、解决问题、寻求共识等方式是当代芬兰的重要特质。这些特质也在建立芬兰教育体系中扮演了重要的角色。正是因为能够将优秀的教育与学习资源在全国范围内合理、均衡地分配,芬兰教育体系才能获得世界的关注。

本章讲述了芬兰怎样从一个仅有少数人接受教育的贫穷农耕国家,转变为一个拥有高质量教育体系以及世界级创新环境的现代化知识型社会。拓宽受教育的渠道,使更多的学生能够接受从启蒙阶段的幼儿教育到高等教育、成人教育的一系列完整教育,是芬兰社会长期以来的重要理念。这一章首先探讨实现"芬兰梦想"的历史与政治背景。随后,本章将描述芬兰基础教育阶段的公立学校(芬兰语:Peruskoulu,统一综合基础学校)的演变过程与芬兰高中阶段(芬兰语:高级中等教育)的一些重要理念。[1] 最后,本章将简要介绍芬兰教育体系的现有结构与政策。

## 第二次世界大战后的芬兰

对民主国家来说,战争是所有能够想象的危机中最可怕的一种。除了一小段停火期,芬兰在1939年12月到1945年春天持续处于战火中。对芬兰这个人口少于400万的年轻民主国家来说,战争带来的损失是巨大的:9万人死亡,6万人受到永久伤害,还留下了25 000名寡妇和5万名孤儿。1944年9月19日,芬兰与苏联在莫斯科签订了和平条约。然而直到1945年春天,芬兰境内要求德军撤离的军事斗争才停止。合约条款的内容对芬兰人来说相当严苛:芬兰必须将其12%的土地割让给苏联,并转移45万人口(相当于芬兰人口的11%);芬兰给苏联的赔款大约是其每年国内生产总值(GDP)的7%;赫尔辛基旁的一个半岛被要求租借给苏联当作军事基地;政治犯被释放;战时领袖在军事法庭上被裁决。这些让步给芬兰带来了深远的政治、文化、经济影响,因此第二次世界大战之后的时期被某些学者定义为芬兰"第二共和"的兴起。[2]

更重要的是,芬兰人通过漫长的斗争来获得自由并生存下来。第二次世界大战后,来自外国的威胁使仍为1918年内战而感到伤痛的芬兰人团结起来。战后时期政治不稳定、经济转型,却也有许多新的社会思想与政策在此时崛起,其中就包括实现教育机会公平的理念。如果不仔细分析第二次世界大战后芬兰的政治与社会发展,就难以理解为何教育会成为芬兰重要的标志之一。芬兰人亦认为,探索芬兰教育体系的成功关键必须从1970年之前开始,而1970年通常被认为是芬兰教育改革的里程碑,本章将稍后说明理由。

历史被分成几个发展阶段后,往往更容易被人理解,芬兰近代史也不例外。尽管根据目的与视角的不同,每个作者都有对芬兰历史进行分类的方法,本书认为,最有效的方式是分析并呈现芬兰教育体系的发展与第二次世界大战后芬兰三个经济发展阶段之间的关系:

- 1945—1970:从一个北方农业国家转变为工业化社会的过程中,芬兰提升教育机会的公平性。
- 1965—1990:在建设北欧福利社会、促进服务业发展及增强科技创新程

度的同时,芬兰建立综合的公立教育体系。
- 1985年至今:为了满足芬兰作为高科技知识型新兴经济体的需要,芬兰进一步提升基础教育的质量,提高高等教育的水平(Sahlberg, 2010a)。

尽管芬兰在20世纪50年代已经开始经济结构上的巨大改变,但直到60年代才被国际标准普遍认可达到卓越水平(Aho, Pitkanen & Sahlberg, 2006; Dahlman, Routti & Ylä-Anittila, 2006)。这10年的巨变摒弃了许多芬兰的旧观念,许多传统的芬兰机构也都开始转型。公共服务设施,尤其是基础教育,是其中改变最明显的。关键时刻来临时,它改变的速度与贯彻程度让许多芬兰人感到惊讶。

第二次世界大战的结束促使芬兰政治、社会、经济结构出现剧烈变化,并带来了芬兰教育与社会机构变革的契机。事实上,教育成为第二次世界大战后社会与经济转型的重要载体。20世纪50年代,芬兰教育机会的不平等体现在只有生活在城镇的人们才有机会念文法学校(Grammar School)或中等学校。大部分年轻人在完成6—7年的正式基础教育后就离开学校,停止学业。当私立的文法学校开始招生后,学生们可以在完成公立学校的4—6年级后申请入学。然而这样的升学机会非常有限:在20世纪50年代,只有27%的11年级学生在文法学校,即包含5年中学和3年高中的正式学校,登记入学。另一条求学的道路是,在完成7年必修的基础教育之后,学生进入为期2—3年的市民学校(Civic School)。这些市民学校大部分由城镇政府成立并管理。从市民学校毕业之后,学生可以进入职校或技校进修。然而,只有少数大都市才有职校或技校这类学院。

20世纪50年代,全芬兰境内只有338所文法学校提供六年义务基础教育之后的求学机会(Kiuasmaa, 1982)。芬兰政府管理运营其中的103所,城镇政府运营其中的18所，其余217所文法学校（也就是总数的三分之二）都由私人或者私有协会管理。这些私立学校很大程度上承担了第二次世界大战后基础教育之后的进阶教育的快速扩张。在20世纪50年代，一个重要的社会革新政策是立法确保国家对这些私立学校的补贴，补贴的存在自然地增加了国家对这些私立学校的控制权。这项政策使私立学校的财务风险通过国家补助的形式获得降低，从而达到鼓励开设私立学校的目的，响应人们日渐高涨的教育需求。

芬兰独立后的最初几年，小学教学具有非常形式化、以教师为主导、强调道德教育而非认知发展等特点。尽管一些教学理念，诸如"以社会收益为目标""健全人际交往的发展"等，早在20世纪30年代就已耳熟能详，但学校教育仍未接受这些观念（Koskenniemi，1944）。直到1945—1970年之间，在芬兰国家教育政策中的三个主旨思想最终改变了芬兰教育的传统模式：教育系统的结构必须为所有人提供更好、更多的教育机会；课程的形式与内容必须强调儿童的个体性与人际交往的发展；教师培训必须进行现代化改革，以应对由这些发展而带来的新需求。芬兰的未来之梦由知识与技术奠基，因此，教育应该作为建设未来的基础（Aho，Pitkänen & Sahlberg，2006）。正如1910年的瑞典，芬兰的20世纪50年代为经济结构的转型期，关键产业从原本的农业、小型商业转变为工业化、技术化的生产行业。第二次世界大战后崭新的政治环境也激励了工薪阶层家庭，他们坚定地要求他们的孩子也从扩张的公立教育中获得平等的权益。因此，一个在20世纪20年代就初次提出的教育模式得到了复苏，并迅速在第二次世界大战后进入芬兰教育政策的讨论范畴中。这种教育模式的基础就是综合学校：对所有人开放，并且具备统一而完整的课程。显然，如果芬兰希望被市场经济的西方民主国家认可，就必须拥有受教育程度更高的民众。对芬兰整个民族来说，这成了一种信念。

## 普世的基础教育

第二次世界大战之后的20年,芬兰政局动荡。1944年首次战后选举时,共产党重返芬兰政坛,并将"教育"定义为"建设芬兰社会主义社会"的重要战略之一。1948年选举,三个政党在芬兰国家议会获得了基本相同数量的座席:芬兰社会民主党(50席)、农业中央党(49席)和芬兰共产党(49席)。芬兰的重建正式开始。达成政治共识是实现包括教育系统复苏等重大议题的前提。保守党在20世纪50年代开始获得选民支持,成为芬兰议会中参与磋商的第四大政治势力。政治教育委员会在推动面向全体芬兰学生的综合基础教育中扮演了非常重要的角色,这一综合化基础教育的方案最终在1970年得到了实现。

其中,有三个政治教育委员会值得一提。

首先,1945年6月,芬兰政府成立了"小学课程委员会"。该委员会的秘书长是马蒂·科斯肯尼耶米(Matti Koskenniemi)教授,在担任这一职位的前几年,他曾出版过一本在小学教学法上具有重大影响的书籍(Koskenniemi,1944)。由于他的贡献,人们对课程认识的重点从原本的制定学习计划转变为描述教学目标、教学方法与结果评估。这些措施是芬兰首次以国际标准来进行课程现代化改革,迄今也仍是重要的思考主轴。

小学课程委员会在芬兰教育历史上拥有核心地位,有如下几个原因:

首先,委员会成员致力于为教育赋予新的目标,使芬兰教育逐渐摆脱原有的德国式传统。委员会还传递了另一种重要理念:教育应当教导年轻人,让他们成为完整个体,拥有追求进一步教育的内在动力。为了达成这一划时代的目标,教学内容被分为五个系统的跨学科领域,这一模式也是1970年"综合学校课程委员会"的模型。

## 第一章 芬兰梦想：建设属于所有人的好学校

其次，当时芬兰课程改革的研究基础，来自一份整合了 300 所学校、1 000 名教师的经验研究。至此，科学调研成了教育政策制定过程的一部分。

再次，该委员会的政策质量之杰出，可谓史无前例，这也是前面两个原因的必然结果。该委员会的最后一份备忘录出版于 1952 年，其中蕴含着极具意义的几项特质：系统化的教育目标、以学生为中心的广泛视野、丰富的教育内涵与现代化的呈现方式以及强调"教育的首要目标是社会凝聚力"。芬兰在 1952 年完成了数项重要的历史事件：赫尔辛基夏季奥运会、芬兰小姐亚米·库色拉加冕为"环球小姐"、芬兰完全清偿了苏联的赔款等。此外，同样在 1952 年，另一个值得补充的里程碑事件是，芬兰的小学教育体系终于拥有全新的、具有国际竞争力的课程体系，这为半个世纪后芬兰教育取得的成功做了铺垫。

第二个重要的委员会是"教育系统委员会"（Education System Committee），成立于 1946 年，职责是制定义务教育的规范法规以及创设系统内不同阶段教育的衔接框架。委员会成员包括当时所有主要政党的代表，主席则是国家教育局局长耶若·鲁托（Yrjö Ruutu），芬兰共产党的盟友。成立后的两年内，委员会提出：第一，芬兰的基础教育体系应当是为期 8 年的义务教育；第二，无论什么社会经济地位的儿童皆有受教育的权利。委员会还建议，这一学校系统应当保持学生的"学术"教育与"职业"教育（强调动手实践技能）的平衡，这与过去现在都实行的平行制度的教育体系一致。

然而，委员会保留了原有的一套规则，即只有在基础教育中学过外国语的学生，才有资格进入高中（Gymnasium），而且高中是升入高等学校的唯一途径。虽然此时综合学校的理念已清楚成型，但由于大学与文法学校教师工会的批判，综合学校制度未能顺利运行。尽管如此，委员会的提案仍然在芬兰社会引起广泛的、对"社会正义与平等受教育机会"的讨论——20 年后，这种信念作为芬兰教育政策的基石终于获得实现，并得到保护与巩固。

教育的各个不同部分在20世纪50年代持续发展。第二次世界大战后的"婴儿潮"促使学校数量急剧增加。新法律规定,国家义务教育必须包含6年小学教育,如果学生未在小学之后就读文法学校,则义务教育必须提供两年的额外教育。1952年开始推行的新课程体系使芬兰学校运作的方方面面都发生了改变。职业教育也正式纳入了教育体系。即使当时的学校体系在实际操作中仍施行平行结构,但芬兰"让所有人都可以上学"的梦想终于实现了。随之而来的是第三个重要的委员会——"学校项目委员会"(School Program Committee)在1956年成立。该委员会的目的是统一芬兰的教育体系,使不同的教育部门在变化的过程中保证一致与连贯。委员会在国家教育委员会总干事、社会民主党党员雷诺·亨瑞克·奥丁南(Reino Henrik Oittinen)的领导下成立。委员会的成立标志着芬兰向着更宏大的教育梦想又迈出了一步。

学校项目委员会的成立与使命是基于当时一项前所未有的国际教育政策分析报告。该委员会的重要贡献之一是观察到了北欧各国之间教育政策的极强共通性。委员会的重要课题是增进教育的平等,几乎同时英、美两国也在着力处理这个议题。1956—1959年是全球政治经济气氛纷扰不安的时期:全球经济衰退、芬兰国内政治局势动荡、与苏联的冲突等(苏联发射人造卫星的事件使世界范围内各国教育均发生改变)。在此期间,这个极具政治性的委员会举办了将近200场会议,其推行的教育改革也成为芬兰教育改革史上重要的里程碑。

学校项目委员会在1959年夏天发布了教育建议书,其中建议,芬兰未来的义务教育应当以九年的市立综合学校作为基础,并依据下述结构创立:

- 1—4年级的教育保证对所有学生普及。
- 5—6年级以"中学"(Middle School)的形式存在,学生可以选择实践类课程或外国语言。

- 7—9年级有3类分支：专注于职业教育与实践的路线、学一种外语的"普通"路线与主修双外语的"进阶"路线。

然而，委员会当时无法就这一综合的教育体系达成政治上的共识。事实上，即便是委员会内部，对主要的政策原则也有强烈的分歧。上述提议的新教育系统将逐步把私立文法学校与公立市民学校整合进一个崭新的公立教育结构，并削弱私立学校的影响。整体而言，委员会的成果引发了芬兰社会对教育的核心价值的重要而深入的辩论。关键的问题是：理论上，是否可以让所有的孩子都接受教育，并完成一样的学习目标。人们对此莫衷一是，即使是在同一个家庭中，人们也有不同的想法。小学教师相信所有学生可以平等地学习，大学则通常会质疑这个立场，政治家们则没有答案。当时，需要在政治与经济方面在世界舞台上更进一步的芬兰别无选择，唯有相信众生平等：只要给足支持与机会，每个人都可以学习外语，完成高等教育。对许多政治家来说，承认当时的教育结构会在本质上深化不平等并且无法使芬兰转型成知识型社会，是非常困难的。图1-1展示了20世纪70年代前芬兰施行的平行教育体系的结构。该结构将年龄11—12岁的学生分入了两个方向中，学生一旦决定了选择哪条路，之后不可能有更换跑道的机会。

学校项目委员会在1959年提出的原提案，在20世纪60年代早期由国家普通教育委员会（National Board of General Education）进一步扩充细化，最终在1963年11月22日进入国会并引起了激烈的辩论。有人认为，如果新方案主张的"统一、普遍且向所有人开放的公立教育系统"获得通过，那么芬兰就没有未来了：知识水平会下降，国家人才会造成浪费，芬兰这个国家会在国际经济竞争中落后。在最终的全体表决中，新教育体系法案获得123票同意、68票反对，终于得以顺利通过。然而新学校体系诞生的庆祝被一项突如其来的通知打断：议

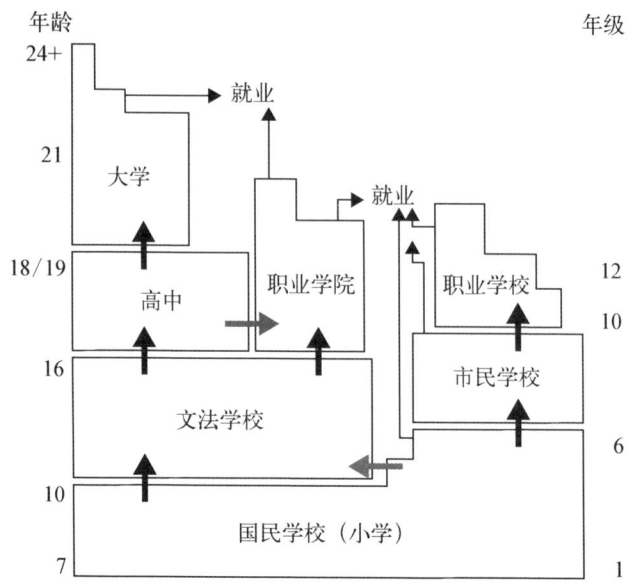

图 1-1 芬兰 20 世纪 70 年代前的教育系统

会发言人宣布,美国总统约翰·肯尼迪在得克萨斯州达拉斯遇刺身亡。

当时芬兰所建立的新综合教育体系,或称"公立学校体系",通常被认为是芬兰现代教育的基础架构。其诞生绝不只是政治家与权威机构的努力成果。相反,许多其他人,包括教育从业人员及学术研究人员等,都投入到这场探索创新教育体系的过程中。其中,芬兰公民社会组织扮演了重要的角色。本章无法更深入地说明这些组织对芬兰教育改革的确切影响力。不过,"芬兰小学教师协会"(Finnish Primary School Teacher's Association, FPSTA)是芬兰公民社会组织在教育政策发展过程中扮演重要角色的良好例子。早在 1946 年,这一组织就表态支持统一综合教育体系。20 世纪 50 年代中期,芬兰小学教师协会甚至出版了一份自己的教育发展方案,并附上了一份翔实、可靠、有理有据的支持统一综合教育体系的提案。这份提案的不寻常之处是,与其他教育工会联盟的申诉不同,这份方案极具进步性与前瞻性。这份提案获得了小学教师协会代表的广泛支持,协会的成员代表着芬兰接近90%的小学教师。这份提案花费了5年时间来完成,并引发了一场全国范围的讨论:是否需要通过更平等的教育体系来实现社会公平与正义。或许更重要的是,芬兰小学教师协会的提案的发布代表着学校与教师已经准备好了进行根本性的教育改革。

1955—1956学年在文法学校注册的学生人数大约是3.4万人。5年后,注册学生人数上升至21.5万人,1965年攀升至27万人,1970年更是突破了32.4万人(Aho et al., 2006)。家长认为孩子需要更妥善、健全、综合的基础学校教育,来保证孩子未来的美好生活,但当时芬兰既有的教育系统无法满足这个目标。这种社会压力引发了教育政策辩论的新议题:个体发展潜力。研究者们认为,个体能力与智力一定可以提升至社会所需的水平,而当前的教育体系无法满足这个要求。

## 新学校的诞生

20世纪60年代后半期,新的立法方案(1966)与新的国家课程体系(1970)已准备就绪。当时的社会政策氛围也肯定了在芬兰各阶级间实现平等与社会正义的价值。具有影响力的政治学家佩卡·库西(Pekka Kussi)教授提出,为实现社会福利国家所增加的公共支出应当被视为"为提升国家生产力而支付的必要投资",而非"维持工业社会运作的成本"(Kuusi, 1996)。新的综合学校系统在1972年实行。根据计划,一系列改革将从芬兰北部开始,预计在1978年完成从北至南的变革进程。

旧的教育结构默认,"不是每个人都能够学会每件事"。换句话说,它主张天赋并非平均分配于每位学生身上,因此每个人受教育的程度与能力也不

尽相同。在芬兰，许多人赞同一份美国发布的《科尔曼报告》（*Coleman Report*）。报告认为，年轻人的基本性情与个性在家庭中已经成型了，学校教育从本质上无法影响与改变（Coleman et al，1966）。很重要的是，新的公立教育体系摒弃了这些观念，从而使高等教育对所有人开放，帮助芬兰建立了一个更公平的社会。

新的公立教育体系的核心理念如图1-2所示，是将文法学校、市民学校与小学整合为综合性九年制市立学校。这意味着，完成4年小学教育后学生必须在文法学校与市民学校中"择一就学"的时代正式结束了。所有学生，无论他们的居住地点、社会背景或学习兴趣，都将进入同样的九年制基础教育学校，由当地教育部门管理。尽管正如前文提到的，这一理念并非芬兰的发明，但这项措

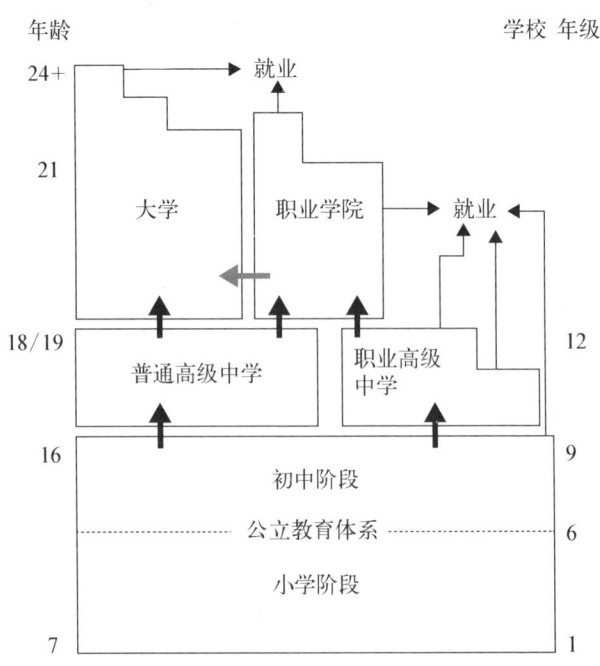

图1-2　1970年后的芬兰教育体系结构

施的施行具有革命性意义。新体系所引发的批评意见认为,不可能期待让来自不同社会与知识成长背景的学生完成同样的教育成果。而反对上述批评者则主张,为了配合天赋较差的学生而降低教育目标,会危害到芬兰追求成为发达国家的宏观前景。

一系列新政于1972年在芬兰北部按计划启动了。《国家综合学校课程纲要》(National Curriculum for the Comprehensive School)也开始指引全国教育的内容、结构与教学进度。虽然对学生而言,综合学校与之前相差不大。而事实上,《国家综合学校课程纲要》提供了方式方法,让学校区分不同能力与特性的学生。例如,外语与数学课程为7—9年级学生提供了3种不同难度的选择:基本、中阶与进阶。基础课程的教学大纲对应过去市民学校提供的教育内容,进阶的课程则对应过去文法学校提供的难度。设立不同难度课程的原因是,如果所有人都必须学习外语,那么需要针对不同学生提供适合的学习内容。

1979年,芬兰南部最后一所市立学校也转型成为新型的一贯制学校。1985年,芬兰全国都废除了按能力分班。自此以后,所有的学生都依据同一份课程与教学大纲来学习。

综合教育改革促进了芬兰教育系统三大方面的发展,这些发展随后也在创造高效能教育体系中发挥了指导性作用。首先,改革将来自不同生活背景、拥有不同目标的学生汇聚在同一所学校与班级,要求教师采用全新的教学方式。教育平等原则要求所有学生都拥有公平的机会去追求学业的成功与学习的快乐。过去,人们对有特殊需要学生的处理办法,就是尽早发现他们的学习困难与其他方面的障碍,并及时进行处理。现在,特殊教育迅速成为新教育体系的内在课题,有关部门与学校都很快聚集了训练有素的特殊教育专家,希望能够协助有特殊需要的学生。特殊教育也将在本书后续章节进行深入探讨。

其次,《国家综合学校课程纲要》要求学校必须义务提供给学生职业生涯指

导与咨询服务。当时普遍认为,学生如果一直就读同一所学校直到义务教育结束,那么学生在完成基础教育后需要接受系统的咨询指导。生涯规划指导旨在让学生尽可能避免未经充分思考的选择。原则上学生有3个选择:进入普通高中学习、去职业学校学习和就业。两种升学的途径都各自蕴含了更多的选择。职业生涯指导与咨询很快成了初中与高中教育的基石,也是芬兰教育体系拥有较低留级率与辍学率的重要因素(Valijarvi & Sahlberg, 2008)。就业指导还成为校园生活与职场的桥梁。作为当时综合职业生涯指导的一部分,公立体系里的每个学生都被要求在一个单位实习两周。

再次,新的公立体系要求任职于所有学校的教师,不论是以学术为中心的文法学校还是以就业为中心的市民学校,都必须在所在学校教授不同能力的学生。正如裘尼·法利贾维(Jouni Valijarvi)所说,综合教育改革不只是组织的变革,还是一种新的教育哲学的诞生(Hautamaki et al., 2008; Valijarvi et al., 2007)。这一哲学认为:只要给予恰当的机会与支持,所有学生都可以学习。"学习与尊重人类的多样性"是重要的教育目标,因此学校应当如同小规模的民主社会,正如约翰·杜威(John Dewey)数十年之前提出的那样。至此,新的公立教育体系要求教师们采用崭新的指导方法,创造因材施教的学习环境,并且将教育当成崇高的职业。这些预期带来了1979年大规模的教师教育改革:教师教育的新法案得到通过,这一法案强调了教师的专业发展,也更为注重研究导向。本书第三章将更详尽地讨论这一议题。

公立学校的诞生带来的另一个具体结果,则是后来高中在数量上的迅速增加。家长都希望自己的孩子可以学得更多,芬兰年轻人也都希望可以追求更好的自我发展。现在让我们看看,芬兰的高中教育是怎样为提升芬兰的人力资本铺路的。

## 高中的扩张

普通高中在1985年之前都是传统的学校组织结构。1985年,普通高中教育法案废除了旧体系,并引入了新的模块化的课程结构。每年两个学期被每学年5—6个时段取代,具体时段的划分取决于学校怎样计划教学。这也意味着教学被重新规划成以6—7周为一个时段,每个时段学生需要完成他们选择的课程。这一改变让每个学校可以重新安排教学日历,因为学校有更大的弹性在不同时段来安排课程。这一改变还影响了当地的课程规划(Välijärvi, 2004)。下一个发展阶段在20世纪90年代中期,芬兰废除了按年龄分组的传统制度,改为非班级的组织结构。这种新的普通高中教育方式不采取既有的班级或年级制度(这个阶段的学生年龄对应过去体系里的10—12年级)。因此,学生在规划未来的学习内容与相应的学习路径时有更大的自主权。新课程框架强调提升对学生认知发展的理解,并让学校得以最大限度地借力自身与社区的优势。虽然学生拥有了更多自由来计划与选择他们的课业,所有的学生仍有义务完成18门必修科目。学生必须成功完成至少75门课(每门课有38节课),75门中三分之二为义务教育必修课程,剩余三分之一由学生自主选择,全部完成才能获得普通高中学位。通常学生完成的课程数目都会超过最低要求,一般会上80—90门课。

学生评价与学校评估也是影响普通高中教学的重要因素。教师在每个时段(6—7周)结束时会评价学生的表现,这就意味着每学年学生会被评价五六次。学生完成所有必需的课程后,就会参加国家大学入学考试(National Matriculation Examination),这项考试对学生来说是高风险的外部测验,对课程与教学的影响很深。芬兰教师与学校领导常常表达他们对"应试教育"的不满,

因为"应试教育"窄化了课程,增加了师生的压力。作为一名前数学与科学老师,我认同这一观点。

为了更好地适应新的政治经济局势,职业高中教育也经历了相当重要的变革。芬兰重新拟定了职业教育的结构、课程与方法,希望能够契合知识型经济体的目标,为社会所需的劳动力提供知识与技能。芬兰政策的核心目标是,提升高中阶段职业教育的吸引力(教育部,2004;Sahlberg,2006b)。当前,大约有42%的学生从公立体系到职业高中就读。

职业教育的结构经历了简化。现在所有职业学校的合格资格为120个学分,等同于三年的全职学习。其中四分之一的学习时间被分配在通识科目或选修课程。职业教育体系的合格证书从原本的超过600种减至52种,对应113个专业项目。原则上,职业学校的学生也有资格参加国家大学入学考试,尽管很少有人会这么做。此外,为提升流动性,如果学生希望将其他学校的课程纳入自身的学习计划,那么普通高中必须保证学生可以选修职业高中的课程,反之亦然。

为了配合高中教育的变化,尤其是应对模块化结构与知识型社会对劳动力的需求,职业教育学校的课程与学习计划也进行了相应的调整。新课程体系设计得以平衡"学得更多知识与技能"和"每项职业所需的专项能力"。通过核心"股东"——学校、用人单位与雇员代表——的合作,芬兰设计出了针对专业技能与知识的评估体系。

职业高中的教学与训练方法也渐渐发生了改变。至少六分之一的训练被安排为在职实习(On-the-job Learning),这是课程整体的一部分。选修工作坊(Alternative Workshop)、学徒训练(Apprenticeship Training)和虚拟学习(Virtual Learning)在中等教育中变得常见。职业学校体系中,资金补助体系采取结果导向,分配了6%的款项用于考核是否对员工提供专业发展。职业学校逐渐开始增加其在教师教学知识与技能上的投入。

两个关键因素影响学生在升学进入高中后表现的好坏。首先,在学生进入高中时,与他们在许多国家将考试当作校园生活一部分的同龄人不同,芬兰学生没有在校园内经历过高风险的标准化测试。一项针对"教师在不同责任制度下的表现"的比较研究说明,"结构化教学模式带来的压力"与"对学生的外部评价机制"对一些教师产生巨大的影响(Berry & Sahlberg, 2006)。高风险测试环境的后果包括规避风险、学习兴趣降低,以及增加对学习的恐惧。研究也指出,在芬兰,大部分初中教师的教育目的是让学生学习,而非通过考试。PISA研究也为此论点提供了更多的证据:比起其他国家的同龄人,芬兰学生在学习数学时更少感受到焦虑(Kupari & Valijarvi, 2005)。

第二个影响学生成功适应高中学习的因素是,生涯规划与职业咨询在芬兰基础教育阶段就很普遍,因此学生充分准备好应对义务教育之后的学习。3年的初中学习中,所有的学生都有权利接受每周2小时的指导与咨询。这也避免了学生由于升学信息不足而造成的风险,帮助学生将更多精力投注在学习他们最想学、最重要的内容上。

比起过去,今天的芬兰学生面临初高中衔接时拥有更有效的知识、技能与态度。在芬兰高中推进的改革对整个学校体系具有深远根本的影响,尤其在教学方面。传统学校教学体系基于一问一答的指导模式,按年龄分组,使用僵化的教学方法。过去将学习场所限制于教室之内,而如今逐渐转变为更灵活、开放、具有丰富互动的教学环境,且学生开始成为学习的主导角色。因此,高中阶段的结构改革、学校与课堂更丰富的指导安排与教学方法帮助推进着正在进行中的学校进步。

**提升教育成就**

综合学校改革取得了许多显著的成果。学校的毕业生人数增加后,对高中

的需求也在增加。每年,大约94%毕业自公立体系的学生会升学至两种高中或报名进入公立学校额外提供的十年级就读。部分无法立刻注册升学的毕业生也会选择非正式教育项目学习,并在之后加入成人教育项目。例如,大约一半的职业高中注册新生是当年公立学校的毕业生。图1-3说明了在2000—2012年之间,公立学校毕业生的去向(他们有以下选择:进入普通高中或职业高中、上额外的十年级课程或离开正式教育)。[3] 由于职业高中课程设计非常强调实用性,加上学生在职业高中体系获得认证之后会有许多继续深造的机会,职业教育成了许多学生的选择。

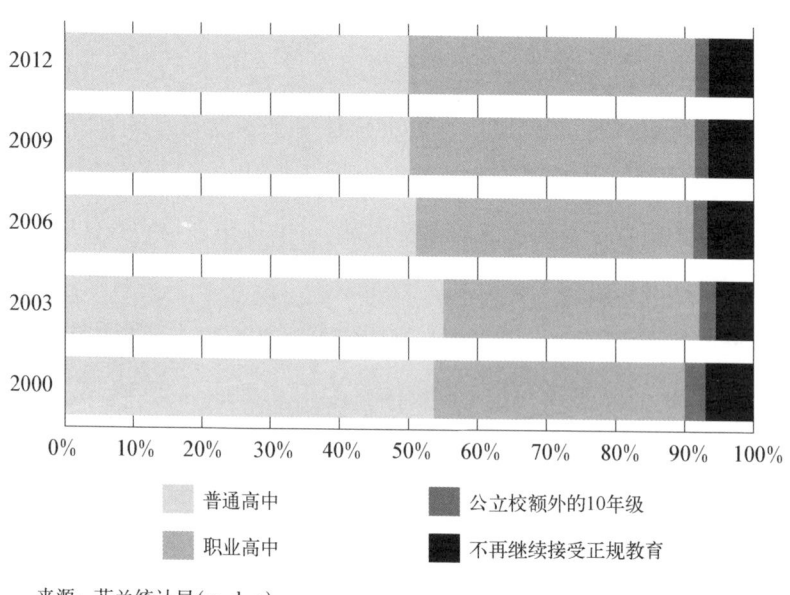

来源:芬兰统计局(n.d.a)

**图1-3 2000—2012年,学生从公立学校毕业后进入高中教育的比例**

如图1-3所示,2012年,大约94%的学生在义务教育结束学习后,立刻就读高中或者公立学校的10年级。同年,普通高中与职业高中注册学生的比例分别为50.0%与41.5%。在绝对人数方面,2009—2010学年则是首次出现就读职业高中的学生人数超过普通高中(总注册率包括所有年满16岁并注册职业高中的学生)。在2012年,大约6.5%,即大约4000名从基础教育毕业的学生,选择不再继续在高中或10年级升学。他们中的部分注册进入其他"义务教育后"的教育项目,学习包括艺术、手工、传统交易等。

仍有相对较多的学生在从义务教育毕业后未能继续接受正规教育,这成了芬兰的社会与政治问题。尽管每年只有不超过1000名年轻芬兰学生没有递交高中申请,但这些没能继续升学的学生最终会影响社会的经济。预计每个未能完成高中教育的人都将给社会造成140万美元的税务损失,并常常伴随着失业。因此,现在的联合政府在2011年发布了倡议,保障所有离开公立学校或其他25岁以下的人有学习或者做学徒的机会。这项倡议的一部分是拟将义务教育时间从16岁延长至17岁,以此提升青少年教育及就业机会,但大部分的政治家和利益相关者并不认为,多一年义务教育会对那些不想上学的人造成影响。结果是,芬兰的义务教育仍在16岁结束。

另一件值得一提的事情是,16岁之后的芬兰的高中教育不是义务的。与其使高中教育转变为义务的,芬兰教育选择为每个人提供平等升学的机会,一方面确保升入高中是个人选择;另一方面提供激励机制,以鼓励年轻人在完成义务教育之后选择升学。自从20世纪70年代引入综合学校体系,教育政策的目标一直是保证所有年轻人完成义务教育后都可以上学(Aho, et al., 2006)。大部分今日的普通与职业高中由市政府管理,市政府可以决定当地"后义务教育"的补助与入学条件。但这不代表当地教育部门拥有完全的掌握权。教学大纲、教师专业认证与教学环境的要求都由全国统一管理,这创建了芬兰完整的学校教育文化。

"后义务教育"是否成功的判断指标还有毕业率。作为芬兰新引入的教育系统的一部分,芬兰教育当局从1999年起,开始系统性地收集数据,分析高中

教育的毕业率。若普通或职业高中的理想毕业时间为3.5年,则大约四分之三的学生能够按时完成学业。表1-1显示了在2011—2012学年芬兰学生中决定不再接受高中与高等教育的学生数量。只有0.2%年龄段内的学生未能如期完成义务教育。在2012年毕业于公立学校的学生中,只有低于4%的学生从学校之外的教育机构获得学位(例如在海外生活的学生,或是在家接受教育的学生)。2012年芬兰高中的毕业率为93%,高于加拿大的88%与美国的79%。OECD会员国的平均高中毕业率为80%(OECD,2014a)。

表1-1 2011—2012学年,芬兰高中与高等教育学生终止学业的比例

| 教育类型 | 学年(2011—2012) |
| --- | --- |
| 普通高中 | 3.5% |
| 职业高中 | 8.7% |
| 理工学院 | 8.5% |
| 大　　学 | 6.4% |

来源:芬兰统计局(2014b)

由于高中的个性化学习计划并非与年龄或年级直接相关,部分学生可以在他们的学习上比其他人多花时间。一些学生会不拿学位或认证就离开教育系统,因此,提前离开学校的学生比例是另一个衡量中学教育质量与效率的参数。根据上述表1-1中的国家统计数据,近年来,中学学段大约有3.5%的学生终止了中学学业而未继续在高中深造或接受任何形式的培训。大约有相同数量的学生从普通高中转学至职业高中,并完成学业。在职业高中,情况更差一些。例如,2011—2012学年,8.7%的职业高中学生辍学,其中约有2%的学生在其他学校或机构继续学业。

在芬兰,从正规学校辍学的学生数量正在缓慢减少,高中学段的辍学率也

比大部分其他国家低得多。2011—2012学年,大约5.5%的学生离校且未就读于其他的教育机构。尽可能避免辍学在职业高中与职业高校都是至关重要的事情。从21世纪初期开始,"留住学生"成了职业教育中结果导向的预算申请体系的重要组成部分,而这一体系将会在2015年推广至所有的高中。在进行这个结果导向的补助体系结算时,降低辍学率、增加课程完成率与学校的总经费正相关。尽管这个补助体系只占全部教育预算的小部分,但也足以激励校方与教师迅速聚焦在识别与预防学生辍学、提供学生学业支持与完善校园生活等措施上。更重要的是,由于学校经费与学生人数直接相关,避免辍学也能为学校带来更多经费。尤其是职业学校,为了防止学生辍学而设计了创新的问题解决方法:为那些适合在实践中学习的学生提供了"以实操为中心"的课程体系。例如,让学生亲自设计、建造模型的"实践导向"的工作坊很受欢迎,增加了高中的吸引力,加强了学生与学校的关联感,留住了许多想离校的学生。

## 国家大学入学考试

凡是通过普通高中必修课程的学生,都有资格参加国家大学入学考试。考试由国家大学入学考试董事会负责组织,由全国所有学校在同一时间举办。职业高中毕业的学生没有统一组织的国家考试。相反,职业院校会针对学生技术进行资格证测试。学生成功完成上述两种高中教育中的任何一种都可以申请高等教育学校,也就是理工学院或综合大学。但是,职业院校毕业生在高等教育的入学人数中所占比例较少。

国家大学入学考试在1852年第一次举办,是赫尔辛基大学的入学测验。当时的学生必须展示自己拥有足够的学术知识,会说流利的拉丁语。今天,测

试的目的是确认学生能否融会贯通国家核心教学大纲要求的知识与技能,并具备高中教育教学目标所要求的成熟度。学生必须至少考 4 门科目。只有通过仅在普通高中举办的国家大学入学考试,才能够进入高等教育学院继续求学。

国家大学入学考试由一个外部委员会统一管理。委员会成员由国家教育与文化部提名,共有 40 名,其中包括大学教授、高中教师和教育政策制定者。试卷根据不同的学科由各自的学科委员会判定,所有学科委员会共有 330 名成员,其中绝大部分都是在职或前学校教师。委员会秘书长负责所有的事务性工作,包括人员选聘、安保等,由 22 个工作人员共同组织会议。一个参与 5 门考试的学生的考试费用为 200 美元。整个芬兰每年组织考试的行政成本为 1 000 万美元,全部来自学生的考试费。

国家大学入学考试的结构是什么?是怎么被评价的?

首先,学生必须通过四门独立学科的测验,才能获得入学考试通过证明。一门必考的学科为学生的母语(芬兰语、瑞典语或萨米语)。其次,每个学生在下面的学科中选择另外的三门:国内使用的第二外语(如瑞典语)、外语(通常为英语)、数学,以及一门人文或科学学科。学生还可以在以下学科中增加测试:不同种外语、历史、文明、生物、地理、物理、化学、健康教育、心理、哲学、伦理及宗教学。学生在每门考试有最多六小时的答题时间。

考试每年举行两次,一次在九月,另一次在三四月。学生必须在三个连续的考试季完成全部测试,也就是说,从学生开始考试,之后的一年必须完成全部考试。所有的测试(除了第二外语与外语的听力与阅读)都是纸笔测验,尤其在开放问题上要求大量的书写。2016 年,考试过程实现了计算机化。

参加考试学生的老师首先阅卷,并给出第一轮成绩。随后,委员会学科委员会成员会在不知道任课老师打分的基础上,独立给出打分。最终的成绩综合考虑两者得出。学科成绩按照满分为 7 分的标准打分,随后按比例调整。因此，每年大约有5%的尖子生与不及格学生。倘若其他学科表现不错的话，学生可以有一门不及格。学生的测试成绩被印在大学入学考试通过证明上，证明上的内容为：该学生成功通过考试并完成了高中所需的学习。

芬兰大学入学考试旨在测试学生综合学术成熟度，包括是否准备好开始高等教育的学习。学生在入学考试上的表现将作为他们大学申请的一部分，这些独立的考试测试学生面对意外议题时的应对。举例来说，与美国加利福尼亚州高中毕业考试规避一系列有可能包含偏见、敏感、有争议议题的措施不同，[4] 芬兰学生经常会被问到涉及人类进化、失业、节食、暴力、战争、体育伦理、垃圾食品、性、毒品、流行音乐、政治话题的问题，以彰显他们的能力。通常这些议题都超越了单学科领域，要求跨学科的知识与技能。

以下是部分2014年春的测试例题：

【母语】作文例题

有的政治家、运动员与其他名流会公开为他们的所作所为道歉。请讨论道歉的语言特征，以及接受道歉作为社会行为与个人行为的意义。

你的身体（body）是否成了你的爱好（hobby）？

媒体正在为争取读者竞争——这样做的结果是什么？

选择3个世界性的宗教，并对比他们的一个神圣形象的角色与使用。

【健康教育】例题

芬兰健康饮食建议的制定基础是什么？制定目的又是什么？

比较衣原体（chlamydia）和湿疣（condyloma）。

【心理】例题

设计一个调研，找到个性是怎样影响个体在脸书（facebook）或其他社

交媒体上的行为的。讨论推进这类调研时要注意的伦理问题。

【历史】例题

卡尔·马克思与弗雷德里希·恩格斯预言,社会主义革命会首先发生在英国这类的国家。马克思与恩格斯做出预言的依据是什么？为什么最终社会主义革命发生在了俄国？

【哲学】例题

为什么幸福、美好的生活与健康是伦理概念？

【伦理】例题

高中生经常要求他们的学校提供某种特定的饮食,背后的原因可能与医疗健康、宗教信仰与道德伦理等相关。描述学生的需求与原因,并分析要求学校提供这类饮食的正当性。

职业教育体系的学生不参与国家考试,而是参加以学校为单位组织的评测,以检验学习的成果与技能。这项评测的基本原则是培养学生积极正面的个人形象,以及按照不同天赋能力实现个性化发展。评测包括学生自评与教师面试打分。此外,他们在职训练的指导者也参与工作场所表现的评定。表现评价等级从1(及格,满意)到3(优秀,卓越)。在缺乏国家统一的职业教育考试的情况下,国家教育委员为确保校际表现的公平性,提供了统一的建议。

当前职业教育界的热议话题之一,是怎样保证校际间认证考试的质量。议会在2005年通过了一项法案,使认证同时包括教师评价与技能知识考试,也保证学生必须熟练掌握课程所要求的职业技巧。这些技巧展示通常会发生在工作场所在职学习期间。雇主与雇员代表都会参加评测。根据项目的不同,学生会被要求在学习期间进行4—10次技能熟练度展示。

## 教育改革的时代

由于芬兰教育改革的蓝图并没有经过充分地探索与讨论,因此用变革的理论及概念模型来组织逻辑,我们才能更好地思考发生了什么与为何发生这种改革。在20世纪70年代的综合教育改革之后,芬兰的教育改革可以分为三个阶段(Sahlberg,2009):20世纪80年代,重新思考教育理论与方法论基础;20世纪90年代,通过网络建设与自我管理来实现教育提升;2000年以后,通过组织架构与行政管理来提升效能。

图1-4展示了发展的过程。每个阶段都承载了特定的政策逻辑与行动理论。20世纪80年代早期,公立学校教育改革终于完成之后,人们的目光都集中在公立教育体系教育哲学中蕴含的知识概念与学习理论上。第二阶段发展于芬兰教育治理的自由化时期,该时期的特点包括:各校自行组织了学校网络,与个体间合作。第三阶段(持续到今日)始于提升公立体系生产力的需要,2001年12月的PISA首次成绩公布和2008年的经济下滑加速了其发展。这一阶段强调教育结构与管理的改革,并小心避免影响在提升效能与加强课业表现之间的脆弱平衡。

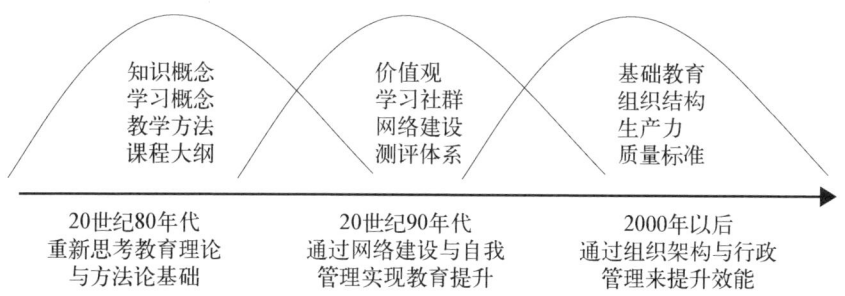

**图1-4 20世纪80年代起,芬兰教育改革的三个发展阶段**

## 第一阶段：重新思考教育理论与方法论基础（20世纪80年代）

20世纪70年代晚期及80年代早期，芬兰发布了几份针对新推出的综合教育体系的调研报告，引起了对当时的教学方法的批判，尤其是对芬兰学校内"以教师为中心"的教育方法。当时随着芬兰新兴教育体系的推进，以特定的教育哲学与理念的假定为基础，强调公立教育的存在是为了培养具备批判能力且能独立思考的公民。在当时的教育体制的发展中，主题之一是实现更动态运作的知识概念。推广这个主题带来了另一份重大的成果：教师相信崭新的教学法能带来有意义的学习与理解（Aho，1996）。当时芬兰校园内部信息通信技术的进步是推动这种转变的主要动力。但也有一部分参与讨论的人士认为，若是过度增加教室内的计算机设备，必定会带来某些问题，包括让学生远离真正的知识、学习环境充斥过多且没有必要的信息、学习沦为科技决定论——这些观点确实掷地有声。

科技发展的同时对应着学习科学的革命。认知心理学成为主流，伴随着建构主义学习理论的兴起与脑神经学的发展，芬兰教育研究者开始分析现有的知识概念与学校学习。芬兰当时挑选出版了部分有影响力、便于教师阅读的读本，并送入学校供教师参考。这些读本包括《知识概念》（1989）、《学习概念》（1990）等。20世纪90年代后期，诸如"什么是知识？""学生怎么学习？""教育如何改革？"是教师培训与学校进步的常见议题（Lehtinen et al.，1989；Miettinen，1990；Voutilainen et al.，1989）。

从国际观点来看，芬兰教育改革的第一阶段已经是壮举。英国、德国、法国及美国的教育体系都因为校方受到质疑、外界对学习标准的争论，以及某些让教师不得不离职的事件而受到严峻挑战，芬兰教师已经在探索知识与学习的理论基础，并致力于重新设计课程，以配合这些崭新的概念（Hargreaves & Shirley，2009）。例如，在英国和美国，对教育知识的深层分析和对学习的新研究的意义等议题,只有学者或者高级教师与领导可以接触。或许是芬兰教育改革的哲学观,使其在 20 世纪 90 年代与其他 OECD 国家不同,没有采取市场导向的教育政策。

尽管这一阶段的芬兰教育发展主要是芬兰人自己的成就,但来自其他国家的经验与知识也同样重要,特别是来自美国、加拿大、英国以及其他北欧国家的知识理论。这些知识中,教学所扮演的角色与学生评价方式——特别是由"课程开发与督导协会"(Association for Supervision and Curriculum Development, ASCD)提出的理念——都是先在美国发展后,才被芬兰文化接受并进行实践。这里有两个例子值得一提。第一,芬兰是最早推广执行大规模合作式学习的国家之一,先在部分大学中推广,随后覆盖其他学校。根据初版的文本记录,在明尼苏达大学(David and Roger Johnson)、斯坦福大学(Elizabeth Cohen)、约翰·霍普金斯大学(Robert Slavin)和以色列特拉维夫大学(Shlomo Sharan and Yael Sharan)进行的研究都在芬兰学校教育教学的转型中起到了重要作用。第二,20 世纪 80 年代后期,国家通识教育委员会发起了一次全国计划,鼓励教师用多种方式进行科学教学。布鲁斯·乔伊斯(Bruce Joyce)与马莎·维尔(Marsha Weil)(后来还有贝弗利·雪尔斯 Beverly Showers)提出的《教学模式》(Models of Teaching)是这项计划的灵感来源与核心理念。布鲁斯·乔伊斯在 20 世纪 80 年代晚期曾访问芬兰,他的成果至今都对芬兰教育体系改革起到了深远的影响,使教师丰富学校教学方法,从而提升了学校教育质量。除此之外,从 1970 年起,芬兰教育体系的发展过程中,就持续研究与遵行许多学者在不同教育领域的贡献,如戴维·柏林纳(David Berliner)的教育心理学,琳达·达林-汉蒙德的教师培训研究,安迪·哈格里夫斯和迈克尔·富兰的教育改革理念等。这些来自美国、英国、加拿大等国的教育理念在芬兰的学校中结出了丰硕的成果。有趣的是,芬兰人自己倒没有提出很多在国际上有影响力的教学方法论。

令人惊讶的是,目前仍然没有太多的可靠研究可以说明,这一阶段是怎样

真正改变了芬兰学校的教学。当时芬兰一位重要人士,也是上文中许多读本的作者,尔诺·雷丁南(Erno Lehtinen,2004),对这一时期教育改革的影响持保留态度:

> 对知识与学习的讨论肯定影响了教师们对教学的态度。早期教育论述中有关社会化的传统价值、强调事实的教育与机械化的理论,被如今的理解、批判性思考、问题解决与学会学习取代。知识与学习概念的扩大也体现在20世纪90年代中期所有学校对新课程的实行中,以及新时代的国家课纲改革中。

这一阶段芬兰的教育改革特色是挑战传统的理念,寻求创新,并希望增强学校间的信任,相信学校可以找到提升学生学习质量的最佳途径。加深对知识与教学的理解增强了学校的道德基础。一个近期发布的、针对芬兰学校的评估报告总结道:"教师着重注意丰富教学环境。教师们认为,使用多样的教学方法对制定教学计划与课堂实施都非常重要。"(Atjonen et al.,2008,p.197)由此得出结论,芬兰学校至少是在教学方面有了进步。

**第二阶段:通过网络建设与自我管理实现教育提升(20世纪90年代)**

1994年的国家课程改革通常被认为是芬兰主要的课程改革,地位与20世纪70年代的综合教育改革一样。这次改革的主要推动力是市政当局与学校,他们在课程设计改革中扮演了重要角色,鼓励学校间的合作,并与家长、企业、非政府组织等建立网络。这一新兴的合作与自发的行动通过"水族馆项目"到达了顶峰。[5] "水族馆项目"是一项以"提升学校实力"为目的的国家级行动,鼓励所有芬兰的学校、校长与教师们彼此沟通,互通有无。"水族馆项目"的目的是将学校转化为主动学习的"学习型社群"。按照马蒂·海尔斯桐姆(2004)的描述,"水族馆项目"是"一个独特的、自发性的学校提升网络,对所有的教育者开放"(p.179)。作为实践的一种,这一项目在此前的芬兰闻所未闻,在其他地方也非常罕见。

"水族馆项目"给学校提供了一种新的进步方式——既包含了传统的"社群建设",也融合了现代的"社交网络"概念。这个项目与"阿尔伯塔学校改革计划"(Alberta Initiative for School Improvement,AISI),即一项加拿大阿尔伯塔省独有的政府长期资助的学校提升项目,有密切的联系。研究显示,无论是芬兰还是阿尔伯塔,这种通过网络和自我管理进行的教育改革,对学校参与社会发展有积极的影响。尤其重要的是,大部分参与这两项计划的学校都发现,在经济衰退或资源缺乏的时期,教师们相信他们改善了学校情况。尽管两地有不同的教育管理体系,然而"水族馆项目"和"阿尔伯塔学校改革计划"都刺激了本地高校校长与教师们追求更先进的教育创新探究和实验活动。研究同样表明,只有学校,而非体制,才是真正具有教育管理能力与掌控权的场所——这个观点被赫尔史东(Hellstrom,2004)和穆哥特罗德(Murgatroyd,2007)再次强调。作为当地财政调整计划的一部分,阿尔伯塔政府在2013年终止了对该计划的资助。

1997年年初,大约有来自700所学校和163个城市的超过1 000个项目参与了"水族馆项目"。根据笔者尽力预估的结果,其中包括约5 000名教师和500名校长直接参与了这项学校改革计划。该项目的理念契合20世纪90年代的新兴教育理念:去中心化(Decentralization)、增进学校自主性以及增强学校认同感。作为学校改革的策略,这一项目强调学校共同承担责任、个性化与集体合作,从而提升学习的质量。因此,"水族馆项目"整合了一些符合新自由主义教育政策的特质,有时候,这些特质被看作是学校间竞争愈加激烈的象征。诚然,学校的不同选择创造了竞争环境,但学校提升改革的网络将单纯的竞争转变为学校共同追求成为更好的学校。"水族馆项目"认为重要的社会价值是意

见共享、一起解决问题,因此避免了学校将彼此看作是竞争者。从这个层面而言,这项计划仰仗的是早期的平等教育机会与社会责任价值,而不是竞争与行政管理的责任制。或许这种政治性的两极正是"水族馆项目"的"阿喀琉斯之踵"。1999年年初,在提升管理有效性、进行结构改革的曙光正要开始的前夕,"水族馆项目"因一项政治决策而终止。

**第三阶段:通过组织架构与行政管理来提升效能(2000年至今)**

2001年12月4日,PISA首次公布的结果让所有人都大吃一惊。根据标准化测试结果,在各项学术领域——阅读、数学与科学——芬兰都是OECD中表现最好的国家。这项国际教育研究说明,芬兰早前与日本、韩国和中国香港在学生表现方面的差距已消弭。通过这项测试的结果,芬兰学生证明,没有私人家教、课外补课以及大量的作业(这一点在东亚国家尤其普遍),学生依然可以学习所有知识与技能。甚至,芬兰可以将各校教育成果的相对差异缩小到史无前例的地步。

PISA首次调查结果公布后,各地教育界人士都感到很困惑。一些芬兰教育者甚至怀疑结果出错了,因为学生们在学业学科测试上的成绩很高。从20世纪70年代起,芬兰教育和重视阅读、数学和科学一样专注于音乐、艺术、手工、社会及生存技能学习。全球媒体立刻都想知道芬兰优质教育背后的秘密。在PISA结果发布后的18个月内,数以百计的外国代表团访问芬兰,学习芬兰学校怎么运营,教师们如何开展教学。外国访客对芬兰"教育奇迹"的问题经常让芬兰人自己手足无措,没有准备好可靠的回答。接下去的两轮PISA测评分别在2003年和2006年,进一步加强和巩固了芬兰教育的声誉。2009年和2012年的PISA研究显示,芬兰学生的学科表现有所下滑,后文会具体讨论。总体来说,PISA数据显示,芬兰、加拿大、日本和韩国学生,无论他们本身的社会阶层,都可以持续表现出较高的学习水平(OECD,2013b)。在其他所有国家中,英国、德国、法国和美国处于平均水平且学生表现差异较大。

普遍来说，PISA调研显示，"提倡平等教育机会的教育政策""发挥教师在教育改革中的核心作用"对教育系统的质量有积极影响。芬兰对PISA数据的深度分析也显示，在评估学习成果与未来发展路径时，学生的住宅位置、家庭环境等条件，都是具有影响力的因素（Valijarvi, 2008）。显然，学生表现与学生社会经济阶层的关联性正在增强。芬兰的教师与研究者们越来越怀疑，国际教育测评是否限制了他们对学生表现与教育成功的定义。

如果结合PISA测评结果、其他全球教育指标与国民学校满意度调查数据，我们可以保守地总结，按照国际标准，芬兰的教育系统处于非常好的状态。因此，这对芬兰的教育政策制定者以及教育改革人士来说，是一个显著的挑战——毕竟，要对已经表现非常好的体制进行改革是非常困难的。或许，这也解释了近期在小学与中学阶段比较保守的改革模式。芬兰的结构性改革开始更关注常规性变化，包括义务教育的长度、中学后期教育的行政管理，以及整个教育体系的效率提升。2000年之后，芬兰教育体系的主要发展领域，着重在多元文化、特殊教育以及消弭小学与初中的隔阂。另一项重要的改革是，自2013年起，芬兰将早期教育从社会管理的行政单位移出，成为芬兰教育体系的一部分。针对综合学校及普通高中教育的"国家教育课程架构"（National Curriculum Framework）在21世纪早期进行了修订，但没有太多重要的改革。新版的"基础教育与普通高中的国家课程纲要"于2016—2017学年施行。对提升效率和生产力的关注，将造成全国许多学校预算的缩减，也意味着学校需要用同样的经费做得更多，或用更少的预算来达到过去同样的目标。许多教育实践者，包括许多学校领导和教师领袖，都等待着学校改革方面的新指示，以此弥补这些资源缩减带来的负面影响。一些芬兰小学与中学教育的可能趋势将在第五章得到讨论。

## 2015年的芬兰教育体系

本书核心的理念之一是,与其他许多国家的教育体系不同,芬兰教育体系并未深受"市场导向"教育改革的影响,这种导向包括鼓励校际竞争生源,提供学校内标准化的教育与学习,并强调高风险测试的结果。这一行为的主要原因是,芬兰的教育界并不相信这些全球盛行的提升教育的制度对芬兰的学校是有益的。最终,高风险的测试策略成功之处,是可以对学生学习有积极的影响,而不是学生在某一特定的测试上提升成绩(Amrein & Berliner,2002)。如果学生的学习效果没有受影响,或是考试给教学逐渐带来了更多有偏见的影响(正如世界上很多地区正在发生的那样),那么就应该质疑这些高风险测试的效用。芬兰教育权威人士,尤其教师群体,都不相信频繁的外部考试和对教师更强的管控会对学生与他们的学习有帮助。

教育政策必须与其他社会政策、国家的总体政治文化相匹配。芬兰凭借良好的政治治理与备受尊敬的教育体系,发展出表现良好的知识经济体,其关键的成功因素则是芬兰在探索国家未来方向等重大议题时,能够作为一个国家团结起来达成广泛共识。结论是,芬兰尤其擅长推进与维护具有可持续领导力与改革的政策(Hargreaves & Fink,2006)。芬兰的教育被认为是一项公共财富,因此具有强烈的国家建构(Nation-building)功能。

芬兰的教育政策被设计用于提升学生的成就。这些政策通过鼓励学校改善学习环境、创设指导性内容,从而起到强调"教"与"学"的作用,帮助学生实现上学的总目标。这与许多其他国家的教育政策相反。许多国家明确设计了强加于学校的政策,如美国的"共同核心州立标准"(Common Core State Standard)、新西兰的"国家标准"(National Standards)以及德国的"新教育标准"

(New Education Standards)。而在芬兰教育改革的初期就已经明确,教师指引才是改变学习成果的关键因素,而不是任何形式的标准、评价或其他的指导性手段。20世纪90年代教师专业化水平逐渐提升时,更有效的教学法以及为教学设计的教室环境、学校环境开始变得更为普遍。在芬兰教育体系内,新的弹性空间允许学校可以互相学习,见贤思齐,学习彼此的创新举措,使更优质的上学体验得以推广。这份自由度也鼓励学校与教师继续拓宽自身的教学方法,并实现个性化教学,从而满足不同学校的需求。芬兰教育体系的结构如图1-5所示。

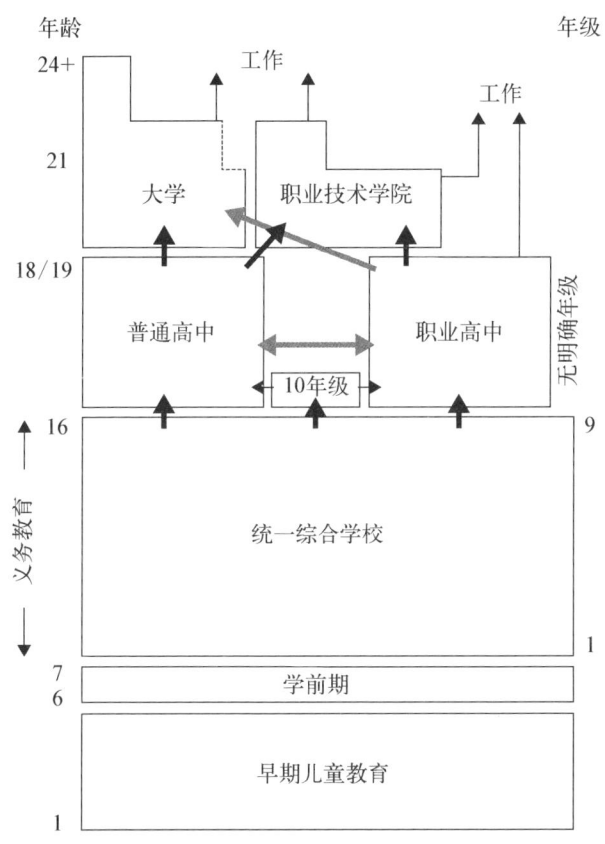

**图1-5　2015年的芬兰教育体系**

从 2013 年初起,早期教育成为芬兰教育体系的一部分。在此之前,早期教育由社会健康部门管理。在芬兰,早期教育指的是教育并照顾在上小学(也就是 7 岁)之前的孩子。在他们上学之前,所有的孩子都有权利接受托管,不论是在家里还是在幼儿园里。芬兰的教育体系,正如图 1-5 所示,所有的孩子在 6 岁时都能参加自愿性的学前教育。让我们来更仔细地看看,芬兰的孩子们在上小学之前做什么。

芬兰的社会福利系统给新生儿的父母提供"育婴假"以陪伴宝宝。母亲通常会在预产期前的 2 周开始休产假,并休息到生产后的 5 个月。产假之后是育婴假,芬兰允许父母双方共同分担总计 8 个月的假期。按照芬兰国家保险协会(State Insurance Institution)的规定,父母们通常能够在他们的假期中获得正常的薪资,其中,父亲一直被鼓励休"育婴假",以期父亲能够花更多时间陪伴家人。

绝大部分的儿童在人生的第一年里待在家中。儿童的"受托管权"指的是家庭所在的市镇有责任为每个儿童提供一个幼儿园中的位置或是基于家庭的日托服务。对每个儿童来说,有 3 种日托选择:公立日托、私立日托和基于家庭的日托。国家健康与福利中心 2012 年的调查显示,大约 40% 的 1—2 岁婴儿与 75% 的 3—5 岁儿童都参与了日托。⁶ 6 岁儿童参加可选择的学前教育非常普遍,大约有 98% 的儿童都报名参加了。学前班的上课时间通常都在早上,这也就意味着 70% 的 6 岁儿童下午时间都在日托中心。芬兰所有 1—6 岁的儿童中,63% 都在接受日托照顾,其中 92% 在公立的幼儿园或基于家庭的日托服务,8% 在接受公众补助的私立日托机构中。

新政管理体系使得早期教育成为教育体系中的一部分,这给孩童和家庭提供了更高质量的服务。或许最重要的是,从早期教育到学前教育再到小学,对需要特别照顾的孩子们来说,现在的体系使他们可以经历更顺利的衔接。在 2014 年,幼儿园教师中约三分之一有大学学历。他们中的大部分人与其他芬兰教师一样,在学校教育专业就读、毕业。当前面临着幼儿园教师的短缺,因此,管理大学新生入学人数的教育与文化部门决定暂时增加"幼儿教育"专业的入学人数。

幼儿园和学前班中正在发生的改变,与国家整体对早期儿童教育与学前教育的规划相关。1—5岁儿童早期教育的主要目标,是促进每个孩子的健康与幸福。2005年国家对低幼儿童的规划说明,幼儿园教育者有责任:① 促进儿童的健康幸福;② 施行让孩子们能够体谅照顾他人的行为与习惯;③ 逐渐提升孩子的个体自主性。

这些方针也强调了快乐学习、丰富语言学习与交流、角色扮演等方面在儿童成长发展中的重要性。早期儿童教育的核心内容包括6个维度:数学、科学、历史、美学、伦理与宗教。这些不是直接教给儿童的内容,而是儿童行动的框架范围。芬兰的幼儿园并不专注于提前训练儿童,使其获得学校教育的成功。相反,幼儿园的主要目标是确保所有的儿童都是快乐的,并为他们每个人负责。对所有1—5岁儿童来说,一个普遍的做法就是保证他们的午睡。

同样的,学前教育也受"国家学前教育框架文件"指引,文件规定了学前教育的主要目的和具体教育目标。芬兰学前教育的主要目的不是"学校准备性",而是"提升学生作为个体的人和有责任心的社会成员,引导他们拥有具备社会公德心的行动、对社会规则的遵从以及对他人的赞赏"(国家教育委员会,2010)。这一框架文件强调了思维的发展与语言交流、数学、伦理与宗教、环境问题、生理发展、艺术文化等方面的关系。这些领域都必须通过支持学生整体发展的方式施行,并必须与学生家长讨论后才能施行。在芬兰,"学校准备性"(School Readiness)意味着所有学校必须准备好,按照学生原本的样子接受他们。这也解释了芬兰早期教育(包括学前班)并不优先教学阅读、写作、数学等核心技能,也不以此作为检测儿童小学入学成功与否的标准。

图1-5所示的图景并不能够展示在今日芬兰教育所具有的,面向所有孩子的个性化教育的理念与系统性的关怀。例如,鼓励学校保障所有学生的免费午餐、健康服务、心理辅导以及学生指导都是常见的操作。另一个芬兰教育体系的重要元素,则是在学校、教师社群与政府的"学校进步计划"之间建立的网络。在笔者看来,这些原则使芬兰的学校体系成为世界上最尊重个性化的学校体系之一。作为经济合作与发展组织(OECD)中PISA计划的负责人,安德烈亚斯·施莱歇尔(Andreas Schleicher)在他的分析中指出,芬兰能够在校园间创立网络从而鼓励与传播创新行动,因而芬兰能够成功地创造"整个教育体系中的各个学校都呈现出稳定持续的良好表现结果,且让各校学生表现差异低于5%"(p.9)。现在我们的问题是:芬兰是否一直都有这样表现良好的教育体系?如果答案是"否",那么就值得探寻另一个问题:促使芬兰教育进步的原因有哪些?

## 补充知识1-1 什么是芬兰共识?

1963年11月,芬兰议会针对综合学校改革议题达成了原则性决定。但是,这场决策并未获得一致认同,当时议会的多数派为农民党与左翼人士。这或许是芬兰教育历史上最重要的决策,而能够达成共识多亏了农民党的支持与全国人民对这份公共财富的广泛认同。

长期以来,农民党都拒绝综合教育改革的理念。好在这个党派中的青年一派理解,芬兰经济重建与对应的城市化进程要求现行的传统教育体制发生改变。对当时的芬兰乡村地区而言,由于人们饱尝人口外迁到城市与瑞典的苦楚,教育对他们来说就更为重要。这就引出了一个有趣的问题：假如教育改革的目的是为了建设对所有人开放的学校，为什么农民党会支持这次改革？新一代政治家们与芬兰小学教师协会关系密切，他们开始相信，所有的孩子都应该拥有同样的教学目标，且可以接受同样的学校教育。当时的芬兰总统乌尔霍·柯克南，农民党党员，也是这次改革的支持者。

自从19世纪60年代国民学校（Folk School）成立以来，芬兰建设"对所有人都开放的公立学校"的梦想就开始萌芽。从梦想萌芽之处，到最终1963年芬兰议会决议的现场，这一过程极具政治性，确保了芬兰的政治精英们都强烈支持这项综合学校改革。政治力量是否支持改革尤其重要，因为政治支持确保了改革能够顺利推进，不被新政府搁置。政治支持也是教育政策可持续的基石。这一相同的理念成了芬兰的共识，从过去至今已执行了数十年。

执行综合学校改革仍需多种不同的政治妥协。柯特南教授认为，北欧福利社会国家建立于3种政治理念之上：农民解放后的自由化精神、资本主义精神以及社会主义的乌托邦精神。平等、高效与团结是这3种理念的原则与本质，他们达成共识并形成互补。我认为，这是芬兰教育政策能够设立的坚实基础。

——尔奇·亚霍（Erkki Aho）
芬兰国家通识教育委员会前主席（1973—1991年）

# 第二章

## 芬兰悖论：少即是多

> 如果每个人都用同一种方式思考,那么就没人需要深度思考。
>
> ——我的祖母,关于人生成功的建议

今日,芬兰被认为是世界上文化程度最高的国家之一。作为一个人口不多的国家,芬兰从未试图成为世界上教育最好的国家。芬兰人喜欢竞争,但合作却是这个国家更典型、更常见的特征。20世纪90年代初期,芬兰教育的国际表现只称得上普通,芬兰教育部长拜访了她位于邻国瑞典的母校。部长在瑞典见多识广,其中最重要的是,听说瑞典教育的目标是在20世纪末成为全球顶尖的教育体系。对此,芬兰教育部长认为,芬兰的目标比瑞典要谦逊得多。"对我们而言,"她说道,"只要能够领先瑞典就足够了。"这段插曲诠释了芬兰与瑞典之间如同亲兄弟一样的共存关系。事实上,相依共存比互相竞争更常出现在北欧邻国之间。这些国家在教育系统与社会文化上共享同样的价值观与原则。

这一章将回答以下问题:芬兰教育体系是否一直都很杰出?我们认为一种教育体系成功时,我们在谈论什么?同质社会或文化对教育系统的优劣有什么影响?本章也将描述芬兰如何提升教育参与度、创造平等的教育机会、在有限的预算内将优质教学推广至大部分学校与课堂。比起增加教育与学习的时间、学生考试的频次,要求学生更认真地做作业等,芬兰的做法完全相反。芬兰经验展示的关键一课为:与全世界其他地区对教育政策的讨论不同,另有康庄大道可以实现优质的公立教育。

## 从无人问津到聚光灯下

20世纪80年代,芬兰教育体系仅有极少几个特点或许会吸引少数国际教育研究者的目光,当时,芬兰的教育政策很大程度上效仿更富裕的邻国瑞典。在各项国际教育指标中,芬兰只在一个项目上表现优秀:芬兰10年级学生是全世界同年龄段学生中阅读水平最好的(Allerup & Medjing, 2003; Elley, 1992)。除了阅读能力,芬兰在国际教育指标中落后于其他教育强国,这些强国包括瑞典、英国、美国和德国。值得一提的是,芬兰随后在相对较短的时间内,让原本表现平庸的教育体系跻身国际优质教育之列,从而提高了人力资本的水平。能够达到这一成就,是因为芬兰采取了与其他国家完全不同的教育政策与原则。他国常有的国际理念包括加强管控、利用更多的数据、严格追责、更刻苦的学习等,但是芬兰教育改革政策的一些措施看起来是互为悖论的,因为它们与前述的国际教育改革理念背道而驰。

20世纪90年代中期,OECD国家第一次开始讨论是否有必要创建一种新量表,来比较世界较发达国家的教育表现,芬兰权威人士忧心忡忡。他们首先怀疑,是否有可能将这么多国家(包括美国、日本、意大利、芬兰等)的教育成果,用一个统一的评价体系展现出来。他们也很担心,这一新的学生评估项目将会成为新的国际成绩排名表,用同一种标准将世界上所有的国家体系从优到劣进行排列。这些观点逐渐被否定,而PISA测评也在2000年开始进行。由于收集到的数据体量很大(其中包括28个OECD国家与4个合作国家),需要时间分析整理,首批PISA测评的结果在次年12月公布。

PISA是一项标准化测评,主要测量完成义务教育的学生怎样将他们习得的知识用于现实生活,以及是否准备好全身心投入社会中。OECD描述PISA测试的核心内容如下(在pisa.oecd.org网站上):

> 自2000年开始,每3年,15岁青少年从随机选择的学校中参与以下3个核心领域的测评:阅读、数学和科学。学生参与的每场考试时长为2小时。测试的内容包括主观题和选择题,问题都是基于一段匹配真实情境需要的文本内容。

超过70个国家(与城市)注册参与了2015年的科学测试。需要提醒的是,

PISA 是抽样调查,用统计学方法来分析收集数据并寻找规律。PISA 在方法论上与其他国际测评(例如 TIMSS 和 PIRLS)类似,但其分析了不同类型的学习内容,如前文所述。

在 PISA 于 2000 年面世之前,许多国家都认为他们的教育在世界上处于领先地位,学校内的学生比其他地区都更擅长学习。教育指标,诸如教育完成度、支出、大学毕业率、学科竞赛(包括国际数学、物理、化学及其他学科的奥林匹克竞赛),都是这些国家为自己教育体系感到自豪的理由。在各种学术竞赛中,高中年龄的学生互相竞技,展现出艰深的学科知识。自然,这些国家的教育系统形成了成熟的选拔体系,在孩子小小年纪时就筛选,发现拥有特别天赋与才能以及有最大可能在未来获奖的学生。人口众多的国家(如中国、美国与苏联(俄罗斯))拥有大量的学生,在竞争激烈的奥林匹克竞赛中屡获佳绩,也因此获得了教育大国的美誉。有趣的是,在中欧、东欧的一些国家中,匈牙利、罗马尼亚与保加利亚等国也在奥林匹克竞赛中取得相当高的排名。表 2-1 为 1959—2013 年,世界数学奥林匹克竞赛的前 12 名的国家,以及芬兰与其邻国对应的位置。

表 2-1 1959—2013 年,芬兰与部分国家国际数学奥林匹克竞赛成绩比较表

| | 奖牌数量 | | | 参加次数 | 参加人数 |
|---|---|---|---|---|---|
| | 金牌 | 银牌 | 铜牌 | | |
| 1. 中国 | 128 | 27 | 6 | 28 | 164 |
| 2. 美国 | 100 | 106 | 29 | 39 | 246 |
| 3. 俄罗斯 | 84 | 39 | 9 | 22 | 132 |
| 4. 匈牙利 | 77 | 149 | 88 | 53 | 354 |
| 5. 苏联 | 77 | 67 | 45 | 29 | 204 |
| 6. 罗马尼亚 | 73 | 124 | 96 | 54 | 362 |

(续表)

|  | 奖牌数量 | | | 参加次数 | 参加人数 |
| --- | --- | --- | --- | --- | --- |
|  | 金牌 | 银牌 | 铜牌 |  |  |
| 7. 韩国 | 55 | 60 | 25 | 26 | 156 |
| 8. 保加利亚 | 53 | 99 | 100 | 54 | 366 |
| 9. 越南 | 49 | 92 | 66 | 37 | 222 |
| 10. 德国 | 49 | 86 | 66 | 36 | 222 |
| 11. 英国 | 41 | 81 | 117 | 46 | 302 |
| 12. 伊朗 | 38 | 80 | 32 | 28 | 163 |
| 34. 瑞典 | 5 | 25 | 70 | 46 | 301 |
| 36. 荷兰 | 4 | 26 | 63 | 43 | 280 |
| 46. 挪威 | 2 | 11 | 28 | 30 | 172 |
| 55. 芬兰 | 1 | 8 | 48 | 40 | 254 |
| 61. 丹麦 | 1 | 5 | 23 | 23 | 132 |

来源：国际数学奥林匹克比赛(www.imo-official.org)

  这些学术奥赛的成功通常作为教育质量优秀的体现。即便考虑到人口规模，将芬兰学生的数学成绩做出相应加权调整之后，芬兰学生的排名也仅仅在25—35名之间浮动。直到2001年(在一些领域，甚至更晚)，芬兰才察觉到本国学生数学与科学能力在国际上最多只能算是中等。

  2008年，OECD开始了教师教学国际调查(*The Teaching and Learning International Survey*，TALIS)项目，探索了24个参与国家和地区在教学的不同方面的内容。TALIS的第二轮调查在2013年进行，范围扩大至34个国家和地区。芬兰与美国在2008年未参与，但都参与了2013年的调查。TALIS抽样询问了

每个国家一部分教师与学校校长包括工作条件、学习环境在内的问题。根据 OECD 的报告（2014b，p.26），"(TALIS)旨在提供真实、及时与可对比的信息，用以帮助各国回顾与定义政策，从而发展高质量的教师群体"。这项调研，如同 OECD 所述，使教师与学校校长都能够参与教育政策发展。TALIS 的结果都是基于教师与学校校长的观点、意见与感受，因此这项调查所收集的数据比较主观。这些数据包括了教师与学校校长的声音，也与一些研究项目中收集的全体性的客观信息不同。TALIS 2013 的一些结论也将在之后的章节中做进一步探讨。

芬兰因其高质量的教育表现受到国际关注，也因而值得探寻一个问题：20 世纪 70 年代以来，芬兰学生的学业表现是否真正有进步？如果有进步，且这些进步可以真实、可靠地被明确发现，那么，问题则演变为：成功教育改革的背后是什么因素？当教育体系进行全球性的比较时，我们需要更宽、更全面的视野，而非只关注学生成绩。下文的分析将阐述，在过去 30 年间，芬兰在以下四个主要的领域有了长足的进步：

1. 成人群体中持续提升的教育完成度；
2. 学习结果与学校表现上，大规模体现的平等性；
3. 在国际学生评价中体现的进步的学生表现；
4. 对人力与财务资源的高效使用，且基本只使用公立资源。

现在，让我们更细致地探讨以上每个领域。

### 教育的完成度

直到 20 世纪 60 年代，芬兰人的教育水平都相对较低。只有能够承担学费且恰巧住在文法学校和大学附近的人才有机会接触教育。20世纪70年代初,综合学校体系产生时,对大约四分之三的芬兰成年人,义务教育是他们接受的全部教育。拥有学位证书是非常少见的,只有大约7%的芬兰人拥有大学或类似的学位。图2-1体现了自1970年以来,芬兰成年人群体教育完成度的进步。如今,成人的教育完成情况与发达社会的金字塔型结构保持一致,即大约30%的人完成高等教育,40%的人群拥有高中学位。

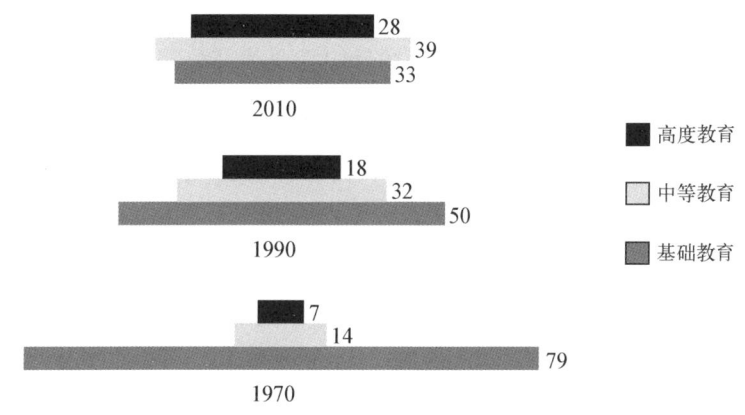

来源:芬兰统计局(n.d.a)

**图2-1 1970年以来芬兰成年人口各阶段教育完成度统计**

图2-1显示,自从1970年以来,芬兰各个阶段的教育参与度都有持续性提升。20世纪80年代,高中的完成度迅速提升,随后从90年代起直至今日,高等教育与成人教育的完成度持续上升。1970年,推动芬兰教育改革的政策始终将"为所有孩子提供平等的教育机会""提升教学质量"与"提升所有教育阶段参与率"放在优先位置。因此,每年超过99%的对应年龄学生完成义务教育,大约95%的学生升入高中或公立体系的10年级继续他们正式的学业,高中生中的95%能够毕业,获得去大学读书的机会(芬兰统计数据,n.d.a)。

OECD数据显示,在2012年,芬兰成人人口的三分之二接受正式或非正式

的成人教育项目,比例比其他任何国家都高(OECD,2014a)。这项数据同时显示,这些教育都没有给学生或他们的家长增加额外的经济负担。根据近期的国际教育测评,芬兰教育支出(包括各阶段的所有教育)的2.5%来自于私人收费(向家庭收费),而OECD的平均值是16.1%(OECD,2014a)。对比来说,美国的教育支出有32.1%来自于家庭或私人,而加拿大的数据是23.6%。

OECD在2012年对24个国家(包括芬兰)进行了第一轮国际成人能力评估(The Programme for the International Assessment of Adult Competences,PIAAC)。研究检测了成人在工作与生活等不同场景中需要的部分基本技能。阅读能力、数学能力、技术环境下解决实际问题的能力等都是PIAAC研究的重点内容。这项研究进一步提供了证据,证明芬兰成人的教育成就,他们作为公民与职场人士能够较好地应对不同的情况。

因此,PIAAC 2012关于芬兰人的生活技能与知识研究的结果究竟是什么?芬兰人的平均阅读水平非常优秀,仅次于日本。三分之二的芬兰人是良好的甚至优秀的阅读者,而加拿大这个比例只有刚刚超过一半,在美国则是一半不到。数学技能方面,芬兰人大约在国际平均水平,57%的成人有好或较好的数学计算技能,再次仅次于日本。加拿大和美国两国成人的日常数学能力比OECD平均水平低,好或较好使用数学能力的比例仅为45%和34%。在芬兰,41%的成人有较好的"在高科技环境下的问题解决能力",而在加拿大和美国,同样的比例仅为36%和31%。在这个方面,瑞典是唯一超越芬兰表现的国家。芬兰在PIAAC 2012中的优秀表现很大程度要归功于20—39岁之间的年轻人。对所有参与国家(包括芬兰)的调研都表明,基本阅读、数学与问题解决能力三方面的表现与人们接受的教育背景有很大关联。

在学生5岁时,OECD会进行关于"学校学习时长预计"的调研,了解公民预计完成正式学习的时长。芬兰的这项数据在2013调研中最高,超过20年。

这主要是因为教育由政府付费,因此所有人都可以负担得起。高等教育的两种形式为大约三分之二的相关年龄段人士提供了上大学的机会。在芬兰,大学与理工学院的学习是免学费的,因此对所有完成高中学习的人来说都是平等的。如今芬兰高等教育的挑战是鼓励学生更快完成学业,从而使学生尽快毕业,尽早进入职场。芬兰政府正在引入获得奖学金的新条件,鼓励学生按时毕业。芬兰每月给大学生的奖学金总额大约为 1 000 美元,其中 55% 为政府借贷,其余是政府资助。按时毕业的学生将在未来从个人所得税中减免学费借贷部分的利息。

## 教育结果的平等

人们有时错误地假设,教育平等代表着所有学生应该上同样的课程,或应该在学校里达到同样的成就。这也曾经是芬兰自 20 世纪 70 年代开始教育改革之后很长时间所持的观点。相反,教育平等意味着所有的学生应当都有机会进入高等教育,不论他们住在哪里,家长是谁,之前上的什么学校。从这个角度来说,教育平等保证了教育的结果不受学生的家庭条件(包括财富、收入、权力或是资产)影响。

国际学生测评通过测量学生在学校表现与他们家庭背景的不同方面的关联性来反映教育体系的平等性。OECD 通过计算学生家长的受教育程度、职业、财富以及其他社会经济地位的数值,得出一个包括经济、社会、文化地位(ESCS)的索引指标。学生家庭背景与学生学业成就之间关联的数值,国家间的差异很大,正如国家间在学生阅读、数学和科学水平上的巨大差异一样。

教育机会的平等与教育结果的平等都是北欧福利国家的重要特征,这也意味着不只是保证每个人有机会上学。在芬兰,平等意味着社会公平与包容的教育体系,为每个人提供机会来实现他们的梦想与目标。作为 20 世纪 70 年代全面教育改

革的结果,提供高质量学习的教育机会在芬兰全国较平均地铺开。在20世纪70年代初期,也就是全面教育改革开始执行的初期,旧的平行教育结构造成年轻人有巨大的教育鸿沟。年轻人的知识差距与当时芬兰社会经济背景的差异正相关。尽管在20世纪80年代中期,学生的习得结果开始表现出了均衡发展的态势,在小学生中进行的数学与外语评价仍能看到学生间存在较大的差异。

20世纪80年代中期,综合学校中废除了统一分层评价并提升对所有学生的学业期许,高水平学生与低水平学生学习表现的差距开始变小。这也意味着,不论什么社会经济条件的学生都能接受同样内容的数学与外语学习。之前,这些学科有3个难度,学生基于他们之前的学业表现而进入相应难度的班级学习,学生的决定往往受他们家长与同龄人的影响。

在2000年第一次PISA测试前,没有清晰的研究证明,基于平等的教育政策以及在促进教育公平上大量投入是否对提升教学的质量与结果有积极影响。许多人认为,强调教育公平对国家教育政策重要在于,避免体系过于强调个体天赋。第一次PISA结果的发布带来了意外的发现:大部分表现较好的教育体系也是最公平的。自从PISA结果公布后,除了其他维度的结果,人们也发现芬兰学校在阅读、数学和科学三方面学生表现的差异性在所有OECD国家中最小(OECD,2001;2004;2007;2010b;2013b)。

计算学生表现的差异需要考虑校内和校际两个维度,这也展示了教育体系公平的另一个角度。校际表现差异显示了某个特定国家中学校之间统计学角度的差异。例如,在荷兰、比利时和德国,学生校际表现差距大于校内表现差距,因此说明这些国家内学校之间的差异更大。图2-2展示了2012年在OECD国家中,数学学科的校际差距与校内差距的具体情况(OECD,2013b)。纵观所有OECD国家,整体上来说,校际差距值为37%,校内差距值为63%。芬兰的总体教育表现差距仅占OECD总差距值的86%。

第二章 芬兰悖论：少即是多

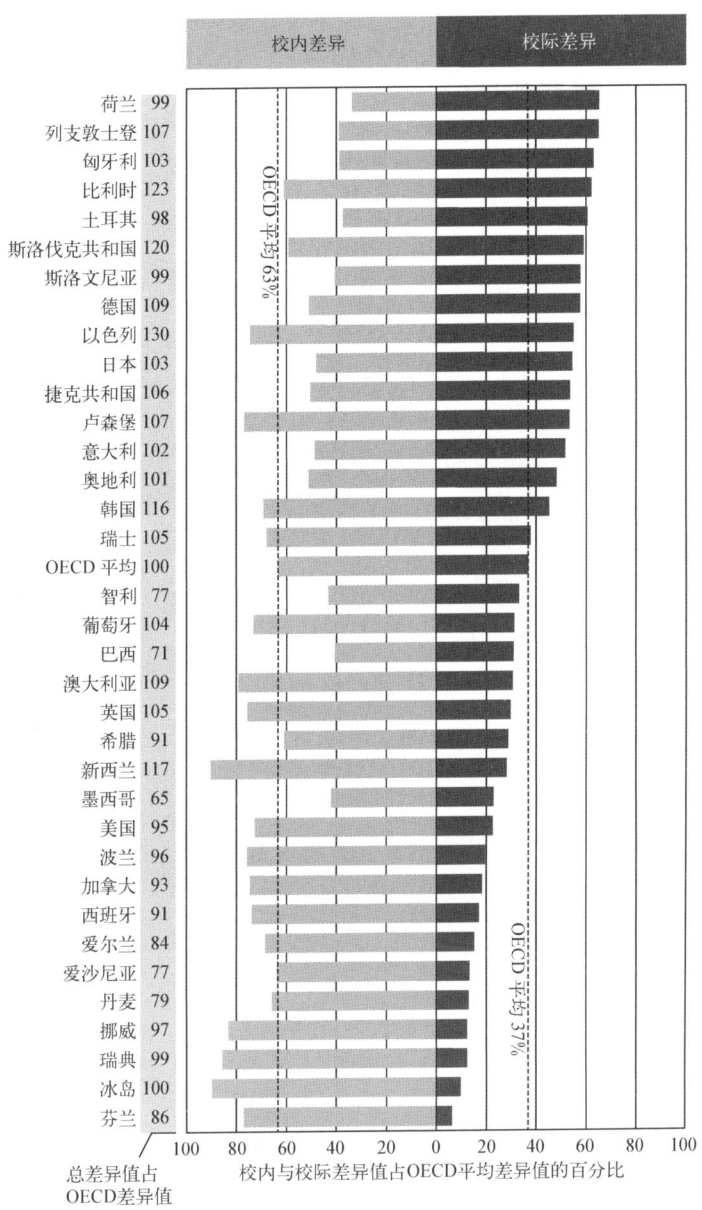

来源：OECD

图 2-2 在 PISA 2012 数学测验中，OECD 国家校内与校际差异值对比表

如图 2-2 所示,芬兰在 PISA 数学测试上的校际差距值约为 6%,加拿大为 18%,美国为 23%,英国为 30%。2012 年芬兰在校际差距数值上的表现与之前几轮 PISA 的结果基本一致。如图 2-2 所示,综合差距值(即"不平等性")中的校内差距值意味着这些差异主要来源于学生的先天天赋,而对应地,校际间的差异值则说明了学校间的不平等性。由于芬兰的差异值较小,说明芬兰的学校能够较好地处理社会不公平问题。此外,正如诺顿·古鲁布在他关于芬兰教育公平的分析所述,芬兰教育改革能够成功地在较短的时间内建立一个平等的教育体系,与 20 世纪 70 年代初设立的改革目标有关(OECD,2005;Grubb,2007)。较小的校际差异值说明,芬兰的家长并不太需要对其社区学校的质量感到焦虑。尽管在芬兰的部分城市郊区,越来越多的家长会选择一所并非就近的学校,但一个平常的、安全的学校就能让大部分家长满意。

对教育公平的强调改变了对学校表现的评价。在许多国家,标准化测试是最常见的测量学校表现的手段。基于考试的责任制严重依赖这些考试结果组成的数据。教师与管理者的绩效都与学生的测验成绩有关。但芬兰并不这样做。没有标准化考试使芬兰将评估学生表现的工作交给学校自己完成。在芬兰,一个表现好的学校意味着所有学生的表现都超越预期。也就是说,在芬兰的评价标准中,学校越平等越好。

平等且能让所有学生都学好的教育体系可以对更广的社会与经济平等产生影响。20 世纪 70 年代以来,芬兰教育政策一直都在鼓励重视学生表现的整体水平,尽可能降低学生背景在教学结果上的影响,从而达到高水平的平等。有的人会疑惑,为什么芬兰人认为教育公平很重要?在芬兰,人们认为,教育体系的不平等是一个问题,部分原因是无法将所有学生的潜能完全激发。作为一个小国,芬兰无法抛弃任何一个孩子。证据显示,提升教育公平也是高性价比的做法。OECD 在分析了 4 轮 PISA 结果之后总结道,OECD 国家中拥有高教育表现的国家都展现了"质量+公平"的特点(OECD,2012),其他研究(Cunha & Heckman,2010)也显示,尽早投入"给所有人提供高质量教育",并尽早将额外资源提供给落后的学生是高性价比的政策,将会对提升学术表现产生巨大影响。

芬兰怎样将上述发现投入实践,从而提升学校的教育公平?普遍的原则之一是,要求所有芬兰儿童拥有高质量的早期教育。另一个同样重要的原则是主流学校中接纳有特殊需要的孩子,这是芬兰教育的重要指导原则之一。所有学校必须有特殊教育教师以及能够帮助特殊需要学生的助教。芬兰与其他国家(例如美国)在定义特殊教育的方式与落实执行方面有显著差异。最重要的是,在芬兰,特殊教育是面向所有学生的,这样做的原因是基于一个假定:我们所有人在成长过程的某个瞬间,或许都需要特别的支持来帮助我们前进。

首先,芬兰将特殊教育定义为处理学习的困难,包括阅读与写作、数学与外语的学习困难等。在美国与其他国家,只有学生有一些不便甚至残疾的情况(例如感知与语言表达的障碍、智力受损以及行为性困难),才被定义为需要特殊教育。

其次,在芬兰,特殊教育需求越早发现越好,预防是特殊教育中的重点策略。这也意味着,芬兰比美国或其他国家拥有更多数量需要特殊教育的儿童,特别是在学校低年龄段。2012年在芬兰综合学校中(对应美国的幼儿园到九年级K-9系统),所有学生中几乎有三分之一接受完整或部分的特殊教育支持。

再次,自从2011年以来,开始在芬兰执行的新特殊教育系统被归类在"学习与培养支持"板块下,所有特殊教育学生都融入常规课堂。对需要特别帮助的学生,芬兰学校普遍提供三种类型的支持:① 普通标准支持,② 加强支持,③ 特别支持。第一种包括常规课堂教师对学生的特别关注与学校对学生差异性的配合。第二种包括由学校教师、特殊教育教师联合组成的治愈性的支持,以及由特殊教育教师指导的个别或小组额外学习。第三种为一系列多样的特殊教育服务,从特殊教师的全职指导到特殊机构的介入。在这个类别下的学生都配有个体辅导计划,充分考虑了学生的个体特点进行定制化设计,以满足不同的需要。作为更新的特殊教育政策的一项结果,需要加强关注的学生数量增加了,但需要真正特殊服务的学生数量减少了。在2013—2014学年,公立小学中6.5%的学生需要加强关注,7.3%的学生需要特别支持。在2013年,所有公立学校系统的学生中,大约22%参与完整或部分的普通支持与加强支持。根据芬兰统计局公布的数字,2013年,芬兰公立体系中所有参与特殊教育的学生比例为28%。

许多人认为,芬兰的特殊教育系统是造就芬兰在近年国际研究中得以展现世界领先的教育成果与教育平等的关键因素。基于个人工作与访问了上百所芬兰学校的经验,笔者发现,许多学校在需要帮助的学生身上付出了额外的时间与精力。许多访问过芬兰学校的教师与管理者也这样认为,但在他们自己国家,却常常受外在要求与规则的限制而深陷"优质还是公平"的困惑中。将个体表现与标准化成绩的平均分做比较、将基础更薄弱的学生在竞争中抛弃、基于成绩给予教师绩效等措施都将危害学校提升教育公平的努力,而前述的这些措施都不存在于芬兰的体系中。

公立学校改革之初,芬兰针对有一定程度特殊教育需求的学生采取早期介入与预防的措施。这代表着,在孩子们入学前,就可以通过早期教育检测孩子是否有异常状况。在小学的前几年,若学生在学习阅读、写作以及算数等科目时出现各种特殊教育需求,也能够立刻使用缜密的协助方案。因此,相对其他国家,芬兰小学低年级的特殊教育学生人数相对较多。如图2-3所示,芬兰特殊教育学生数量在小学毕业时锐减,初中阶段又会略有增加。增加的原因是统一的教学大纲对所有学生设定了一样的学习预期目标,因此未能考虑到不同个体之前的学习基础与能力。国际上常见的特殊教育策略是,在小学与初中阶段尽可能"修复"问题,而非事前就做好应对机制(Itkonen & Jahnukainen,2007)。图2-3的数据显示,采用"修复"策略的国家,其需要特殊教育的学生在小学与初中阶段会明显增加。

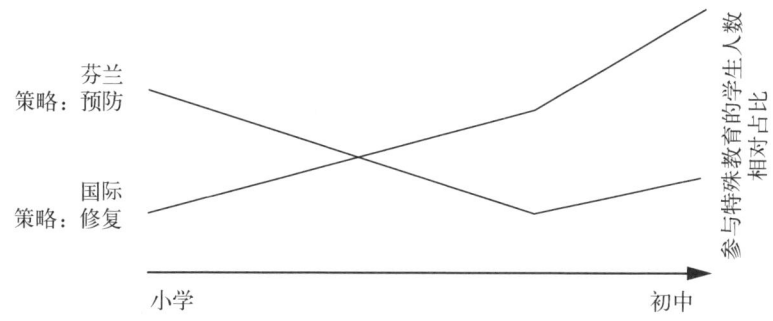

图2-3 芬兰与其他国家学生在小学与初中阶段参与完整或部分特殊教育的学生人数预估

高度平等的芬兰教育体系并非只由教育因素造成。芬兰福利国家的基础结构在给所有家庭从孩子7岁起提供平等教育条件上起到关键的作用,如更长的育婴假,为新生儿提供全面且预防性的卫生保健服务,系统监测孩子生理心理发展的服务,这些对所有人都开放,无论富裕程度或生活背景。98%的芬兰6岁儿童接受早期教育、免费可选的学前教育,全面的卫生保健服务与预防学习发展困难的服务,这些教育与服务都在孩子们上学之前对所有人开放。芬兰学校还每天为每个孩子提供免费健康的午餐,与孩子自身的社会经济条件无关。芬兰学生的贫困比例较低,只有5%,而美国是23%,加拿大是13%。为了避免小学生按照成绩排名,在公立学校体系的前五年都不鼓励按照年级进行统一测试。在芬兰,这是一项重要的发展原则:在学校中会导致学生失败的结构性元

素都应当被移除。这也是为什么留级与过分依赖学业评价测试等做法在芬兰学校中逐渐消失。下一部分将深入探讨这个问题。

### 学生的学习

判断一个国家教育质量的最终标准是学生的学习是否达到预设目标。国际上对教育体系的比较重点强调了学生在标准化测试中的分数。尽管现在的学生成绩与20世纪80年代进行直接比较非常困难,但仍然有一定的证据证明,芬兰学生在学业表现上的进步,例如使用国际教育协会的"国际教育成绩评价表"(International Association for the Evaluation of Education Achievement, IEA)以及20世纪70年代的研究数据(Kupari & Valijarvi, 2005; Martin et al., 2000; Robitaille & Garden, 1989)。我们虽然还无法完全判断整体学习效果是否有所提升,但仍旧可以一一检视各项教育科目。

数学学科是评价教育表现的普遍标准。目前几份通行的相关调查报告包括1981年的"第二次国际数学能力调查"(the Second International Mathematics Study, SIMS,针对20个国家的八年级学生)、"数学与科学发展周期趋势调查"(Trends in Mathematics and Science Repeat Study, TIMSS,1999年与2011年,针对4年级和8年级学生),以及2000年以来的五次PISA测评(针对15岁学生)。自从1980年以来,芬兰参与了上述这些国际学生评价研究。由于参与上述每一次国际评价的国家都不同,调查的方法也各异,单纯以国际平均表现作为评比标准,恐怕无法提供完整的比较基础,难以呈现清晰的整体图景。

表2-2展示了芬兰自20世纪60年代"第一次国际数学研究"发布以来,参与的国际学生评价研究的表现。这些研究通常会比较学生的阅读理解、数学与科学三方面,调查的学生对象是小学毕业(10岁)、初中毕业(14岁)与高中

毕业(17岁)。在1981年发布的"第二次国际数学能力调查报告"中,芬兰学生在数学领域中的表现,大约接近国际平均水平,而芬兰小学与中学的整体表现水平则明显落后于匈牙利、荷兰与日本。1999年的"第三次国际数学与科学能力调查"则将芬兰列为数学领域的第十名、科学领域的第十四名(参与调查的国家共有38个)。PISA于2000年第一次发布结果时,芬兰的教育体系已经是OECD国家中的佼佼者。同样,在20世纪80年代初进行的"第二次国际科学能力调查"中,也能看出芬兰的显著进步。值得一提的是,芬兰学生的阅读能力向来在国际上表现不俗:芬兰的4年级学生在20世纪80年代末的"阅读能力调查"中表现出优秀读者的能力,而迄今为止4次PISA调查中芬兰的15岁学生也都取得了很好的成绩。

表2-2 20世纪60年代初期起,芬兰学生在国际教育评价中的表现

| 研究名称 | 测量对象 | 参与国家数 | 芬兰表现情况 |
| --- | --- | --- | --- |
| IEA第一次国际数学能力调查(FIMS)(1962—1967) | 13岁以上或完成高中学业者 | 12 | 平均 |
| IEA第一次国际科学能力调查(1967—1973) | 10—14岁或完成高中学业者 | 18 | 平均 |
| IEA国际阅读能力调查(1967—1973) | 10—14岁或完成高中学业者 | 14 | 平均(其中一项获得第三名) |
| IEA第二次国际数学能力调查(1988—1981) | 13岁以上或完成高中学业者 | 19(13岁)<br>15(高中) | 平均 |
| IEA第二次国际科学能力调查(1980—1987) | 小学、初中与高中毕业者 | 23 | 10岁组,高;<br>14岁组,平均 |
| IEA写作创作调查(1980—1988) | 小学、初中与高中毕业者 | 14 | 平均 |
| IEA阅读能力调查(1988—1994) | 9岁与14岁 | 32 | 顶尖 |

(续表)

| 研究名称 | 测量对象 | 参与国家数 | 芬兰表现情况 |
| --- | --- | --- | --- |
| IEA 第三次数学与科学能力调查(TIMSS) | 4 年级与 8 年级 | | |
| 1995 | | 45 | 未参加 |
| 1999 | | 38 | 高于平均 |
| 2003 | | 50 | 未参加 |
| 2007 | | 59 | 未参加 |
| 2011 | | 63 | 接近顶尖 |
| IEA 国际阅读能力调查 | 4 年级 | | |
| 2001 年 | | 35 | 未参加 |
| 2006 年 | | 45 | 未参加 |
| 2011 年 | | 48 | 顶尖 |
| IEA 国际公民与公民权教育调查 | 8 年级 | | |
| 1999 年 | | 31 | 顶尖 |
| 2009 年 | | 38 | 顶尖 |
| OECD 国际学生评估项目(PISA) | 15 岁 | | |
| 2000 年 | | 43 | 顶尖 |
| 2003 年 | | 41 | 顶尖 |
| 2006 年 | | 57 | 顶尖 |
| 2009 年 | | 75 | 顶尖 |
| 2012 年 | | 65 | OECD 中顶尖 |

　　IEA 在 2012 年 12 月公布了 2011 年的调查结果,内容为 4 年级与 8 年级学生的阅读水平(PIRLS)、数学与科学水平(TIMSS)。芬兰的 4 年级学生从 1988 年"阅读能力调查"开始参与国际评估。由于 2000 年起开始参与 PISA 测评,芬兰在 1999 年以后就不再参与 TIMSS。在 20 世纪 80 年代末的"阅读能力调查"中,芬兰 4 年级学生是所有 32 个参与国家中的最优秀阅读者。1999 年的 TIMSS 则有一部分芬兰的 7 年级学生作为代表参与(测评通常面向

的是4年级与8年级学生)。1999年TIMSS的成绩显示,在38个参与国中,芬兰学生远超平均水平,但在参与的OECD国家中,芬兰学生的表现与OECD平均基本接近。

比起2013年公布的PISA研究结果,2012年公布的TIMSS和PIRLS结果并没有受到广大国际媒体的关注。对比这两项国际学生测评结果,一个重要的不同是PISA的34个OECD成员国都参与过PIRLS和TIMSS。在2011年,PIRLS覆盖了48个国家,TIMSS覆盖了63个国家和地区。总的来说,芬兰学生在2011年所有PIRLS和TIMSS的测评中都处于顶尖位置。芬兰的4年级学生在阅读上是第二名、科学上是第三名。数学学科上,芬兰的4年级与8年级学生都是第八名。IEA的TIMSS和PISA 2012研究都证明,芬兰学生在所有测评的科目中都处于国际领先位置。尽管这些测评的结果也显示,芬兰学校内学生的动力与参与度处于较低值,这引起了人们的担忧。

自20世纪80年代以来,芬兰学生在国际教育测评上的成绩显著提升,其原因是什么?许多研究都关注了这一问题,但目前的结果大部分都停留在推测与质性分析阶段,尚未出现可靠的答案(Hautamaki et al.,2008;Linnakyla,2005;Ofsted,2010;Valijarvi et al.,2007)。其中出现了3种具有较大可能性的答案。第一,芬兰小学的课程设计与教师教育都非常努力地推行数学教育。例如,在赫尔辛基大学的小学教育专业,每年大约有15%的学生主修数学教育。这种情况在初中教育中也是一样。因此,大部分芬兰小学都有专业人士理解数学教学与评估的本质。第二,在芬兰,数学教学大纲与师范教育都强调问题解决能力,因此将数学与现实世界相结合。PISA测试中的数学任务都基于问题解决,侧重在新情境中使用数学而非基于教学大纲进行解题、炫耀技能。第三,芬兰数学师范教育的基本原则为,强调主题教学法、强调数学专业与教学专业

人士的紧密合作。这也确保了刚刚获得硕士学位的新教师能够深度理解数学教与学的过程。数学专业与教育学专业教师共同承担培育教师的责任,从而增强了数学教师的专业竞争力。

如今,PISA作为测量各国义务教育结束后学生水平的国际标杆的作用越来越重要。OECD所有的34个成员国都参与这项测量15岁少年阅读、数学与科学能力的测评中。越来越多的国家与地区(例如东亚的一些城市)也参与研究。PISA专注测试年轻人运用他们的知识与技能应对现实生活挑战的能力。PISA使用"阅读能力"这一概念,指的是"学生是否有能力将其在特定科目下的知识与能力在他们发现、理解并解决问题中有效使用、分析、推断与沟通"(OECD,2013a,p.24)。值得一提的是,PISA的结果是基于参与各国中15岁学生的抽样完成的,并非所有学生。因此,PISA的结果是复杂的统计计算结果,这也在其所有的公开文件与官方网站说明过(www.pisa.oecd.org)。

在2000年和2003年的PISA测试中,芬兰是OECD各国中的佼佼者,芬兰小学的课程设计与教师教育都非常努力地推行数学教育。在2006年的PISA测试中,芬兰保持了在所有评估项目中高水平的表现。科学学科,也是PISA 2006的主测科目,芬兰学生的表现超越了其他55个参与国家的同龄人,一部分结果会在图2-4中体现(OECD,2007)。在2009年的PISA研究报告中,芬兰再次成为OECD国家中最佳表现者,拥有高水平教育成绩且用较低支出实现了平等性较高学习结果。调研结果中一项重要之处,芬兰学生中有较大比重的最优秀学生(六级)与相对比例较低的表现不足学生(一级及以下)。超过一半的学生达到了四级及以上,而美国只有约四分之一的学生可以达到这一水平。加拿大的阿尔伯塔省、不列颠哥伦比亚省、安大略省及魁北克省也都有超过40%的学生至少达到四级水平。

第二章 芬兰悖论：少即是多

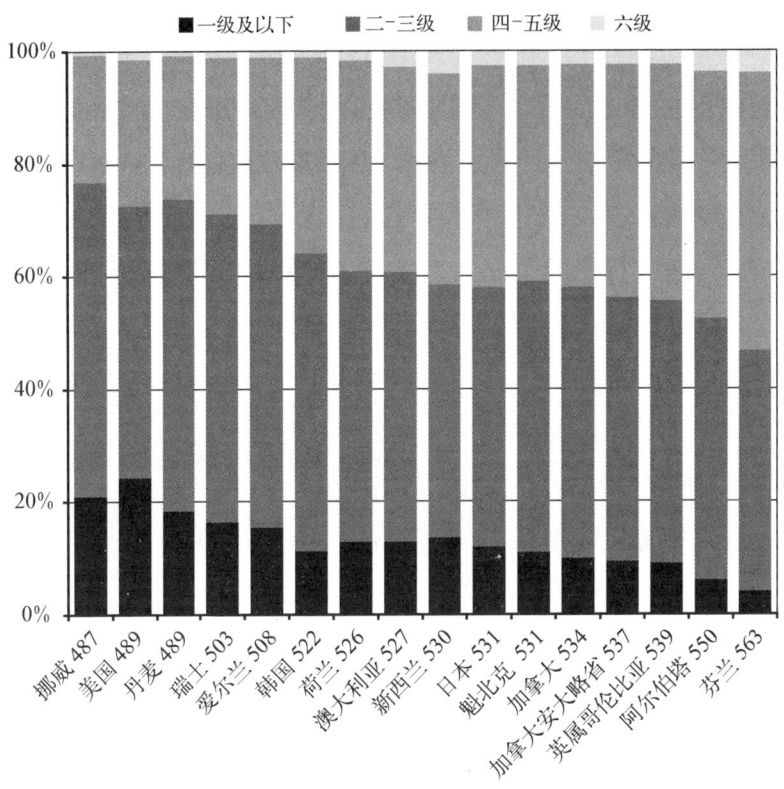

来源：OECD，2007

图 2-4 部分 OECD 国家和加拿大部分州学生在 PISA 2006 科学学科上各层级水平分

2012 年 PISA 测试证实了之前芬兰教育上弱点的顾虑：在这次国际排名中，芬兰学生表现持续下滑。在 2009 年 PISA 测试中，芬兰学生的阅读从 2006 年的分数下滑了 11 分，从原本的 547 分到后来的 536 分；数学从 548 分到 541 分，下滑了 7 分；科学从 563 分到 554 分，下滑了 9 分。国家学生检测和芬兰的学术调研早在 2012 年 PISA 结果公布之前，也都已经发现：芬兰学生阅读与数学的知识与技能已不如过去。一份来自赫尔辛基大学的报告比较了 2001 年和

2012年公立学校的学习成果,发现15岁学生对学习技能的掌握有显著的下滑(Hautamaki et al., 2013)。PISA 2012的结果也因此并未让芬兰人惊讶。对比3年前的测评结果:阅读分数从536分下降至524分,下降了2分;数学学科的分数从541分下降至519分,下降了22分;科学从554分到545分,下降了9分(OECD, 2013a)。

许多人问:芬兰做错了什么?为什么如今分数在下降?这是否意味着,过去使芬兰学校进步的推动力如今消失了?下降是否是芬兰的社会或家庭造成的?不论造成这些改变背后的原因是什么,芬兰人必须理性、谨慎地对待问题,避免过于匆忙导致错误再次发生。人们必须再次分析过去的数据,并从他国的经验中学习,其中同时包含了成功与失败的经验。

出乎意料地成为全球教育领导与榜样,打乱了芬兰过去对持续进步与更新的执着与认同。一些人评论说,骄傲、自满且忙碌于向数不清的国际访客介绍芬兰的成功经验,将芬兰人的注意力从发展自己的学校教育中转移。有人评论道,PISA的成绩使得其他国家开始改变其课程。这类观察者指出,PISA的提问方式使部分国家开始训练学生专门应对PISA问题。作为一个常模参照类测试,PISA的成绩按曲线评分。其他国家从芬兰学到的经验及实践确实会影响芬兰自身的测评结果。

图2-5展示了,对比其他OECD国家,芬兰学生在数学与科学评分上学业表现区分度的差异性变化(OECD, 2001, 2004, 2007, 2010b, 2013a)。值得一提的是,根据PISA测试的数据,直到2006年,芬兰的学生成就维度的结果在所有测量的学科上都一直展示出进步,这与其他的教育超级大国不同。因此,需要指出的是,当前教育的任何可能性效果,都应当指向20世纪90年代推广执行的教育政策与改革,而非近年的教改政策。本书第五章将进一步探讨芬兰近期学生表现下降的原因。

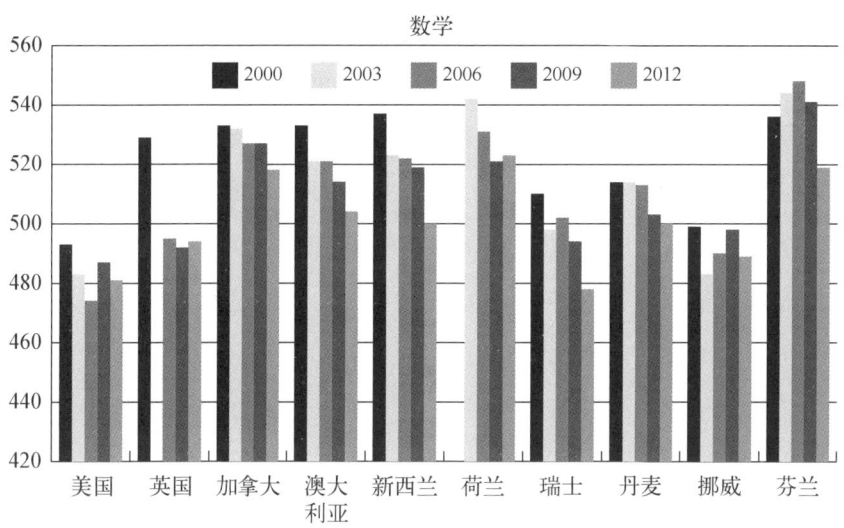

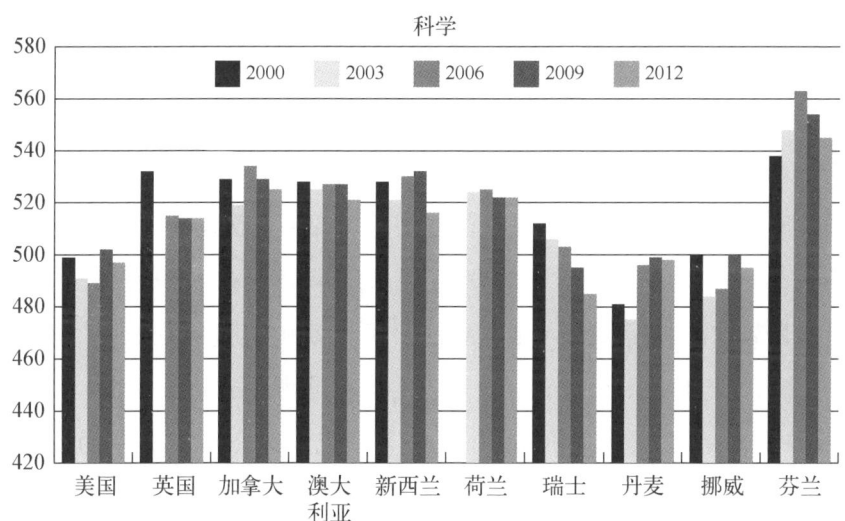

来源：OECD(2001, 2004, 2007, 2010b)

图 2-5　部分 OECD 国家中,学生在 2000—2012 年间 PISA 数学与科学测试中的表现

图2-5还引发了另一个有趣的问题:芬兰学生在科学学科上出众的原因是什么?芬兰学校的优势,以其在PISA测评上的成功而论,是科学学科的教育。芬兰科学学科的教育者总结了以下几个关键因素:第一,在过去20年中,小学学段的学校教育一直致力于重新设计科学教育以及学校学习,从而使学生都有实验与实践的机会。与此同时,越来越多的小学新教师在他们的师范培养期间学习科学教育——超过10%的赫尔辛基大学硕士毕业生在他们求学期间上过科学教育课程。作为师范教育的一部分,这些大学内的课程专注于构建科学内容的教学法以及建立对科学创新的理解。第二,科学学科大纲从过去传统的基于学术知识转型为专注于实验以及课堂内问题解决。在转型的过程中,所有的小学科学教师背后有大量的全国性专业支持。第三,芬兰所有大学的教师教育专业,包括科学系,都为新教学大纲服务。今天的科学教师培训是连贯持续的,拥有来自美国与英国的现代科学教育与教学的原则作为基础。

国际学生测评的科目基本只有阅读、数学和科学三科。IEA的"国际公民与公民权教育调查"(ICCS)是少数几项关注其他学科的调查之一,它由IEA设计,是用来检测公民意识与公民权教育的结果的第三次调查(Schulz, Ainley, Fraillon, Kerr & Losito, 2010)。2009年的ICCS调查是在1999年的基础上,研究38个跨越欧洲、拉丁美洲与亚太地区国家的初中学生(特别是8年级学生)是否准备好承担自己的公民责任。研究的核心是测评学生在面对一系列公民权相关事务时是否具备基本的知识。在这项研究中,"公民知识"指的是联系公民与公民权相关情境与知识内容。"公民知识"因此是一个广义的概念,包括学习、理解、思辨等多个方面。这是测评公民教育项目的重要内容,也是有效公民参与的核心内容。

2009年的ICCS测评中,芬兰8年级学生在"公民知识"上与丹麦同龄人并列为最高平均分(见图2-6)。与PISA和TIMSS一样,芬兰在2009 ICCS测评中拥有最小的学生表现校际差距值。ICCS 2009测评结果展示了在国家层面上,"公民知识"与"人类发展指数"(Human Development Index, HDI)的强相关。HDI上的差异值解释了54%的国家在公民知识方面的差异值。这也说明,公民知识的平均水平与国家的整体发展与健康幸福有关。这一发现与其他的国际调查结果相似,但并不代表这一关联性必然导致公民知识与国家发展的因果关系。相反,这一研究同样发现,芬兰青少年在日常生活中对政治与公民话题具有较低的参与感。

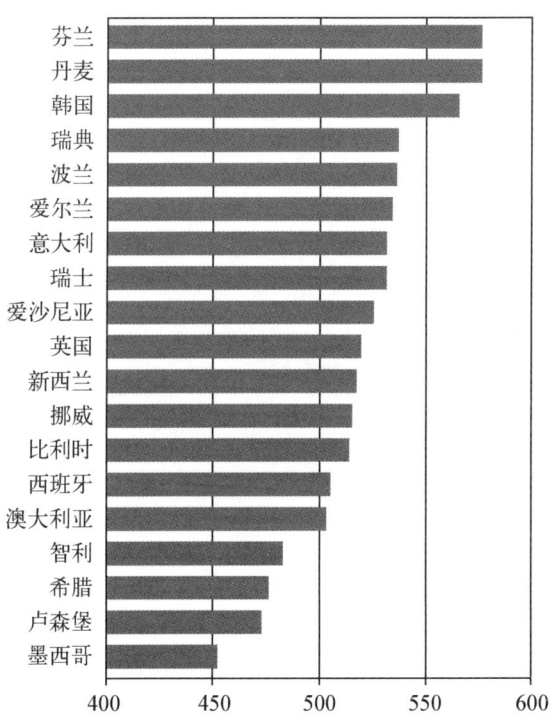

来源:Schulz et al. (2010).

图2-6 8年级学生参与2009年"公民意识与公民权教育调查"的表现情况

2000年以来,全部PISA测评都显示,芬兰教育在所有测评的领域都处于领先地位,且芬兰的学生在每个调查测评的领域(阅读、数学与科学)都拥有较高的平均分。正如国际测评研究所示,芬兰公立教育的质量从20世纪70年代以来持续进步。2009年的PISA测评是自2000年以来第二次主测阅读,而2012年的PISA测评则是第二次主测数学学科。因此,这些研究也提供了独特的机会,了解学生怎样理解、运用学校内学到的阅读与数学知识联系实际场景。尽管2012年的全国学生平均成绩对比2000年有所下滑(尤其在数学方面,如图2-7所示),芬兰学生的阅读与数学能力仍在国际上名列前茅。然而,最近的PISA测试结果发现,对比10年前,学生在学习上感受到的乐趣更少了,而这才是值得警醒的。一半的15岁男孩反映,他们在阅读中没感觉到愉悦。在国家阅读理解与习惯调查中,这个结果也是清晰可见的。研究中暴露出的芬兰教育水平的下降,或许与男孩及他们对学校学习兴趣的下降有关。

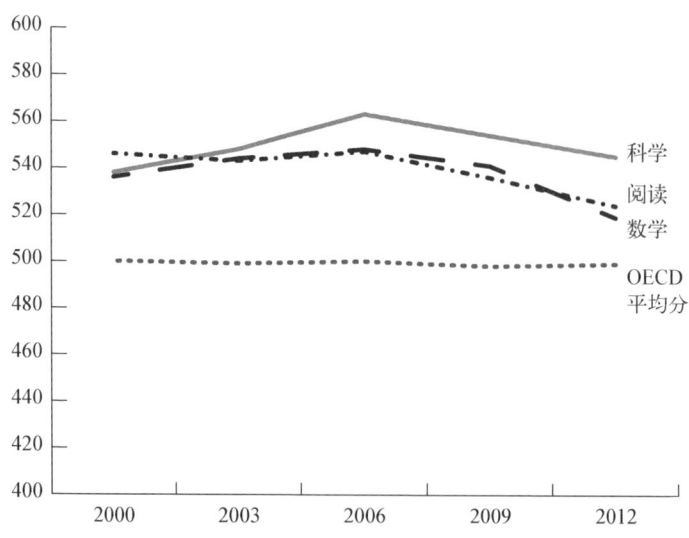

来源: www.pisa.oecd.org.

图2-7 2000—2012年PISA中,芬兰学生在阅读、数学和科学的得分

根据OECD的研究,"在过去的10年间,芬兰中等教育学生的学业水平表现在国际上处于领导地位。更值得注意的是,芬兰各校之间均能一致地展现了顶尖的水平。芬兰学校能够良好地为所有学生提供服务,不论学生的家庭背景、社会经济地位或是能力"。(2011a, p.117)芬兰教育的优势是始终如一地表现出高水平的学生习得,并且在全国各校中分布一致。

自从PISA于2000年启动以来,这项测评对全球教育改革与参与国家的教育政策都有重要影响。在亚洲、欧洲、北美以及世界上越来越多的其他地区,PISA都成为教育发展重要的"前情"。许多国家(包括美国、英国、新西兰、德国、韩国、日本和波兰)都启动了大规模的教育改革并创设了新的国家机构,数以千计的代表团拜访教育表现出众的地区(包括芬兰、加拿大阿尔伯塔与安大略省、新加坡与韩国)来寻求优质教育的"秘密"。共计超过70个参与PISA的国家与地区中,绝大部分的教育政策发展都受这项测评的影响。

出乎许多外国人意料的是,芬兰教育者并没有对PISA的结果过于兴奋。许多芬兰的教师与学校校长都认为,PISA仅仅展现了学校教育的一个狭隘的方面。也有芬兰人认为,PISA正在推广的教育政策与实践并不能转移、互用到其他国家。他们认为,这些操作会导致人们对教育进步产生过分单一的认识。以体育为例,过于强调国际竞技,或许会使人们为了追求评价表上的短期成功而使用不道德手段以暂时性提高成绩。优质的教育系统与高水平的教育表现远比学术测评更广泛。一些芬兰教师非常担心,当前通过教学测评来衡量教育体系质量的行动,最终会限制课程发展,重视测评的学科会使社科、艺术、体育、音乐及全人教育等其他方面的学习受到损害。

这些国际测评究竟测量了什么?是否仅凭PISA一项测评就能检测教育体系的质量?确实,对这些问题,越来越多的人开始参与讨论。早期的批评者的意见已经被记录在相关教育学术论文中(Adam, 2003; Bautier & Rayon, 2007;

Bracey,2005;Dohn,2007;Goldstein,2004)。最近国际知名学者对PISA的评论坚持认为,政治家与公众(包括媒体)需要更好地理解PISA可做与不可做的边界。在这些学者中包括剑桥大学的大卫·斯皮格哈特,他在《卫报》上写道:"如果PISA能够测量什么,那么就是应对PISA考试的能力。将教育政策的制定与单一的测评表现捆绑在一起,将是具有危害性的。我们需要看的是全景。"俄勒冈大学的赵勇(Yong Zhao)教授表示,东亚国家的教育体系或许很高兴能够位列PISA结果的顶端,即使人们对教育的结果并不满意。赵勇在他的博客中写道:"人们很久以来就注意到教育的危害,并采取了措施去改变其教育。"在他的书《谁在害怕大坏龙》(*Who's Afraid of the Big Bad Dragon*, 2014)中,他提供了近年PISA测评批评声音的全面概述,并总结道,中国教育的核心(包括上海优异的PISA成绩)包括三个基础:中国家庭的高期望值,勤奋、刻苦以及考试体系(2014,p.187)。哈佛大学的霍华德·加德纳教授在2009年PISA结果公布后,写下名为"部长们的误解"(*The Ministers' Misconception*)的评论员文章:"部长们在谈话与文章中对教育'传输理论'始终如一地坚持,这一直让我很惊讶。他们对最佳问题仅有一解,多种可行答案中只能有一个结果等理论展示出了始终如一的忠实认同,我始终感到非常惊讶。"最后,萨姆·塞勒和鲍勃·林嘉德(2013)评论道:"PISA以及OECD所有的教育工作都帮助OECD在教育领域上建立了新的全球认知体系与基础建设体系。"

以上这些观察都提醒我们,PISA是好"仆人",却是坏"主人"。即使它或许是当今最好的比较各国教育体系的国际测评,也只不过是测量了过去的结果。另外,许多人担心PISA会与许多其他的社会指标一样证明了坎贝尔定律的存在。坎贝尔定律表明,"一项社会指标被用于社会决策的程度越高,这项指标就越容易受到腐化的压力影响,也越倾向扭曲和损害指标所测定的社会过程"(Campbell,1976,p.49)。OECD自身的分析也显示,PISA如今越发成为某些国家政策制定与执行的高风险社会指标(Breakspear, 2012)。许多芬兰人,包括我自己,更愿意见到这些国际测评在政策制定与广义的学习领域不再这样重要,而这些测评也能包括学习技能、社会能力、自我认知、创造力等更多领域。

## 教育支出

截至目前,我们已经了解芬兰实现了教育体系转变,途径包括提升年轻人与成年人在各阶段教育中的参与率,确保公立体制支付教育费用,使教育对所有人开放,在国际教育测评中获得优秀的成果且使各校间表现差异较小等。以上这些途径全部使用公共资源达成,包括对高中与成人教育的加大投资等。还留下一个问题有待讨论:对芬兰的纳税人来说,教育需要花多少钱?

OECD 国家的教育各阶段的费用数据是已有统计且可比较的。由此数据可知,芬兰教育的公立与私人投入从 1995 年到 2004 年增长了 34%,而 OECD 国家在此阶段内增长的平均值为 42%。2011 年,用于教育建设的总公共支出占芬兰 GDP 的 6.5%(OECD, 2014a),这与 OECD 国家的平均值 6.1%持平,比美国(GDP 的 6.9%)和加拿大(GDP 的 6.8%)要低。正如前所述,芬兰所有的教育支出中,只有 2.4%来自于私人(家庭)付费。

学生表现与成本的关系

图 2-8 总结了 PISA 测评中,学生在阅读学科上的平均表现与用于每位 6—15 岁学生的总教育成本(OECD, 2010, 2013f),以美元为单位并按照消费力做调整。首先,这些数据展示了教育支出与教育结果没有相关性。其次,芬兰使用理性的支出而达到了世界级的教育成果。例如,美国与挪威都有较高的教

育支出,但他们的学生表现只能算中等。当然,这也不能证明,教育支出与学生学习结果之间的任何因果关系,不过回归函数确实显示了教育支出与学生表现之间有较小的相互关联性($R^2=0.13$)。因此,支出有效性比支出绝对值对优质教育成果的影响更大。金钱不太可能是教育体系问题的解决方案。

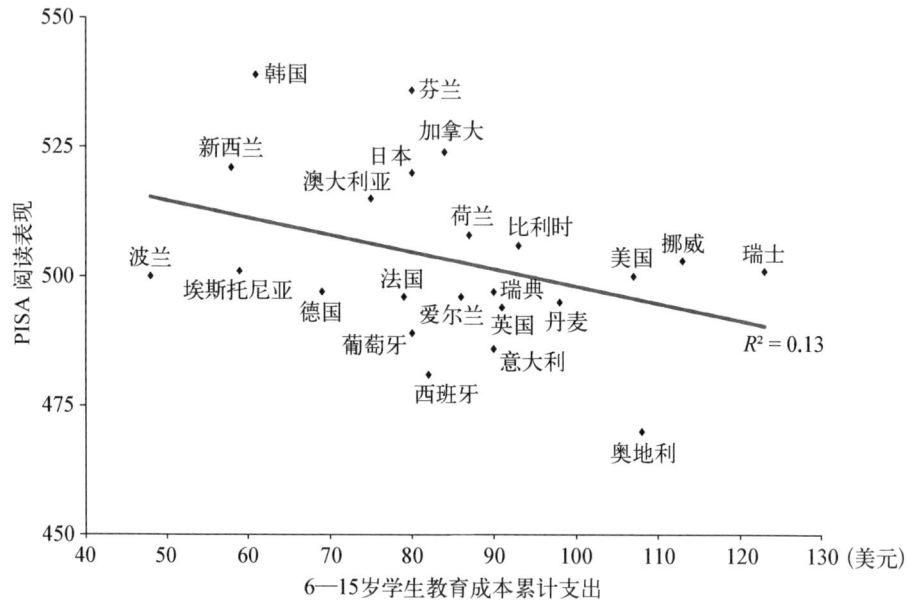

来源:OECD(2010,2013f)

图 2-8 2009 年部分 OECD 国家 6—15 岁学生 PISA 测试中阅读成绩与生均教育成本关系图

留级的代价

留级是教育的成本因素之一。留级指的是,由于第一次学习时无法完成,学生被要求再次学习某个年级的学业。重复学习是解决个人学习不足的常见方式。然而留级不仅不是为需要帮助的学生提供支持的有效方式,对教育系统来说还是昂贵的开支。芬兰怎么处理这个常见的全球现象呢?

在芬兰过去的平行学校结构中,留级并不少见,是文法学校教育原则的一部分。有时,学生为了提高知识与技能水平、应对4年级末的文法学校入学测试而重复学习小学3年级的内容。当9年教育开始运行时,约12%的文法学校学生无法正常升级。当时各校、各年级的留级比例情形不太平均。例如,在高中,6个学生中有1个会留级。我们估计,不超过一半的高中毕业生在求学中经历过留级(Valijarvi & Sahlberg, 2008)。此外,许多学生在毕业之前就肄业,而肄业通常发生在无法正常升级之后。数学与瑞典语(作为第二外语)无法及格是常见的留级原因,有些学生则是因为行为与学习态度等问题而留级。

公立教育体系是建立在社会公平的价值观之上的,相信所有的学生都能通过高年级的自主选择实现教育分流,实现自身的学术与社会价值。在过去的学校体系中,留级是教师区分学生的方法。在20世纪70年代早期,新的学校体系被引入,留级问题非常普遍。将低年级学生送回同一年级就学通常带有不名誉的色彩,也很难让留级的学生在下一年中获得进步(Brophy, 2006;Jimerson, 2001)。综上所述,重新修读一整年的课程,并非有效提升学习效率的方法,因为它无法满足真正需要帮助的学生的需求。留级只是让学生将已经完成的科目再读一次,无法激励学生与老师。学生们只是被送回了之前的年级,并没有针对他们需要进步的地方进行特别指导,仅仅将学习该年级所需知识与技能最有效的方法搁置一旁,无人理睬。

在综合学校改革早期,留级通常不是有效的,也不是正确地改正个体学习与社会障碍的策略。在小学阶段,留级学生可能只有一两门学科被打上"不及格"的标签,往往也伴有行为与个性问题。但"失败者"这一标签通常会对学生的自尊心产生强烈的负面影响,从而降低他们学习的动力并产生性格问题。这一标签还降低了教师对该生学习能力的期望。留级因而制造了一种恶性循环,对部分学生来说甚至制造了伴随终生的阴影。教育上的失败会影响一个人在社会中的

评价,他被认为是"不愿意学习"的人。只有拥有较强的自我认同感且拥有坚定支持他的朋友、家人和教师,年轻人才能摆脱这样的阴影。芬兰经验显示,在大部分情况下,留级只能加剧社会不公平,并不能帮助学生克服学业与社交上的问题。

公立学校体系改变了留级的政策方针与操作方式。尽管这一新系统无法完全根除留级带来的问题,学生在综合教育体系内留级的数量大幅度下降。个性化学习与制定差异性学习原则成为社会中组织教育教学的基本共识。基于"所有学生都能完成教育目标"这一预设,根据每个学生的特点与需要组织其学业内容成为另一种基本理念。留级与能力分班明显违背了这些理念。不同的学生应当在同样的班级内上课并学习。校方在布置学习环境、选择教学方法时,应当将学生的个性、能力与兴趣维度上的"多元化"考虑其中。事实上,这成为教师最高难度的挑战之一。时至今日,芬兰学校依然在追求更加多元化的社会与更加理想的教育、更加优越的经济方案之间的平衡。

芬兰教育体制能够减少留级率的主因是,特殊教育已经纳入教育体系,成为其组成部分。每个孩子都有权利在早期就获得专业的个人协助,这是芬兰教育的常规组成机制。今天,这一特殊支持通过多种方式实现。如前述,芬兰的特殊教育正逐渐在主流教育中普及,也是改善教育不平等与教育失败的关键。

高中(包括普通高中与职业高中)使用模块化教学,而非按照年级分层。因此,传统的留级制度在芬兰高中已经不见踪影。今日,学生在学校提供的一系列课程中进行选择,基于其个性化日程学习。因此,高中的学习是弹性安排的,根据学生的能力与所在的人生阶段选择相关课程的完成进度。与留一整级不同的是,学生只需要重复学习没能达标的内容。大部分学生在预期的三年左右的时间内完成高中学业,尽管有的快些,有的慢些。这一结构并不与按年级划分的结构绑定,不会再有一整个班级一起从一门课程进阶到另一门课程,或者从一个年级升到另一个年级的现象。

## 第二章 芬兰悖论：少即是多

对需要特殊支持的学生,芬兰采取了"自动提升"与"早期干预"策略。正如诺顿·格鲁伯教授所说,芬兰与其他许多国家最大的不同,是对全国教育不平等的关注(Grubb,2007)。实现教育平等的过程要求大量的系统性咨询与生涯指导服务,确保年轻人在开始思考他们的教育规划时能够获得帮助。事实上,芬兰学生16岁结束义务教育时,只有不足2%的学生在求学过程中留级。留级率与其他北欧国家大致相同,但欧洲其他国家则要高很多：法国、比利时、荷兰、西班牙大约有三分之一的学生留级,而德国、瑞士则有大约五分之一。图2-9显示了在留级率(学生在小学或中学阶段至少有过一次留级)与教育公平(学生学校表现与其家庭背景之间的关联)之间的负相关关系。

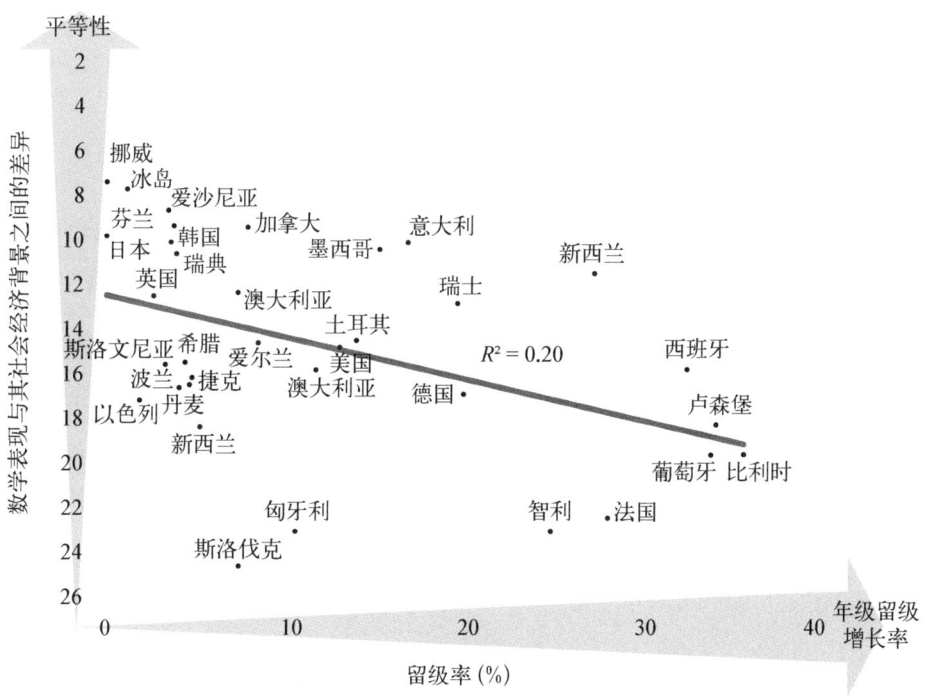

来源：OECD(2013d)

**图2-9　2012年OECD国家留级率与教育公平之间的关联**

## 芬兰教育悖论

对许多不满意自己国家教育体系表现的政治家与教育者来说,芬兰是受欢迎的目的地。大部分来芬兰的访客会看到优美的校园建筑,安静的学生与教养极佳的教师四处可见,也开始认识到芬兰教育所拥有的自主性:芬兰的中央教育管理机构很少干预学校的日常运营,学校用系统的方式指导学生的生活,对有需要的学生给予有目的性的支持。这些现象在很大程度上帮助其他国家对比自身与领先教育国家的操作方式。然而,芬兰教育成功的秘密中仍有部分尚待探究:

- 教育改革的发展过程究竟是什么样的?
- 建构一套卓越的教育体系时,公共政策应当如何配合?
- 文化与其他不可见因素的作用是什么?
- 在创造独特教育方法的过程中,芬兰教育者如何理解全球教育改革运动?

从许多层面来看,芬兰都是充满奇特悖论的国家。作为通信产业的发源地并拥有世界上最大的手机密度,芬兰人却因其内敛甚至寡言少语而著称。芬兰人通常喜欢独自行动而非社交互动,但他们喜欢跳探戈。人们甚至会在每年的探戈嘉年华上选出探戈国王和皇后。不仅如此,生活在北方典型的艰苦气候中,芬兰人却仍是全球最快乐的人群之一,芬兰也是最富庶、繁荣的国家之一。芬兰语中有一个著名的文化词汇"sisu",如莱维斯(Lewis,2005)和查克(Chaker,2011/2014)所述,指的是芬兰人在面对困境时的决心、意志、果敢、冷静与温柔。由此可知,理解芬兰人与芬兰教育的某些关键特质时,"悖论"要比理性逻辑更有帮助。

## 第二章 芬兰悖论：少即是多

避免社交性、礼节性的闲聊是芬兰人著名的文化特征，如下文这个传统的故事所呈现的那样。两个许久不见的芬兰人不期而遇，他们从孩童时期就一直是好朋友。为庆祝这一让人高兴的相遇，他们决定去喝一杯。他们很快找到一间酒吧，挑选了安静的位置，点了第一轮酒。他们一言不发，并不交流，很快第一轮酒喝完了。点了第二轮酒并喝完，他们仍然不发一语。第三轮酒喝完，仍然沉默。到第四轮酒将要喝完之际，其中一个人举起杯子说"Kipps"（芬兰语中"干杯"的意思）。同伴突然带着困惑的眼神，开口道："我们是来这里喝酒还是叙旧的？"

这种"极简主义"同样盛行于芬兰人的其他生活领域。在艺术、音乐、设计和建筑中，都可以看到芬兰人"小、清晰、简单"的理念。芬兰人相信，"小即是美"。在商业、政治和外交领域，芬兰人依靠的是直截了当的对话和简洁明了的流程。他们希望解决问题，而不是谈论问题。芬兰的发明创造通常都是由一个小理念而造成的大变化。因此，顺理成章地这些理念与价值观也深深印刻在芬兰教育中。芬兰教育价值观之一就是，在教育改革中将教学置于最重要的地位。最重要的是，芬兰人不相信一直重蹈覆辙还能够带来不同，在教育领域尤其如此。

**悖论一：教得越少，学得越多**

教育发展的传统逻辑认为，只有增加授课时间，提高教育强度才能使表现不如预期的学生获得进步。芬兰的经验颠覆了这一认知。举例而言，当学生的数学表现不佳时，传统教育方式会修改课程，增加授课时间和作业量。在大多数的教育体系中，这代表教师必须付出更多的教学时间。学生上课时数和教师授课数是两个重要的国际指标，生动地展现了各国学生接受指导时间和教师教学时长的差异。

首先，如图2-10所示，OECD国家7—14岁的公立学校学生在所需上课时

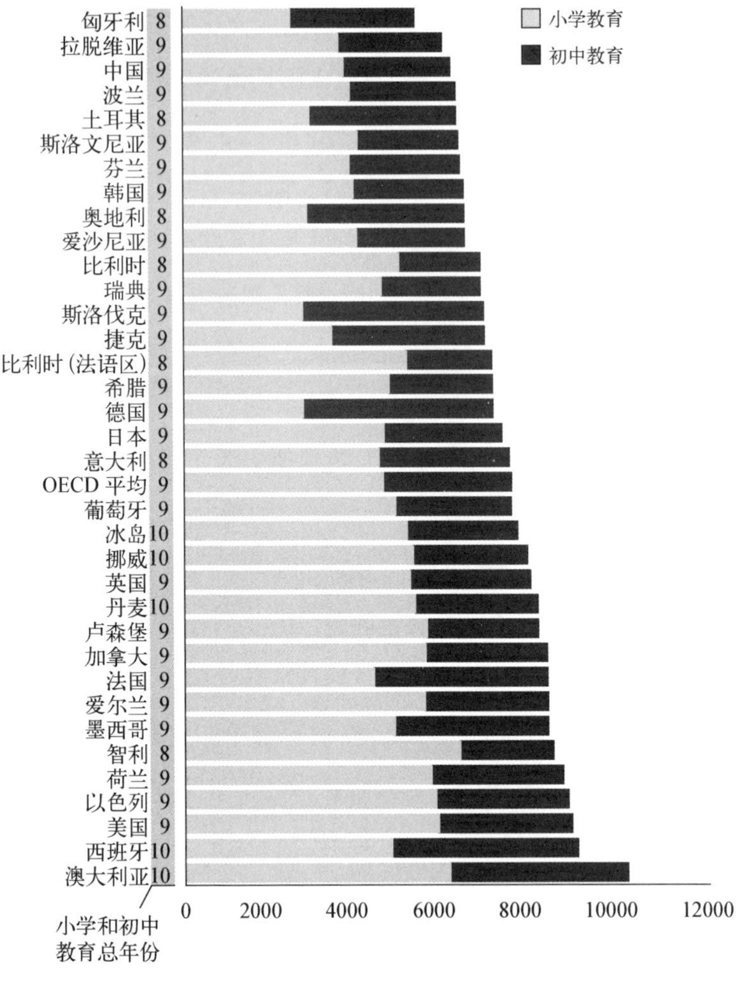

图2-10 2012年OECD国家小学和初中的教学时长情况

来源：OECD(2014a)

数上存在较大差异。然而，公立教育的上课时长与学生在PISA测试中展示出的学业水平并没有关联性。有趣的是，在学术测试（包括PISA）中展示出高水平的国家（芬兰、韩国、爱沙尼亚）更少地依靠教师教学时长作为学生学习的动力，而学术表现更低的国家（西班牙、以色列和法国）要求学生完成更长时间的学业。而当这些差异换算进学年时,例如,澳大利亚的15岁学生比芬兰同龄人至少多上了2年学。重要的是,芬兰的孩子7岁开始上学,而澳大利亚的孩子5岁就开始读书,这增加了澳大利亚孩子们读书的时长(OECD,2014a)。这些数据没有显示学生们花多少时间在课后的私人补习上——而这是所有高表现学校体制常见的行为。

OECD的数据库中缺乏美国在义务教育时长上的数据。但是,从美国部分州的统计数据预估可知,6—17岁学生完成的总课时数大约为9 500课时,与荷兰和西班牙学生接近,如图2-10所示。此外,根据OECD统计,芬兰的15岁学生在作业上花的时间比他们在其他国家的同龄人要少。这又是另一个芬兰与他国的不同之处。当芬兰采取"最少做作业时间"的时候,其他国家的学生放学后仍忙于完成作业。芬兰学校认同苏格塔·米提雅"最小侵入式教育"的理念,这一理念提出儿童可以在没有监管的情况下,通过自学与互相帮助学习。

既然芬兰学校教育时长比其他国家还要少,学生们放学后做什么呢? 原则上,除非学校另有安排,学生们下午就可以自由回家了。小学必须为低年级学生组织放学后的活动,非强制但鼓励为高年级学生提供社团活动。芬兰的青少年体育协会在其中扮演了重要角色,为青少年提供参与活动的机会,并全面支持他们的学习与成长。三分之二的10—14岁的青少年与超过一半的15—19岁青少年隶属于至少一个青少年运动俱乐部。芬兰认为,非政府组织所构成的社会网络是"第三部门",不仅为芬兰年轻人的社会和人格发展贡献良多,也对教育体系的表现有所裨益。

另一展现"质量"与"数量"悖论的是各国教师的工作时长。同样的,如图2-11所示,各国之间的差异很大。芬兰的初中教师平均每年授课时数约590小时,小学教师约670小时,也就是约800与900个45分钟的课时。这一数据代表着每天约4课时的工作量。根据OECD数据(2014a),平均每年美国

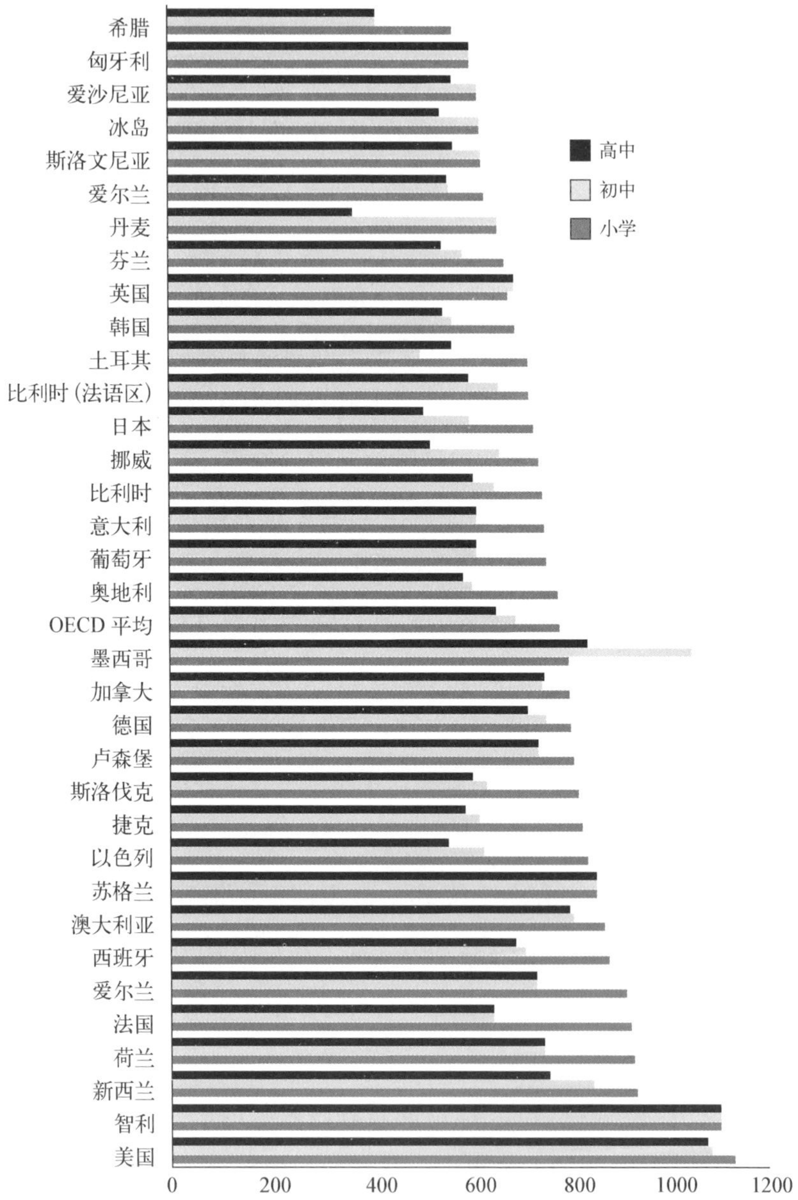

图 2-11  2012 年 OECD 国家中，小学、初中、高中每年教学时长统计

来源：OECD（2014a）

初中教师的工作时长为 1 131 小时,小学教师的工作时长为 1 085 小时,也就是每天超过 6 节 50 分钟的课时。加拿大的小学教师每年上约 800 小时课程,初中教师上 750 小时课程。较低的教学时长使教师们可以更大程度地在工作时间内参与学校建设、课程设计,思考个人专业发展。

OECD 的 TALIS 2013 调查提供了芬兰与其他国家教师工作时长的补充数据(OECD,2014b)。芬兰初中教师每周的总工作时长为 31.6 小时,而澳大利亚为 42.7 小时,美国为 44.8 小时,英国为 45.9 小时,新加坡为 47.6 小时,加拿大阿尔伯塔省为 48.2 小时,参与调研的 34 国平均值为 38.3 小时。初中教师平均花费大约 80% 的时间用于学生的教学。芬兰教师反馈,他们每周平均 20.6 小时用于教学,而在美国则是 26.8 小时,新加坡是 17.1 小时。在 OECD 国家,初中教师的平均教学时长为每周 19.3 小时。

芬兰高中与美国高中的一天有何不同?首先,比起芬兰教师,美国教师每周花费接近 2 倍的时间用于工作与教学。每天教授 6 小时(也就是 4 个时段)对教师来说是一项艰辛的工作,也使他们在教学之后太过疲惫,无法再投入到其他专业工作中。因此,在美国,教师工作被定义为教室内外的教学工作。然而在芬兰高中,教师每天平均教学 4 小时。尽管教师的薪资是根据他们教授的课时数决定,他们每天有时间与其他教师一起学习与反思自身教学,从而成长进步。芬兰教师在教学之外还有许多其他工作:他们评价学生的学业水平与综合表现,准备并持续性改进他们学校自己的课程,参与多校共同推进的身心健康计划,为需要的学生提供额外的治疗性帮助等。许多芬兰学校既是学校教师工作职责的集合,又为教师们提供专业学习的平台。当然,这一综合性的教师工作也是有要求的。许多小学,作为真正的学习型社群,教学不仅是课堂与学生的活动,同时也是在办公室里与同事互助合作的专业工作。

芬兰教育者并不相信"作业越多、学习越好",尤其学生只是在完成程序性

的、并不具有挑战性的作业,然而不幸的是,一般的学校作业非常容易带来这种不良效果。根据一些国际研究与国家调查,芬兰小学与初中学生的作业负担最轻。据《华尔街时报》报道,芬兰学生每天很少有超过半小时的作业量(Gameran,2008)。许多小学与初中学生确实可以在他们离校之前完成作业。根据OECD的研究,除了校内提供的学业,芬兰的15岁学生并不在校外参与额外补习(OECD,2013b)。基于这一认识,芬兰学生在国际测试上获得的成绩是令人惊叹的。在韩国、日本、新加坡或中国上海(这些区域在阅读、数学与科学上与芬兰具有相似甚至更高的表现),大部分学生除了常规学习日的学习,还在周末与假期参与私人补习和应试课程。

有趣的是,最近的研究表明,比起他国的同龄人,芬兰学生在学校经历更少的焦虑与压力情绪(OECD,2004,2007)。PISA总结道,只有7%的芬兰学生表示,他们在家里做数学练习时感到紧张,而日本的数据为52%,法国的数据为53%(Kupari & Valijarvi,2005)。对法国的课堂情况,各地的新闻工作者也曾有过相似的报道。放松的学习文化与缺少焦虑紧张的环境在芬兰学校中是帮助学生获得良好综合表现的关键因素。

**悖论二:考试越少,学得越多**

全球教育改革运动的理念有个假设:竞争、选择和更频繁的外部测试是提升教育质量的前提。自从1988年的《教育改革法》在英国通过之后,全球各国通过了依靠测试判断质量的教育政策,从而提高了标准化测试在多国开展的频次。几乎从无例外的,各国基于外部标准化测试(通常针对阅读、数学和科学)来评价学生与学校每年的成果。这就提出了一个重要的问题:这些基于标准化测试来判断学校进步与否的国家,在国际测评中表现如何?

使用PISA的数据库来进行对比能够得出建议性的结果。值得一提的是,美国、英国、新西兰、日本、荷兰与加拿大、澳大利亚的部分地区都用作对标国家。图2-12展示了从2000年到2012年5次PISA调查过程中,15岁学生在阅读一项上表现的变化曲线(OECD,2001,2004,2007,2010b,2013a)。在数学和科学上的变化趋势在图2-5中已有展示。

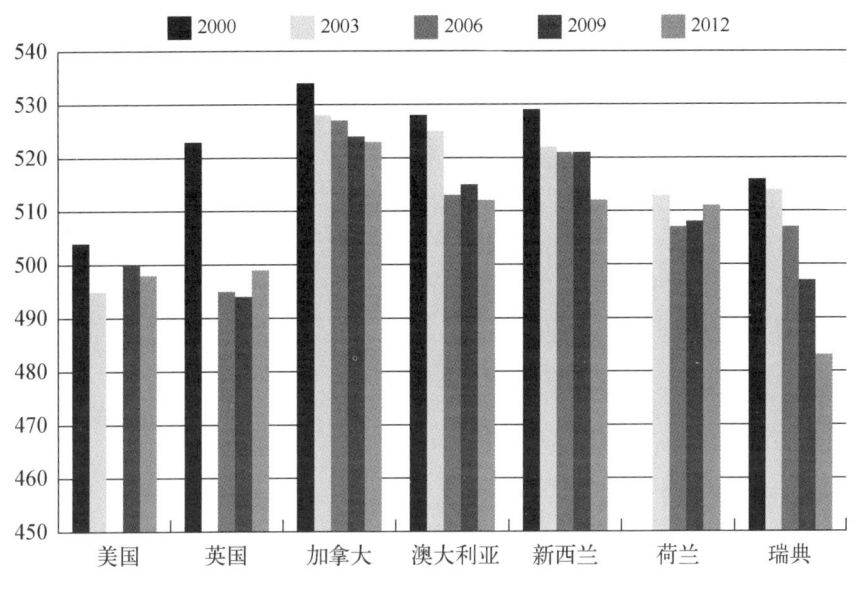

来源:OECD(2001,2004,2007,2010b,2013a)

图2-12 在以标准化测试为核心的部分OECD国家中,2000—2012年PISA阅读成绩

在这些基于测试的政策的国家中,学生的表现趋势都是相似的——从2000年到2012年,他们的表现并未进步。从20世纪90年代起,这些国家的教育政策以"学校生源竞争、鼓励选择学校、加强标准化测试、坚持测试为基础的管控"等为优先。尽管现在的研究无法证明这些基于市场原则制定的教育改革政策失败了(记住我的"相关不等于因果"预警),但这一分析暗示,提升教育的质量与公平一定有其他方法,正如更成功的教育体系所展示的那样。

尽管芬兰学生不像其他国家那样经常接受标准化测试,但这不代表芬兰的学生不会被评价,或者没有数据来评估学生——恰恰相反。原则上,芬兰的学

生评价有三类。

第一类评价是由学校教师给出的课堂评价,其中包括在教学过程中采取的诊断性、形成性与总结性评价。在所有学校,这都是教师的责任。所有的教师都准备好设计并使用他们的方式来评价学生。课堂评价占据了教师除教学之外的大部分工作时间。

第二类评价是每学期的学生进步综合评价。学生会收到一份评价报告,说明他们在学业与非学业上的表现、行为与参与度。学生评价卡由教师们共同完成,由学校在国家指导文件的基础上决定评估的具体维度。这也意味着,各校间的评价卡并不具有可比性,因为并非标准化、完全客观的。这样做能够避免校际进入"教育应试"竞争的怪圈,许多教师认为个性化评价卡比标准化的评价标准更好。

第三类评价是,芬兰学生的在校进步也被外部评价。常规的国家评价是采取抽样方法,选择约10%的同一学段学生(如6—9年级)进行测评。这些测评学生在阅读、数学、科学和其他学科水平的测评大约每三四年举行一次,由国家有关部门来决定调查的具体学科内容。没有被测的学校可以在国家教育评估中心购买测试服务,用以对标校际间表现。大约五分之一的学生自愿参与这项测试。一所500人的学校需要支付约5 000美元/科,服务包含一份结果分析。在芬兰,教育系统每年全部用于学生测评的预算不超过500万美元。在北美任何一个和芬兰人口接近的州,如美国马萨诸塞州或加拿大阿尔伯塔省,学生的测试预算都在这个数字的10倍以上。

只要不影响教育教学,测试学生的学习成绩并非一件不好的事情。然而当测试变得高风险(制作测试的质量不佳)或学生的学习成绩测试转变为评价其他事务(例如学校或教师的工作质量)的标准时,测试成了问题。世界各地都有预警性的报告,说明高风险测试已经成为惩罚性的教育政策(Amrein &

Berliner,2002；Au,2009；Nicholas & Berliner,2007；Popham,2007,Ravitch,2013）。证据显示,教师倾向于根据测试结果重新设计课程,给被测学科与知识点更多关注,并调整教育方式、强调记忆与联系而不是理解。这些标准化测试的价值是需要质疑的,对学校与教师来说是高风险的,直接关系教师的考评、晋升、薪资与口碑,而对学生来说却是无风险的,对学生的学习与学校的进步并无帮助。在高中毕业参与全国大学入学考试之前,芬兰学生都不参与标准化测试,教师专注教育教学,而不被频繁的测试打扰。

其他地区的例子也开始显示出对标准化测试过度依赖的危害,如英格兰与威尔士地区、加拿大的阿尔伯塔省等,这些区域的国家性标准化测试被废止,转而使用更明智的方式来评估学生与学校。例如,阿尔伯塔省曾创设了一个区域性成果测试(Provincial Achievement Tests,PATs)来测试学生在阅读、数学与科学上的表现,从而帮助政策制定者判断区域的综合教育质量。尽管权力机构避免使用测试给学校排名或指出失败的区域,但其他人却都是这样认为的。因此,教师与家长对这一情况开始表示困扰,许多优质教学都因为应试的需要而遭到了牺牲。2009年春天,阿尔伯塔代表大会废除了三年级测试,在2012年,决定重新设计省评价体系。因此,阿尔伯塔教育评价部门被解散。这一事件也是我们应当换一种评价标准的标志。阿尔伯塔的邻省——萨斯喀彻温省,完全没有标准化测试。但在世界的其他区域,趋势却仿佛是往另一个方向发展。

**悖论三：愈多元,愈平等**

正如第一章所述,自20世纪70年代芬兰的全面教育改革之后,为所有人提供公平的教育机会就是芬兰教育的核心原则。学生表现应当平均分布在不同的社会人群与地域中也是该原则的理念。诚然,芬兰很长时间以来都具有种族上的单一性。然而,自从1995年加入欧盟以来,芬兰在文化与种族上的多元性日益增加,进步速度快于欧盟其他国家,尤其在第一代与第二代移民人群比例高达四分之一的大城市学校中。表2-3显示了自1980年以来,外国出生的人群被授予芬兰国籍的人数增加情况。在2013年,接近5.2%的芬兰常住人口为外国生公民,也就是母语并非芬兰语的人群。授予公民率在芬兰相对较低,是由于规定申请者必须在芬兰三大语言中流利掌握至少一种。这三种语言——瑞典语、芬兰语和萨米语——都不在北欧之外的地区使用,因此对来自其他地方的移民来说很难学会。

表2-3 1980—2010年,芬兰外国出生公民与授予国籍公民人数情况

| 年 份 | 外国生公民 | 授予国籍公民 |
| --- | --- | --- |
| 1980 | 12 853 | 621 |
| 1990 | 26 255 | 899 |
| 2000 | 91 074 | 2 977 |
| 2010 | 248 135 | 4 334 |

来源:芬兰国家统计数据(2011)

芬兰的学校必须在短时间内改变,以适应这一变化的局势。变化带来的结果之一是,部分直辖市控制学校引入移民学生的比例,从而避免发生种族隔离的情况。例如,在埃斯波(芬兰城市),有的学校有高达40%的移民学生比例,而有的学校一个移民后裔都没有。在2013年,4 000名新移民迁入埃斯波。这些人中的四分之三都不会讲芬兰语。城市当局认为,平均分配这些移民学生对学生与学校来说都是更好的选择。然而,各校校长对这项强制政策有所质疑,也抨击这种政策对学区社群造成的影响。在赫尔辛基,移民后裔学生占公立学校人口的10%,在这些学校内,语言数量超过40种。在芬兰的其他主要城市,这一趋势也很明显。

面对具有不同特征与需求的学生,芬兰教育体系采用包容性的原则。除非有特殊情况,否则学生们都被安置在常规的学校中。因此,在典型的芬兰课堂里,人们可以发现教师(通常在助教的帮助下)面对的是拥有不同能力、不同兴趣、不同民族的学生。芬兰社会的文化多样性或许会暗示,芬兰各校之间的差异将变得更大。然而通过图2-2我们可知,学生在数学学科上的高表现是平均分布在各校间的。也就是说,芬兰可以在学校与课堂变得更多样的同时提升教育公平。

芬兰正在面临学校与社会中的快速多元化,这会是一项值得研究的议题。亚尔科(Jarkko Hautamäki)教授曾探索移民的增长对校内学生学习的影响,并产生了两项有趣的发现。第一,基于PISA数据,2009年之前,芬兰的移民学生比其他国家的移民学生表现得更好(Hautamäki et al., 2008),芬兰的移民学生比他国移民学生的分数高50分以上。第二,根据同一研究,每班移民数量比例似乎有明显的分水岭,超过某一固定数值则全班的表现会下降。在赫尔辛基,这一数值为20%。

根据PISA 2012的结果,来自移民家庭的学生在数学上表现退步了。比起他们的芬兰同龄人,第一代移民学生在数学上的表现要低整整一个标准差。对很多大城市的学校来说,帮助移民学生尽快掌握芬兰语是最大的挑战。

贫困是另一个影响学校教育教学的因素。儿童贫困率可以定义为"家庭收入不到国家平均值一半的儿童数量比例"。基于这一定义,根据联合国儿童基金会创新研究中心的数据,芬兰5.4%的儿童生活在贫困中。除了冰岛(4.7%),这已是最低的数值。美国有23.1%,加拿大有13.3%,英国有12.1%,澳大利亚有10.9%的儿童生活在贫困中(UNICEF, 2012)。芬兰教育的平等来自对生活公平的系统性关注、对有特殊需要学生的早期干预以及教育与其他领域的紧密配合——尤其是健康与社会部门。需要指出的是,芬兰社会在经历文化的多元化与社会的复杂化时,芬兰学生表现的水平持续提高且学生间的表现差异持续降低。

## 第三章

# 芬兰优势:教师

你有两只耳朵和一张嘴——等比例地使用它们。

——我祖母,关于成为一名好教师的建议

许多因素共同造就了如今拥有盛名的芬兰教育体制,例如为所有学生创立的九年公立学校,以学习为中心、由教师设计的现代课程,为特殊学生提供的体系化关怀,本地化的自主性与领导力。然而,研究与经验表明,对于所有上述提到的成功来说,有一项因素是必不可少的:优秀教师日复一日的付出。

本章检视了芬兰教师所起到的核心作用,认为教师教育与关注教师专业化是改变芬兰教育,使其获得世界瞩目的关键。同时,本章指出,仅仅提升教师教育的质量或拥有"最聪明、最优秀"的学校教师是不够的。芬兰经验显示,更重要的是需要确保学校教师的工作拥有专业尊严、社会影响力且参与领导的,从而使教师始终满足他们自身选择教育作为终生职业的初衷。如本章所述,教师的工作内容应该在教师教学与校内其他人士的合作中找到平衡。在说明如今芬兰教师与教师教育的原则与政策之前,我们需要回顾一些与芬兰教师职业相关的文化。

## 教育文化

尽管芬兰人直到 1922 年才拥有就读六年制基础教育的法定权利与机会,教育一直是芬兰文化与社会的核心部分。芬兰人一直明白,不识字、没有广博的知识就无法实现他们心中的梦想。芬兰在 19 世纪 60 年代开始广泛推行公立教育,在此之前,教士与其他教会组织承担了发展大众阅读能力的使命与责任。这种现象可以追溯到 17 世纪。宗教学校通过周日学校和巡回学校在偏远地区提供以宗教学习为主的基础文字教育。依据传统,教会规定要举行合法婚礼的男士与女士必须具备基本的读写能力。因此,能够读写与责任与权利联系在一起,成为进入成人阶段的标志。19 世纪早期,随着公立学校的扩张,教师开始承担教人读写的义务。由于他们较高的社会地位,教师在芬兰享有极大的尊重以及毫无疑义的信任。时至今日,芬兰人始终将教育当作一项神圣而有声望的职业——与医生、律师、经济学家一样——由道德感驱动,而非物质回报、生涯奖励驱动。

如图2-1所示,在20世纪60年代,芬兰教育水平相对较低。例如,1952年芬兰举办夏季奥运会时,十个芬兰成人中的九个仅仅完成了7—9年级的基础教育。在当时的芬兰,大学学位被当作是异常杰出的成就(Sahlberg,2010a)。芬兰的教育水平与马来西亚或秘鲁相似,但严重落后于斯堪的纳维亚地区的邻居,如丹麦、挪威、瑞典等。在20世纪60年代,小学教师的培育并非由正式的教育学院提供,而是由机构提供2—3年的师资培训课程,但授课者不是学术单位,而是能够提供短期实习经验的机构。马尔蒂·阿赫蒂萨里,一位20世纪50年代末小学教师讨论课的毕业者,从小学教师成长为一位国际外交官、芬兰总统(1994—2000年)、诺贝尔和平奖获奖者,成为全球赞誉的和平使者。今日,当人们庆祝芬兰教育的成就时,大家公开认可了芬兰教师的价值,并默认信任教师们对教育的洞察与判断。坦率地说,如果没有杰出的教师与现代化的教师培育体系,芬兰是绝不可能获得国际教育成就的。

芬兰的教育体系与美国、加拿大、英国等国的公立教育体系大为不同,其中的一些差异与教师的工作紧密相连。例如,芬兰教育体系并无严格的学校监管机制,并不通过外在的标准化学生测试来告知公众、评价学校的表现或教师教学的有效性。此外,教师有专业上的自主权来创设基于学校情况的、他们自己的工作计划与教学大纲。在芬兰,所有的教育支出都来自于公用经费,包括在芬兰研究性大学中的教师教育项目。

芬兰如今的教师教育项目与本国的教育政策保持高度的一致性。项目共培养以下五类教师:

- 幼儿园教师,在幼儿园工作,拥有教育学龄前儿童的教育资格。

- 小学教师，在九年制义务教育学校进行1—6年级教学，通常情况下被安排在一个年级教授不同学科。
- 学科教师，在九年制义务教育学校（通常初中，也就是7—9年级学校）和高中（包括高等职业学校）中教授特定学科，通常进行1—3个学科的教学，例如数学、物理和化学。
- 特殊教育教师，帮助在义务教育阶段中（小学和初中）有特殊需要的个体或群体学生。
- 职业教育教师，在高等职业学校教学，必须在他们自己的教学领域拥有三年课堂教学经验之后，才能录取进入一个职教教师预备项目。

在上述五种教师类型之外，在成人教育机构的教师也需要拥有相似的教学知识与技能。每个学年，芬兰所有的教师培训项目大约有6 000个招生名额。本章重点介绍在K－12(幼儿园到高中)领域针对小学与学科教师的培训项目，这类培训约占所有教师教育项目的三分之二。

教育与维系芬兰国家文化、建构开放社会两种使命的关系相当紧密。事实上，将文化、价值与抱负代代相传是教育的重要目的之一。教师们自己也认为，教师这项职业在建设芬兰福利性社会中扮演着必不可少的角色。综观世界各国，芬兰的教师在文化的传承上扮演着重要的角色。几世纪以来，芬兰在身份、母语、价值观上寻觅自身的定位：最初的六个世纪处于瑞典王国的统治下，随后的一个多世纪归沙俄帝国管辖，直到最近的一个世纪才作为刚刚独立的国家，面临着前雇主与全球化新势力的双重冲击。毫无疑问，历史的足迹给芬兰人留下了深深的印记，使他们渴望通过教育、阅读与自我成长来实现个体发展。文化水平是芬兰文化的支柱，而休闲式阅读是芬兰文化基因的重要组成部分。

因此，教师与教育在芬兰受到高度重视与认可。芬兰媒体会常规性地报道最受高中毕业生欢迎的职业。令人惊讶的是,教师职业一直是最受欢迎与敬仰的职业之一,领先于医生、建筑师与律师,是典型的理想工作(Liiten,2004)。根据"芬兰国家青年调查"(National Youth Survey,2010),芬兰人的文化价值观与教育行业保持一致,包括社会正义、关怀他人与追求幸福。教育也被认为是具有高度独立性的职业,享有较高的社会尊重与赞誉。在年轻女性中,教师职业尤其受欢迎——接受小学教师师范教育的学生超过80%为女性(National Board of Education,2013)。

一份全国性的意见调查询问了约1 300名15—74岁的芬兰人,伴侣的职业是否影响他们考虑进入一段正式情感关系(Kangasniemi,2008)。被访者在30个职业中选择五个作为最倾向的伴侣职业。结论颇为意外。芬兰男性认为教师是最满意的伴侣职业,领先护士、医生或建筑师。女性则认为医生和兽医是最受欢迎的伴侣职业,随后是教师。在所有被访者中,35%的受访者将教师列为理想的伴侣职业前五名。显然,在芬兰的婚姻市场,只有医生比教师略受欢迎。这份调查也表明,在学校内外,教师都享有专业性与社会性的双重尊重。

## 成为教师

考虑到教师职业的受欢迎程度,只有芬兰最优秀、最投入的人才可以实现他们成为教师的梦想。每年春天,数千芬兰高中毕业生(其中不乏最有天赋、最有创造力以及最有自驱力的年轻人)向芬兰拥有师范教育专业的八所大学提交申请。因此,在芬兰,成为一名小学教师的竞争非常激烈。一般来说,仅仅完成高中学业、参加严格的大学入学考试(见第一章)并不足够,合格的候选人必须拥有好的成绩、积极的性格特点、杰出的人际交往才能以及专心奉献教育事业的精神。每年,大约只有十分之一的申请者能够获得芬兰研究性大学的小学教

师的硕士学位。举例来说，2013年，3 200名候选人向赫尔辛基大学不同的教师教育项目提交申请，只有340名获得了录取。每年，八所大学针对上述五类教师的培训项目的总申请人数约为20 000人。

小学教师教育项目的候选人选拔分为两个阶段。第一个阶段，学生在五月初参加由八所大学统一举办的笔试，这项测试的内容是一系列科学的专业论文，在三月底向学生们发放。2014年，测试的内容是六篇论文，涵盖了大量议题，包括"童年时期工作记忆的发展与评估""基础教育中定位与选择的公平性""欧洲教育政策的改变与学校地位的变化"等。基于学生在这项测试中的表现，他们进入第二阶段，根据每个学校及专业的不同而有针对性地测试。值得一提的是，第一阶段测试将所有的申请者置于同一起跑线：高中成绩或品行对于是否能够进入第二阶段并不重要，只与测试的评价相关。因此，那些宣称芬兰的师范生只从每个高中前10%的毕业生中选拔的观点并不完全正确。然而，在芬兰，确实需要经过仔细地"质量检测"才能进入教师职业。没有坚实的知识、技能基础与成为教师的决心是很难进入师范专业学习的。

第二阶段的目的是测试候选人的性格、知识以及成为教师的整体可持续性。大部分大学要求候选人展示他们怎样创新、计划以及与他人合作。所有候选人都必须经过一对一面试，其中必问的问题是请学生们说明他们选择成为教师的原因。在选择最终候选人时，大学会考察候选人第一阶段测试的结果，大学入学考试的成绩，学生的毕业情况，他们在艺术、体育、其他社会活动中的表现以及大学认为其他与教师职业相关的因素。

正如这两个选拔阶段所示，芬兰师范教育的申请过程极具竞争性。成功的候选人具备一定程度的教学或与儿童相处的经历。2014年，共有8 400人申请了小学师范教育项目，而八所大学共计只有800个名额。图3-1总结了2001—2014年，每年申请者与录取情况的趋势，并按性别划分。

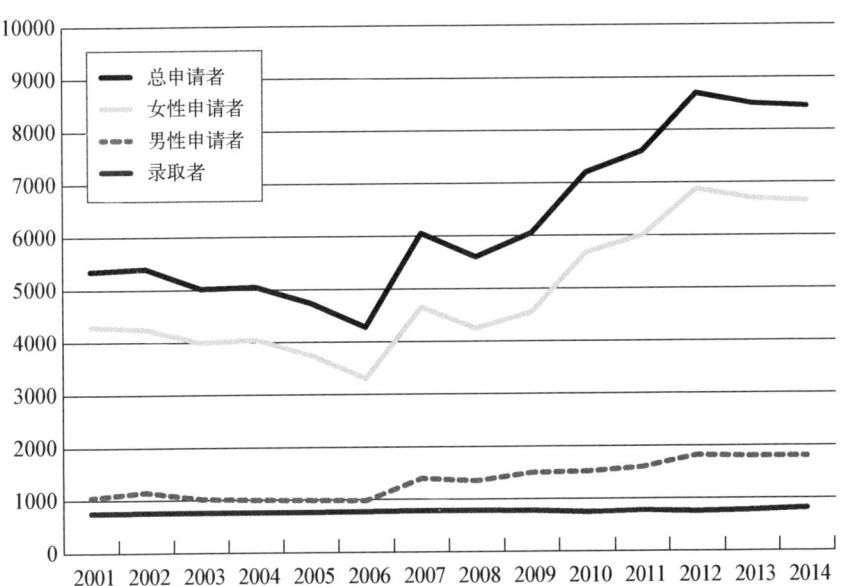

来源:赫尔辛基大学(2014,www.helsinki.fi/vakava/koepisteet.html)。

图 3-1 2001—2014 年,芬兰小学教师教育项目的
总申请人数量与录取学生数量情况对比

有两个现象显而易见:其一,芬兰的小学教师职业正变得越来越受欢迎;其二,小学教师中的男性占比仍相对偏低。芬兰经济的状况与师范学校申请数量相关:当经济前景糟糕时,年轻人前来申请教育专业,比如 2008 年后的最新一轮经济下滑时期。尽管芬兰学生中因没能完成学业而无法获得学位的人数较少,仍有较多的男性学生在毕业前最终选择其他专业或领域升学或就业。

芬兰是全世界较少几个能够选择最优秀且最具有决心成为教师的年轻人就读小学师范专业的国家,其他类似优势的国家有新加坡、韩国、爱尔兰等。这一现象为芬兰小学教育建立了良好的道德与专业基础,使芬兰儿童的头六年求学生涯中能够遇到有能力、有知识的专业人士做教师。

世界可以从芬兰教育改革中学到什么（第二版）

### 教育如何成为顶尖工作

芬兰教育揭示了三项可以吸引最优秀年轻人进入教育行业并持续在学校工作的条件。第一，也是最重要的一点，让教师可以在工作场所完全实现道德使命。芬兰和其他国家一样，教师职业的选择是人们内在愿望的体现，人们希望通过教育来帮助别人与社会。芬兰教师获得很高的社会尊重，与医生、工程师、律师一样。各个层级的教师都期望获得专业领域内的自主权来实践他们所学的内容：计划、教学、诊断、管理与评价。他们也期望拥有足够的时间来完成其他目标，包括课堂内外的各种职责。如第二章所述，芬兰教师比其他国家的教师用在教学上的时间更少。例如，北美学校教师工作的绝大部分时间都是在课堂内教学，只留下较少时间用于专业发展与成长。"专业学习社群"是常见的应用概念，用来分析教师的工作情况，特别是教师如何利用自己的时间。芬兰、韩国与日本的教育体系都因为运作的特质以及教师能够均衡分配工作时间，进而成为专业学习社群。

我曾与处于职业发展前期的青年小学教师谈话，希望了解会让他们离开所选择的职业的原因（Sahlberg，2012）。有趣的是，没有人将离开教师职业归因为薪资。相反，许多人指出，如果他们在学校和课堂失去了专业领域的自主权，他们会对职业选择打个问号。例如，如果有外在考评者前来评判他们的工作，或存在外部评测手段评估他们的绩效，许多人会选择换工作。对使用标准化测试来检测学生校内进步的手段，芬兰教师极为存疑。许多芬兰教师告诉我，如果他们和美国、英国的许多同行一样，面临外部的标准化测试与高风险评估的话，他们会选择其他工作。简而言之，芬兰的教师期望他们能够在专业上获得自主、声望、尊重与信任。最主要也是最重要的一点，芬兰年轻人决定他们是否要从事教育行业或是要转行业时，工作条件和道德环境是他们考虑的重点。

第二，师范教育的极具竞争性与高要求，吸引了更多才华横溢的高中毕业生投入其中。师范专业因为拥有硕士学位，足够具有挑战性，从而吸引了很多芬兰高中毕业生。不仅如此，入学的学生质量非常高，因此教学大纲与要求相比大学内的其他专业都要高。该项目的毕业生拥有硕士学位，不需要其他更多求学经历就可以直接申请读博士学位。这一学位还满足进入当地政府、在大学教学或其他等同于硕士的专业条件。一直以来，芬兰社会内都质疑，小学教师是否需要硕士学历和研究资质。然而，芬兰经验说明，如果小学教师的要求变得低一些，许多潜在会成为教师的人才会选择其他能够给予他们更多社会尊重与机会的专业。

第三，在芬兰，薪资并不是成为教师的主要驱动力。教师工资只比国家平均工资高一点。一位拥有 15 年工作经验的初中教师的年薪（根据购买力加权转换为美元）约为 42 600 美元（OECD，2014a），这与 OECD 国家的教师平均薪水持平。在美国，同等条件的数据为 47 000 美元，在韩国则是 50 000 美元。

尽管挣钱不是成为教师的主因，人们仍然需要拥有系统性的薪资增长体系。随着工作经验的增加，芬兰教师的收入也逐年提升，在拥有 20 年教龄后到达顶峰。芬兰全国都采用同样的薪资结构，这一结构由国家性的劳动合同规定，由教育工会（Trade Union of Education）与当地政府协商而定。然而，仍有一些其他因素会影响教师的收入。

首先，教师的收入根据学校类型的不同而有差异（如小学或高中等）。尽管芬兰教师的薪资并不与学生的表现挂钩，教师工资结构仍是基于他们的绩效和表现决定。此外，基本工资包括由劳动合同规定的基础工资和各地基于特定技能、责任、社会技能和工作情况而提供的额外津贴，校际间大为不同。另外，基于整体的职业表现（包括家长、同事、校长的综合评价），每位教师还有个人奖金，不过并非由学生表现而得来。教师还有加班补助，即在法定工作时间之外

因承担额外工作而提供的收入。每周三小时的同事合作、学校提升与其他校内外工作是包含在基本工资内的职责。最终,所在学校或单位获得集体荣誉时,教师可能会获得表现嘉奖。因此,教师的实际收入会有差别,即使在同一所学校也会因为他们的年限、工作内容和整体表现不同而有差异。

### 研究导向的教师教育

直到20世纪70年代前,小学教师的培训都是在教育学院或特殊教师教育讨论课程中完成。初中和高中的教师则在芬兰大学内的相关学科专业中毕业。20世纪70年代末,所有的教师教育专业成为高等教育的一部分,也因此只在大学内提供。硕士学位成为所有芬兰学校教师的基本要求。自然地,科学性的内容与教育学的研究开始丰富教育学的课程设计。芬兰教师教育如今具有学术性,代表着其内容必须设计与建构于科学知识之上,必须专注于设计与实施教育学研究所需的思考过程与认知技能(Jakku-Sihvonen & Niemi, 2006; Niemi, 2008)。研究性教师教育的一项典型原则,是能够系统性地结合科学的教育学知识、教学性的内容知识与允许教师提升教学思考、基于实证的措施与参与专业教育工作者社群的实操技能。因此,对于所有芬兰义务教育学校与高中来说,聘用教师的一项基础要求是拥有研究性的硕士学位,如表3-1所示。

表3-1 芬兰各类教师所需资格表

| 学校类型 | 学生年龄 | 对应年级 | 教师所需资格 |
| --- | --- | --- | --- |
| 幼儿园 | 0—6 | | 幼儿园教师(学士) |
| 学前教育 | 6 | | 幼儿园教师(学士)<br>小学教师(硕士) |

（续表）

| 学校类型 | 学生年龄 | 对应年级 | 教师所需资格 |
|---|---|---|---|
| 综合学校 | 7—16 | 1—9 | 综合学校教师（硕士） |
| 小  学 | 7—12 | 1—6 | 小学教师（硕士） |
| 初  中 | 13—15 | 7—9 | 学科教师（硕士） |
| 普通高中 | 16—18 | 10—12 | 学科教师（硕士） |
| 职业高中 | | | 职业教师（学士）<br>学科教师（硕士） |
| 大  学 | 19— | | 高等学术学位（硕士/博士） |
| 理工学院 | | | 高等教育学位（硕士/博士） |

来源：Sahlberg(2012)

在芬兰，教师教育是高等教育公认的重要组成部分。但在许多国家，情况并非如此。许多国家的教师教育只是勉强具备了"半专业"性质的训练。芬兰在1978—1979年版的《教师教育行动》(Acts on Teacher Education)中规定，成为永久性教师的最低条件为，拥有硕士学位并通过与其他学术专业一样的硕士毕业论文。这一立法政策成为将教师教育从学院转移到大学的动力，埋下了"相信教师职业拥有基于学术研究的专业性"这一信念的种子。这一转变的副作用是教师群体的团队变化，早前教师群体曾因20世纪70年代的综合学校改革而被分成小学教师与中学学科教师两个群体。

成立于1973年的"芬兰教育工会"(Trade Union of Education in Finland, OAJ)是争取教师合约与为教育发声的重要机构(www.oaj.fi)。工会包含了各种不同层级的学校与教育机构教师，包括幼儿园教师、职业教育体系指导者、校长与大学教师等，超过95%的芬兰教师是其成员。

如前所述,所有的芬兰教师必须至少拥有硕士学位。小学教师教育项目的主要学习学科就是教育学。在专注学科的学科教师教育项目里,学生们的重心在某个学科领域——如数学或外语。学科教师候选人也学习教学法,主要为他们各自领域内的教学性内容知识(学科教学法)。如今,成功完成教育学硕士学位内容——其中包含本科学习——理论上需要五年,但实际上,根据芬兰教育部的统计,需要超过六年(教育部,2007)。在芬兰并没有其他方法可以获得教师证书,只有大学学位才包含教学的资格。在美国,"美丽美国"(Teach for America,一个美国教育类的非营利组织)每年录取大学本科毕业生,在暑期开展数周的沉浸式教学法学习,再把他们送往各个缺乏教师的地区授课,这些大学生们常常发现,课堂内的挑战之大超乎想象。2014年,在"为所有人而教"(Teach for All,是由 Teach for America 衍生而来的各国联盟)联盟内的40个国家都有这样相似的项目,包括英国、新西兰、以色列、挪威的"教育第一"(Teach First)、多国的"为本国而教"项目(包括印度、南非、中国、智利)等。

芬兰学术性的教师教育能够平衡教师的专业能力与人格发展。其项目尤为注重建立教学型思考技能,使教师能够配合现代教育知识与技能管理教学指导进程(Toom et al., 2010; Westbury, Hansen, Kansenen & Bjorkvist, 2005)。在芬兰小学教师教育中,教育学是主要学科,由三种主题式领域构成:教育学理论、教学性内容知识、学科教学法与实践。

芬兰研究导向的教师教育项目的亮点是必须有硕士论文。预备小学教师通常会在教育主题下完成他们的硕士论文。通常来说,硕士论文的主题围绕学生自己的学校或课堂实践经历展开,如数学教学。学科专业教师则会在他们的学科领域选择硕士论文主题。教师教育论文的学术水平要求在所有教师预备项目中是相同的,不论学习的是小学还是高中教育。

芬兰教师教育已经加入了由"博洛尼亚进程"[1]发展而来的欧洲高等教育区域。目前,芬兰的大学提供双层学位项目,第一层是必须完成的三年本科项目,完成后的学生有资格参加第二层为期两年的硕士项目,从而满足获得芬兰教师资格的最低条件。这两个学位都是跨学科的专业项目,包含至少两个学科的学习。学习满足"欧洲学分转化与计算系统"(European Credit Transfer and Accumulation System, ECTS)相关制度,在46个国家通用。

ECTS是欧洲高等教育区域的指导性方针,以学生为中心,根据各个项目的目标来建构学生的工作量。

项目的目标通常具象为学习结果与所需能力的具体要求。ECTS标准通常认为,60个学分代表着一名全职学生每个学年需要完成的工作量。在欧洲,一名在全职项目学习的学生一年的工作量在大部分情况下为1 500—1 800小时。因此,一个ECTS学分代表着每周工作25—30小时。教师教育项目要求通过180个学分来获得学士学位(这还不能满足获得教学毕业证资质的要求)与120个额外的学分以获得硕士学位。

教师教育项目的教学大纲内容广泛,确保芬兰新教师在理论与实践两方面同时拥有足够平衡的知识与技能。它还暗示新教师需要从教育学出发,对其他领域有一定的洞察能力,包括教育心理学、社会学、课程设计理论、学生评价、特殊教育以及教育教学(在他们指定学科的教学知识)等。值得一提的是,当代芬兰教师教育深受美国、加拿大、英国高校的研究影响。[2]为了更好地展示教师教育项目的学习内容,表3-2展示了小学教师教育的主题与对应学分,由赫尔辛基大学的教师教育部门提供。八所提供教师教育项目的芬兰大学拥有各自的教学内容与全国协调讨论的策略,从而既保证了教学内容的连贯性,又能使各校更好地利用自身资源与附近的优势。

表3-2 赫尔辛基大学2014年小学教师教育硕士项目教学内容概述

| 课程内容组成部分 | 总学分 | 本科学分 | 硕士学分 |
|---|---|---|---|
| **沟通学与定向研究** | **25分** | | |
| 　基础课程大纲设计 | 2分 | 1分 | 1分 |
| **语言与表达技能** | **14分** | | |
| 　母语 | | | |
| 　　演讲沟通与互动技能 | | 2分 | |
| 　　戏剧教学法 | | 3分 | |
| 　科学性写作 | | | 3分 |
| 　外语 | | 3分 | |
| 　本国第二语言 | | 3分 | |
| 　教育与社会公义 | 3分 | 3分 | |
| 　学习中的信息化与沟通技术 | 3分 | 3分 | |
| 　媒体教育引论 | 3分 | | 3分 |
| **教育学专业学习** | **140分** | | |
| **教育的文化基础** | **16分** | | |
| 　教育科学入门 | | 3分 | |
| 　教育的社会、历史与哲学基础 | | 4分 | |
| 　面对差异性与多元性/多元社会的教育 | | 6分 | |
| 　学校内的文化多元性 | | | 3分 |
| **教育学的心理基础** | **11分** | | |
| 　教育心理学引论 | | 5分 | |

（续表）

| 课程内容组成部分 | 总学分 | 本科学分 | 硕士学分 |
|---|---|---|---|
| 与学生的互动与对学生的关注 | | 6分 | |
| **教育学的教学基础** | **23分** | | |
| 教学法 | | 7分 | |
| 早期儿童教育的教学法与理论 | | 3分 | |
| 教与学的评价法与伦理 | | 3分 | |
| 课程理论与评价 | | | 3分 |
| 教学知识与个体实践理论的建构 | | | 7分 |
| **教育学的研究基础** | **70分** | | |
| 教育研究引论 | | 3分 | |
| 定量研究法 | | 4分 | |
| 定性研究法 | | 3分 | |
| 本科论文（包括讨论课4学分） | | 10分 | |
| （二选一）实践研究法（定量） | | | 4分 |
| （二选一）实践研究法（定性） | | | 4分 |
| 方法论（自选两门高难度方法论课程） | | | 6分 |
| 硕士论文 | | | 40分 |
| **教学实践** | **20分** | | |
| 定向实习 | | 3分 | |
| 副专业实习 | | | 9分 |
| 硕士实习 | | | 8分 |

（续表）

| 课程内容组成部分 | 总学分 | 本科学分 | 硕士学分 |
|---|---|---|---|
| 副专业——跨学科学习与义务教育下的跨议题学习 | 60 分 | | |
| 母语与文学教育 | 8 分 | 8 分 | |
| 数学教育 | 7 分 | 7 分 | |
| 艺术与技能教育 | 14 分 | | |
| 　　视觉艺术教育 | | 3 分 | |
| 　　手工教育 | | 3 分 | |
| 　　体育教育教学 | | 3 分 | |
| 　　音乐教育 | | 3 分 | |
| 人文学科教学法 | 6 分 | | |
| 　　历史教育 | | 3 分 | |
| 　　（二选一）路德宗教教育 | | 3 分 | |
| 　　（二选一）世俗（宗教意义下）伦理教育 | | 3 分 | |
| 环境与科学教学法 | 12 分 | | |
| 　　地理教育 | | 3 分 | |
| 　　生物教育 | | 3 分 | |
| 　　物理教育 | | 3 分 | |
| 　　化学教育 | | 3 分 | |
| 自选课程 | 13 分 | | |
| 以下任一： | | | |

(续表)

| 课程内容组成部分 | 总学分 | 本科学分 | 硕士学分 |
|---|---|---|---|
| 视觉艺术,教育方向 | | 4分 | |
| 体育,教育方向 | | | 4分 |
| 音乐,教育方向 | | 4分 | |
| 手工,教育方向 | | 4分 | |
| 以下任一: | | | |
| 视觉艺术,社会文化方向 | | 3分 | |
| 体育,社会文化方向 | | 3分 | |
| 音乐,社会文化方向 | | 3分 | |
| 手工,社会文化方向 | | 3分 | |
| 以下任一: | | | |
| 历史教育,自选方向 | | 3分 | |
| 宗教教育,路德教派,自选方向 | | 3分 | |
| 世俗伦理,自选方向 | | 3分 | |
| 以下任一: | | | |
| 地理教育,自选方向 | | 3分 | |
| 生物教育,自选方向 | | 3分 | |
| 物理教育,自选方向 | | 3分 | |
| 化学教育,自选方向 | | 3分 | |
| **自选副专业学习** | **75分** | **40分** | **35分** |
| 总学分 | 300分 | | |

注:1 ECTS 学分=27 小时学习

通常来说，低年级(1—6年级)教师的教育课程包括60个ECTS学分的教学与至少60个ECTS学分的其他教育科学内容。这些其他的教育学学习中包括硕士论文所需的独立研究、参与研究讨论课以及对已完成研究的答辩。一般来说，所有大学内与这项研究工作相关的课时数为40个ECTS学分。

修订后的芬兰教师教育课程要求，小学教师候选人必须完成一个在教育学领域的专业并完成60 ECTS学分的辅修专业。辅修专业的学科范围是所有包括在国家综合学校课程框架体系下的课程，这一框架由国家教育部与国家教育委员会负责常规更新。

大部分小学教师教育项目的学生在入学时就通过他们的高中学习拥有扎实的知识与技能基础。与美国和英国不同，在芬兰，所有的高中学生都必须完成包括18门必修学科的学习内容——学科包括物理、化学、哲学、音乐以及至少两门本国语言与两门外国语言。被录取进入小学教师教育项目的学生通常在这些学科上都拥有平均分以上的成绩。在赫尔辛基大学，约15%的学生选择数学作为他们的辅修专业，从而使他们可以具备教授7—9年级数学学科的资质(Lavonen et al., 2007)。另一个受欢迎的专业是科学教育，每年大约有10%的学生选修基础或高级科学教育课程。显然，芬兰的小学教师一般能具备较高的水平教授他们各自的学科，原因是他们接受的高中教育以及基于此进一步发展的大学教师教育项目。

芬兰的学科教师教育与小学教师教育拥有相同的理念，但具体的课程安排有所不同。成为学科教师主要有两种途径。大部分学生首先在他们的项目中完成一项主修专业，如芬兰语，以及一两项辅修专业，如文学与戏剧。随后，学生可以向教师教育学系申请加入其学科教育教师项目。在教学法相关课程上，针对该学科教学法的课程约为60个ECTS学分，需要一个学年来完成。另一种成为学科教师的途径是，在攻读原本学位的过程中申请加入教师教育项目。通常,学生可以在学习专业科目两年后,开始进入教师教育项目学习教学法。第二种途径的课程与第一种相同,差别是各自安排在学士与硕士阶段。硕士阶段通常会多出四个学期,如表3-3所示的是赫尔辛基大学两种项目的安排。

表3-3 赫尔辛基大学2014年学科教师教育项目中关于教学法内容的课程结构

| 学士级(25个ECTS学分) | 硕士级(35个ECTS学分) |
| --- | --- |
| 第一学期(18个学分)<br>发展心理学与学习(4)<br>特殊教育(4)<br>学科教学引论(10) | 第三学期(17学分)<br>教育的社会、历史、哲学基础(5)<br>教学的评估与发展(7)<br>教师培训学校的进阶实践(实习)(5) |
| 第二学期(7个学分)<br>在教师培训学校的基础实践(实习)(7) | 第四学期(12个学分)<br>研究讨论课(教师作为研究者)(4)<br>教师培训学校的毕业教育实践(8) |
| 额外学分(硕士项目一部分)<br>研究方法论(6) | |

学科教师项目的申请者需要决定他们想要教授的主要科目,如数学或音乐。对主修专业来说,一般90 ECIS学分的进阶学习是必需的。此外,学生被要求完成60 ECIS学分的副专业学习。通常,教师教育学系会和学科教育学系联合开设教学法相关的课程。每个学科办公室也有责任帮助教育学学生获得该学科的资格证。"国家综合课程架构"列举了几种例外情况,包括纺织工艺、手工制作、特殊教育、学生咨询以及音乐,这些学科的课程被安排在教育学部门之内。音乐、艺术与体育的教师教育课程通常会在同一所大学的不同专业内进行。与其他国家不同的是,芬兰由学科教育系而不是教师教育系授予学科教师硕士学位,也因此在芬兰教师教育中扮演重要角色。

## 教师就是研究者

芬兰教师教育系工作的方针是为新教师提供可以在他们课堂上实践的教学理念。尽管所有的大学教师都有完全的教学自主性,每个教师教育系都有详尽的策略来提升教师教育项目的质量。芬兰大学内的学科教育教学与教育科学研究被国际认可为高标准(Lavonen et al., 2007)。不仅如此,起码某种程度上——在芬兰大学教育内,合作式学习、问题式学习、反思训练以及计算机辅助学习都在应用。一旦大学的教育方式具备创新、高效等特质,就可以在高等教育评价体系中获得公众认可与财务奖励,这也是各大学积极推动发展的重要动力。

"基于研究的教师教育项目"指的是将教育理论、研究方法论与实践等重要因素在芬兰教师教育项目中进行有机结合。设计教师教育课程使上述这些因素共同组成系统性的连续体,其范畴涵盖教育思想的基础、教育研究方法论以及教育科学更艰深的部分。每个学生因此建立了对教育实践系统性与跨学科的认知。芬兰学生还具备设计、建构与呈现原创理论或实践研究的技巧。如表3-2和3-3所示,学校里的教育实践是芬兰基于研究的教师教育项目中的一项核心元素。

原则上,芬兰的教师教育项目有两种实习方式。少部分的实习课程将会在系内组织的讨论课中举行,学生在课堂上向他们的同伴进行模拟教学。大部分的教学经验来自由大学管理的特殊教育培训学校。学生也会通过部分学校组成的网络来进行教学练习。在小学教师教育项目中,学生大约投注15%的学习时间用于在学校实习,练习教学技能(以耶瓦斯奇拉大学为例,授课课时为40个ECTS学分)。在学科教师项目中,实习约占三分之一的学习时间。

如表3-2和表3-3所示,芬兰教师教育课程的设计强调将教育实习整合进教育理论与教育方法论等研究领域。通常,教育实习会将为期五年的教师教育项目分为三个阶段:基础实习、进阶实习与毕业实习。在每个阶段,学生都必须观察有经验的教师,同时在督导教师的指导下完成实习教学,并独立给不同学生群体上课,由督导教师、教师教育系的教师与讲师评价。芬兰教师教育的评价一次又一次地展示了教师教育课程的系统性特质,这也是使芬兰教师教育有别于其他国家的重要优势与特质(Darling-Hammond,2006;Jussila & Saari,2000;Saari & Frimodig,2009)。

芬兰的教师教育项目代表着理论知识、实地训练与以研究为基础的教学探索的螺旋式上升。教师教育的责任被整合在大学学术单元的活动之内。在奥卢大学,三个教育职能部门——科学、人文与教育——共同传授教师教育类课程,授课者包括学科导向教学法的专业人士(通常是大学教授或讲师)。他们的课程由教师教育部门统一协调。

尽管教师培训学校是学生完成教学实习的主要场所,部分普通的市政公立学校也能提供相同功能。在奥卢大学,大约三分之一的教学实习都在市级学校中进行。教师培训学校对教职人员有着更专业、更严格的要求,督导教师必须证明他们有能力与学生们共事,提供指导。教师培训学校也需要有能力与大学内其他系的教师专业合作,进行教师教育内容上的研究与发展。例如,在奥卢大学,科学系与人文系的教职人员共同负责教师教育,也互相提供相应的协助。因此,所有的教师培训学校都具备了介绍示范课、进行多样课程设计展示的功能。教师培训学校还有成熟的督导体系、教育专业发展以及相关成绩评估的经验。要成为教师培训学校的教师没有特定的要求——因为每一位教师培训学校的指导教师都有责任让自己具备该职业所需的知识与技能。

## 教师专业发展

由于芬兰的教育职业备受欢迎,大部分从芬兰教师教育专业毕业的学生希望能够即刻进入学校就职。在他们的求学过程中,学生开始从教师的角度构建对校园生活的印象。然而,在相关规定中,这些学生不仅仅需要获得参与教师社群的经验、承担教师对学生的所有责任,还要与家长互动,而这些考量都是课程设计的一部分。许多具有教师资格证的毕业生发现,在大学课堂与校园现实之间存在巨大的鸿沟。

尽管芬兰在教师教育方面的研究与发展相对活跃,芬兰在如何引领新教师承担起第一份教师职责,比起英美尚且不如(Jokinen & Valijarvi, 2006; OECD, 2014b)。每所学校与当地市政部门自行决定怎样满足新教师初入职场的需求,以及怎样去指导他们完成教学任务。因此,不可否认,芬兰引导新教师参与工作的方式非常多样。作为理念的一部分,一部分学校针对新教师的加入采用了先进的流程与支持系统,而其他一部分学校仅仅对新教师表示欢迎后就带他们到自己的教室去。在部分学校,新教师融入是学校校长或常务校长的重要工作,而另一些学校则只是将这项工作安排给有经验的教师完成。芬兰在"新教师引导"方面的工作有待继续加强。

人们认识到,在职教师的专业发展与早期教师教育的高质量相比是不匹配的,在职专业发展甚至缺乏对教学与学校发展等核心领域的关注。最主要的批评声音针对的是学校学术性的教师教育项目与在职教师持续性的职业发展之间的连接不紧密(教育部,2009)。负责管理小初高学校的市政有关部门有责任为在职教师提供符合他们需要的职业发展培训机会。根据雇用合同,有关部门需要提供每年至少三个工作日的教师培训内容,面向所有教师开放。由每个学校的校领导与教师共同决定,在三个工作日的基础上是否还需要额外的专业发展项目及其具体的类型,以及是否能够获得财政预算。

在芬兰,在获得财政预算的能力方面,各市、各学校的能力差异很大。造成这一情况的主要原因是教育补助方式。中央政府对市政当局与校方的预算决策没有很大的影响力。因此,有的学校会比其他学校在教师专业发展上投入更多经费。尤其在经济不景气的时候,教师培训预算是首当其冲的经费削减项目。

芬兰教育的管理在全国范围内是不一致的。部分学校拥有较高的管理与经费自主权,而其他的则并非如此。因此,芬兰的教师专业发展项目有多种形式。理想状况下,学校是教师专业发展项目的主要决策者,负责设计与交付培训项目。学校也被鼓励通过降低校务开支,例如降低教科书、暖气、维修费用,来提高教师培训项目经费,然而,部分市政当局仍然统一组织面向所有教师的在职教师培训项目,而不鼓励个体学校组织更适合学校情况的培训项目。根据一项耶瓦斯奇拉大学进行的全国性调查,在 2007 年,教师年均花费七个工作日(约 50 小时)参与教师专业发展项目,其中接近一半的时间来自教师本人的个人时间(Piesanen, Kiviniemi & Valkonen, 2007)。

根据芬兰教育部 2009 年的报告,芬兰教师参与专业培训的程度不足(教育部,2009)。因此,政府正在考虑通过立法手段要求芬兰教师参与足够的在职教师培训项目,并由各级市政当局资助。根据 2013 年的全国教师调查(国家教育委员会,2014),超过 80% 的芬兰教师在过去一年内参与了某种形式的教师专业发展项目。OECD 的 TALIS 调查也认同了这一趋势:在芬兰初中教师中,专业发展项目的参与度为 79%。在这一方面,芬兰落后于许多其他国家——OECD 国家的平均指数为 88%。

通过大学课程或是在职训练,芬兰国家财政给学校教师和学校管理层提供

教师专业发展服务,每年的财政预算为3 000万—4 000万美元。这一人力资源的投资主要是为了保证所有的教师都有平等地接受专业发展训练的机会,尤其是那些在条件相对欠缺的学校工作的教师。提供教育专业发展项目的单位必须进行竞标。政府会根据现有的国家教育发展需求,提出本次专业训练的核心主题。管理当地学校、雇用所有教师的教育方,也会提供一部分相似的投资来提升本地教师的专业发展水平。教育部与各级市政单位联合,努力在2016年前将教师专业培训的资金翻倍。

拥有硕士学位的芬兰教师有权利攻读博士学位,作为他们教师职业发展的补充。小学教师可以在教育系进修,他们的博士论文会专注于教育科学的某个特定问题。许多小学教师充分利用这次机会,通常会一边工作,一边学习。在其他专业领域获得学士学位的学科教师要攻读教育博士则需要一些额外的付出。这些教师首先需要完成教育学的进阶课程。其次,由于研究主题已经从原本的学科专业领域(例如化学)转换为具有通论性质的教育学,因此学科教师首先需要完成相关的教育学研究训练。

## 既是教师,也是领导者

在芬兰,教育被普遍视为具有高要求的行业,即便是面对年龄很小的孩子,教师也需要具备高学历。自从20世纪70年代教师教育专业成为学术性大学的一部分以来,芬兰教师的身份认同感与归属感逐渐增加。在芬兰教育改革期间,如第一章所述,教师要求拥有在课程设计与学生评价方面更大的自主权,承担更多的责任与义务。在教育事业的整体环境中,芬兰教师的工作方式与其他国家极为不同。芬兰教师身处备受尊重的专业环境,这不仅是教育政策成功的重要因素,也可解释为何许多芬兰年轻人将教育视为理想职业。

课程设计的责任在教师、学校和市政当局,而非国家政府。如今,大部分的芬兰学校有他们自己的、经由当地政府批准的校本课程。这一现象说明了教师与学校负责人在课程设计与学校规划方面扮演的关键角色。义务教育阶段与高中阶段的"国家课程框架"为每个学校提供了指导方针,使学校基于指导方针进行课程发展。然而,芬兰学校没有严格的国家标准来要求他们学生的学习成果,这与美国、英国、加拿大等国不同。这也是为什么芬兰各校的课程设计都各自不同。在教学决策过程中教师所扮演的关键角色,要求所有未来的教师都具备全面的课程设计、学生评价与教师领导力相关的理论、知识与技能。此外,这一责任也使芬兰教师的专业发展项目从原本碎片化的在职训练项目转变为系统性的学校发展项目,为加强教学有效性而建立更坚实的理论与道德基础。

教师的另一项主要职责是学生评价。如前文所述,芬兰学校并不使用标准化测试来判断学校的成果或进步。这样做的原因有四点:

- 芬兰的教育政策认为,个性化学习与有创造力的教学是学校教育的重要组成部分。因此,学生在学校的进步首先由他们各自的特征与能力定义,而非基于统一的标准与统计学数字。
- 芬兰教育专家坚持认为,课程、教学、学习都是教育的有限元素,必须驱策教师思考与校务执行,而不是如一些其他的教育体系那样,片面地关注测评结果。芬兰学校内的学生评价是教学过程的一部分,因此也被用于提升教师与学生在校内的工作。
- 判断学生的人格与感知成长被认为是学校的职责,而非外部测评者的职责。大部分芬兰学校意识到,这样做确实有短处,如当教师完成所有学生的打分与评价时或许会有一致性问题。然而,与此同时,大家更认同的是,由外部测评者统一打分的问题更严重。教师们反映的问题包括应

试教育、圈定教学重点范围、缩小课程内容与恶性竞争等。因此,课堂评价与基于学校情况的评估是芬兰教育课程与专业发展的重要组成部分。

- 芬兰的国家学生评价政策采取多元指标,测验成绩只是其中一种,并非全部。学生评价资料来源相当多元,且采用抽样的标准测验与特定主体评价,市政当局可以根据需求自行设计与当地教育政策匹配的教育质量衡量内容。

如第一章所述,芬兰学生参与的唯一外部的标准化测试是18、19岁的学生在高中毕业时的国家大学入学考试。许多芬兰教育专家认为,这项考试对高中的课程与教学有很重要的影响。[3]

虽然芬兰教师的主要职责是课堂教学,但他们仍有许多课堂外的职责。正式地说,芬兰教师的工作时间由课堂教学、课堂准备(尤其是有实验课的学科,如生物)和每周三小时与同事们一同进行课程规划和发展事务组成。与其他国家的教师不同,在没有课程或其他由校领导指派的工作时,芬兰的教师可以不必出勤。

根据政府与OECD报告显示,芬兰教师的教学平均时长如图3-2所示。芬兰学校在规划工作日程方面具有自主性,但要求日程内每45分钟的课程有15分钟的休息时间,这也通常是学校教师所乐见的。最近,学校也常常会寻求其他时间安排方式,以便于教师们更好地合作——例如,整合多个课时或安排更大型的课堂讨论,使教师的工作时间能够有更弹性的安排。

图3-2显示了2012年美国与芬兰两国小学、初中和高中教师工作时长的显著差异。即便是将教育时间按照每年工作日数量调整,芬兰教师的工作时长仍然较少,这是非常明显的事实。这种现象引发了一个值得探索的问题:当其他国家教师忙于授课时,芬兰的教师在做什么?一项重要且仍然是志愿性的工

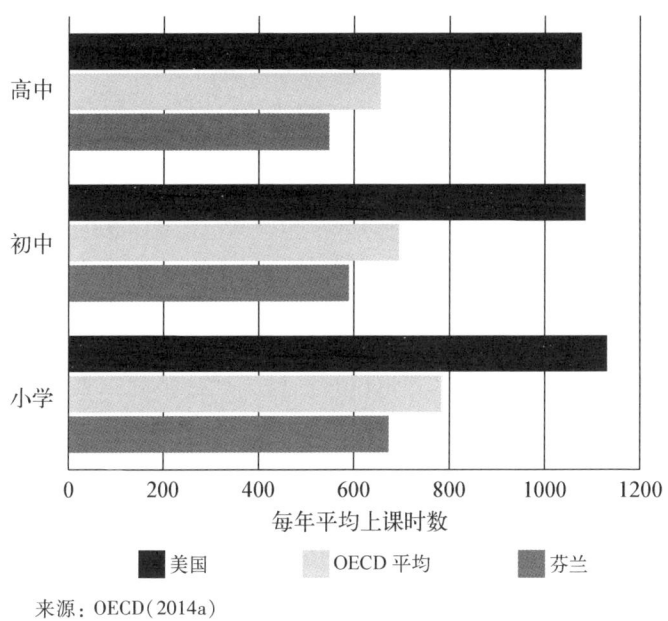

来源：OECD(2014a)

图3-2 2012年，芬兰、美国与OECD国家教师每年平均上课时数统计

作是帮助学校进步与社区建设。在这里值得复述的是，芬兰学校必须对自己的课程设计与持续发展负责。学生从教师那里收到他们的成绩，而教师则负责设计出合理的学生测评机制并监测学生在校内的进步与成长。除了课堂教学，芬兰教师在课堂外的重要职责包括课程设计发展、教学方法试验、参与学生福利支持以及与家长合作等。这些也是芬兰教师领导力的必要体现。

来到芬兰学校拜访的外国友人常常询问，怎样衡量教师工作的有效性。他们也很好奇，管理层是怎么辨别谁是高效的教师，谁是缺乏竞争力的教师。这个问题的答案很简单：芬兰没有正式的教师评价手段。由于没有统一的标准性测试来评估学生的成绩，因此也不能像美国或是澳大利亚那样，用统一的方式来测量学校的表现或是教师教学的有效性。唯一的例外是，每年春天，媒体都

会根据大学入学考试成绩来给高中排名。然而这则新闻很少能够影响学校或是家长。

对教师有效性的疑问或是成为一名"不够有效"的教师后果在芬兰并不重要。如前述,教师在工作日内有足够的时间来了解彼此的工作,理解同事教学的方法。这对教师自身来说是重要的学习与反思,也可以在同事间建立共享的责任心与领导力。早在20世纪90年代初,芬兰就已经废除了老旧的教师评价系统,不再使用外部回馈测验和检验方法评价教师教学与校务运作。受益于过去担任教师的经验,如今的校长都可以帮助教师们认识到自身的长处与需要进步之处。芬兰学校的基本假设为,教师应当是受过良好训练的专业人士,并在工作中全力以赴。在真正的教师专业学习社群中,教师们彼此信任,针对教学问题频繁地互相沟通,并信赖他们校长的指点与领导。

国际上,辨认教师工作有效性成为提升教育的新方法。比起过去的教师测评方式,"价值增值模型"(Value-added Modeling, VAM)是新兴的统计方法,旨在通过调整并考虑学生的早前成就与当地人口特征,来避免社会经济现状以及其他变量对教师测评结果的干扰。尽管VAM评价方法比仅仅评判学生当年的测试成绩对教师来说更公平,但研究者对这项测评方式更深入地研究之后仍然提出了质疑,不确定这项测评能否如其设计者所宣称的那样,辨别教师的好坏(Banker et al., 2010)。不过谨慎地说,这种量化指标不可能成为评判教师优劣的单一或首要指标。甚至一些商业社会的管理学专家也提出警示,避免单纯使用评价来作为给教师薪资或奖金的依据。然而这种做法已经在实践中使用,如根据学生的测试成绩来作为教师的收入标准。曾有一份教育政策机构的研究报告指出了使用学生测试成绩来评价教师优劣这一做法的问题,"美国与英国政府都曾经以心脏病手术生存率来进行医生排名,结果只让外科医生拒收重症患者"(Banker et al., 2010, p7)。基于学生的标准化测试成绩来决定教师薪资在芬兰简直是匪夷所思。教育当局与大多数校长都明白,教育、照顾孩子是相当复杂的过程,根本不是一个统一的量化测试指标可以测量的。芬兰教育体系的运作原则为,影响教育与学校质量的因素是教育环境和学校与学生的互动,家长在其中也扮演了重要作用。这些也都是芬兰教师领导力的关键要素。

## 学校领导者也是教师

不论教师在教育体系当中受到多好的训练,稳定良好的教育表现仍然需要校方的专业领导。某些国家同意将校园交给非教育工作者,希望商业管理风格可以提升教育效率以及相关表现。同样,有些本地政府的教育管理层也由没有教育教学或学校管理经验的人担任。在芬兰,市政府教育局的领导权只会交给拥有教育领域实务工作经验的专业人士,因为这是增进行政当局与校方彼此信任、良好沟通的重要因素。

芬兰学校校长的任职资格是必须曾在该校任教,且作为教师时工作表现优异。他们必须成功完成由大学提供的教育管理学与领导力相关的学术学习。这意味着,就算是企业的 CEO 或退役的军官,在没有满足上述条件的时候都没有资格领导任何一所学校。毫无例外,芬兰学校的校长必须是一名经验丰富的教师,且证明具有领导能力与稳定的性格。在许多学校,每周还有一小部分课程校长亲自来上。根据 2013 年 TALIS 调查结果,四分之三的芬兰初中校长有在校授课任务,而整个 TALIS 首测国家的平均值为三分之一(OECD, 2014b)。教学上的领导是芬兰校长众多管理范围中重要的一部分。教师有赖于他们领导的视野,而校长则理解并信任教师的工作。因此,正如外国观察者所发现的那样,芬兰学校内的管理与领导是非正式但有效的(Hargreaves, Halasz & Pont, 2008)。

在 20 世纪 90 年代之前,成为一名学校校长通常被视作对一名拥有多年成

功经验的教师的嘉奖。不过,有时候,年轻的教师也会被任命为学校负责人。角逐校长职位时,管理经验与领导质量很少是检测的项目。与今天不同,当时的学校校长也不需要是行政、财务管理或政治游说的专家。在20世纪90年代初期,情况发生了显著变化。而改变的驱动力之一是芬兰公共管理领域与教育行政管理被突然地"去中央化"。新的财政政策强化了市政当局的自主权,从而立刻影响了全国大部分地区的学校。学校校长可以管理学校的预算,有时候,管理权甚至包括了教师的薪酬与所有常规支出。

改变的第二个驱动力是20世纪90年代初期意料之外的金融危机,期间芬兰比其他西方国家受到更严重的损害。学校校长成为市政当局运营上的"左膀右臂",一同商定高达两位数的预算裁撤怎么进行。芬兰的学校校长发现自己和公司CEO处于相似的境遇中,必须在市场紧缩的情况下调整公司策略。主要的教育变革——例如1994年的课程改革——能够顺利实施,主要归功于学校校长专业的态度与教学上的领导性。自此之后,芬兰校长这一管理人群开始基于教师、学生与社会的需要,在教育政策的形成与学校提升的过程中发声,成为关键的力量。考虑到上述这些经历,对于芬兰教育界来说,很难想象削减教学管理职能的市场化运作手法在芬兰校园内会得到推广。校长是站在这种意图与良好教育之间最重要的角色。

### 良好的教师,优秀的学校

关于芬兰的初中教师,OECD 2013年的TALIS调查还揭示了什么信息?以下是部分主要结论(OECD, 2014b)。首先,大约每五名教师中有三位认为他们的工作价值被社会认可,这比TALIS其余33国的平均值31%要高出很多。调查数据显示,当学校给教职员工提供参与学校决策过程的机会时,学校教师有可能意识到自己的工作是受尊重的。其次,绝大部分芬兰教师反馈,他们对自己的工作感到满足。95%的教师认为当教师优势大于劣势,这也远高于其余国家的平均值77%。同样,85%的芬兰初中教师认为,让自己重新选择的话,还会选择教师职业,而只有5%的教师表示后悔,而其他国家的平均值为78%与9%。

然而,TALIS 2013的结果也反映了一些芬兰教师与教师职业方面让人担忧的问题。第一,28%的初中教师报告,他们很少或完全不备课,且超过三分之一的教师反馈,他们并没有准备好他们学科的教学或实践内容。这是令人惊讶的结果,也与芬兰对师范毕业生在教师备课方面的研究结果相悖(Niemi,2011)。在这些研究调查中,芬兰教师说,他们在课程规划、教学方法、学生评价与掌握内容方面感到很有实力,较有自信。解决冲突、家校合作或是满足教育有特殊需求的孩子则是新教师的相对弱项。第二,芬兰并没有统一的教师评价框架。因此,将近28%的芬兰教师反映,他们并没有得到校长的正式反馈。相反,反馈的大部分情况来自于面对面的谈话,且通常是与校长的非正式对话。第三,37%的芬兰初中教师反映,他们从未获得过针对教学的反馈。各国在获得反馈上的比例与反馈的来源上各有差异。在加拿大阿尔伯塔省,从未获得反馈的教师比例是7%,在澳大利亚是14%,而在新加坡是1%。而在芬兰,42%的教师说他们收到过校长的反馈,43%的教师则收到过校内同事的反馈。

国家评价中在教师评价与反馈机制方面获得的低数值,或许可以部分由芬兰校内非正式的同事关系解释。然而,只有38%的芬兰教师报告说,在获得反馈(在所有调研国家中最低)后有一定程度或较大程度的积极改变,或许我们应该意识到,芬兰的初中确实存在长期问题。设计评价与反馈机制或许能够成为推动学校进步与教师专业发展的机会。TALIS 2013的结果显示,教师认为评价与反馈机制对他们在教学技能上的自信起到正向积极作用。

因此,依据国际标准,究竟什么才是芬兰教师教育的优势?首先,尽管"博

洛尼亚进程"领导了欧洲整体的高等教育结构与政策,却没有规定签署国家应当如何设计课程大纲与安排教师教育课程。因而,欧洲各国之间,教师教育项目的政策与实践都大为不同,过去如此,未来亦是如此。在欧洲多样的教师教育项目中,芬兰的课程拥有三个特别之处:

**有才华、有动力的个体加入教师行列**

自20世纪70年代末以来,芬兰的小学教师教育项目进入大学,并升级要求,以具备硕士学位作为教师的必备条件。自此之后,芬兰吸引着一部分最有天赋、最具有热情的年轻人成为教师。如前文所述,确实有文化因素影响着年轻人的职业选择,然而,仅仅如此仍不足以解释芬兰教育职业的持续受欢迎。在这个现象背后可以找到两个原因:第一,要求教师拥有教育学硕士学位的相关规定,让教职拥有强劲的竞争基础,其范围不仅限于执教,也代表着就读师范教育课程的学生,在包括教育管理与企业等其他职业领域也具有竞争力。所有毕业的教师都满足攻读博士学位课程的条件,并且无须承担任何学费。第二,许多芬兰年轻人优先选择教育作为职业,因为在学校的工作被认为是自主、独立、高评价的,与医生、律师、建筑师相同。但是,如果想用标准化测验或任何中央管制方式来加强教师管理,只会让更多有才华的年轻人选择其他更能发挥他们个体创意与主观能动性的工作。

**芬兰研究性大学内学科教育系与教师教育系之间的紧密合作**

学科教师教育项目是由学科教师与教师教育系合作举办的,从而保证所有的毕业生既拥有扎实的学科知识背景,又具备不可或缺的教学能力。芬兰大学的教职人员将教师教育看作学术项目中的重要组成部分。学科教育系的部分讲师与教授原本就在他们的领域内精通教学,这也提升了他们在教师教育方面的合作。大学内教育系与不同学科的教职人员彼此积极地合作:只有当他们都全力以赴时,才能取得可持续的成功。

**以研究为基础的教师教育**

芬兰教师教育备受认可也是因为其具有系统的、以研究为基础的课程结构。所有即将毕业的教师都必须完成硕士学位论文,且满足严格的学术理论与方法论知识要求,与其他研究领域的专业项目相比也毫不逊色。研究导向型教师教育项目让所有教师都能在复杂、变化的社会环境中维持良好的教育质量,也让较激烈的教育政策能够更好地推行。例如,当教师拥有较高的专业能力时,可以在课程设计、学生评价、报告学生表现以及学校进步方面给予教师更多的信任。芬兰成功地将研究、知识内容与教学、实践整合成为其教师教育项目。

事实上,以研究为基础的特征对教师教育来说,有两大重要意义。学术研究技能为教师在复杂知识社会中顺利执教与有效教学提供了基础。无论在何种社会形势之下,唯有强力且切合时代需求的经验分析与科学探究能力,才能让教师教育有潜力成为高效的专业领域。将专业作为教学的主要特征,就要求教师有能力持续发展专业能力,并在他们建构的领域内自由地推广新知。因此,芬兰教师教育的进一步发展应当依靠正在进行中的高质量的国际相关研究与发展。

我们能从芬兰的教师政策中学到什么?教育改革者常常认为,改善学校只需有更好的教师。芬兰经验显示,真实的学校生活远比这复杂。从芬兰以及其他高表现国家教育体制的所作所为来看,对教师来说,两个条件是必要的。

首先,教师和学生必须在能够给他们赋能的环境里才能有最佳表现。教师对课程设计、教学方法与学生评估有更大的控制权时,比起被迫完成教学任务、提交报告以满足外部标准化测试,他们更能被启发来进行教学。相似地,学生被鼓励用自己的方式学习而不必害怕失败时,比起被要求达到同样的标准化成绩,他们会更有动力学习。

笔者曾在别处评论过（Sahlberg，2013a），如果教育政策无法让教师与学生做他们认为对的事情，就算是再好的教师也不能真正带来积极的进步。针对入学的学校竞争、标准化的教与学、基于测试结果的可控性都是今日全球范围内常见的举措。这些都是错误的，并不能带来可持续的进步，而恰恰使许多教师比预计更早离开教育行业。

其次，教育是一项复杂的职业，要求从业者具备领先的学术教育经历。世界很多地方当前的趋势却是相反的：如果你足够聪明有想法，那么你就可以做教育，因为教育不是"硬核"科学，只要有足够的指引和具体的标准，几乎任何人可以当教师。在部分国家，甚至退伍的军人转变为教师和校长，来解决大量教师过早离开导致的师资短缺问题。而在另一些国家，教师拥有在线教育资质，通过在线课或者短期课给学生授课，教师只有有限的参与感，且工作前并无机会在学校课堂内实践。

如果教师的基本门槛要求高到硕士学位，与许多其他职业的要求持平，那么教师会成为更受年轻人欢迎的职业选择。只有教师发现自己能够拥有独立自主权来决定他们怎么教、怎样评价他们的学生时，他们对专业领导力训练的需求才会增强。要满足上述这些关键的元素，教师教育项目必须具备科学性，也就是需要将教学、评估、学校进步、专业发展以及系统性的实践结合在一起。这也是从芬兰经验中能够学到的第一课。

许多来到芬兰的访客好奇，为什么芬兰的教育系统没有被世界如今风靡的市场导向改革理念所影响？答案很简单：由于具备良好的学术教育背景与倾向合作的职业天性，芬兰教师准备好拒绝这些外在理念。正如在没有可靠的实验与研究结果证明的情况下，医生不会接受任何具有建议性质的治疗方法。具有良好教育基础的教师不仅能够提升课堂有效性，还能更好地使教育系统保持健康与自由的状态，远离对教师与学生有害的改革建议。

芬兰教师教育项目最重要的潜力在于数以百计的年轻学子。他们才华横溢、充满热诚，年复一年地加入教师培训项目中。这是芬兰教育追求未来可持续发展的重要因素。芬兰年轻学子投入教育的原因是他们相信这是一份独立、备受尊重、充满回报的职业。在这里，他们将会拥有实现内心期望的自由。然而，高中毕业生考虑职业生涯发展前景时，教师教育项目学历的质量也是极为重要的一环。因此，芬兰教师教育的主要任务仍然是保证对年轻人的吸引力及竞争力。

教职在芬兰社会的专业地位是一种文化现象，但教师能否妥善地准备好课堂教学，在专业社群内能够彼此合作取决于系统性设计与执行的学术教师教育项目。对其他国家来说，模仿芬兰课程大纲或学校组织结构未必是明智的策略。但是，芬兰提高教师教育项目的质量，使之能够与其他研究性学科的教学质量比肩，确实是芬兰经验带来的宝贵一课。此外，吸引优秀的年轻学子持续性进入教育界的关键因素是，让教育工作理所当然地成为独立的事业而备受尊重，而不是执行外部制定的标准，配合无尽的测验和行政管理。这是芬兰经验可以提供的第二课。

## 假如优秀的芬兰教师在你的学校任教

最近几年，笔者有幸见到并接待许多希望能够在他们国家建设高水平的教学体制的外国教育代表团。大部分来访者都能通过访问了解到，芬兰拥有高标准的教师教育系统，要求所有教师获得硕士学位，且教师资格证只能通过大学颁发。因此，进入这些教师教育项目的竞争非常激烈。拜访任何一所芬兰大学都可以发现，和新加坡、韩国、日本一样，芬兰大学对申请者要求严格，只有最优秀的候选人才被认可。录取学生的数量准确对应他们毕业后的劳动市场需求。

许多客人因此会意识到,"差教师"进入芬兰学校工作的概率非常小。

作为这些芬兰经验的结果,我常常听到人们探讨,如果拥有像芬兰这样好的教师,他们自己的学校或是教育体系是否会有显著改善,正如在芬兰、新加坡、韩国的情况那样。国际上也开始关注教师质量以及改进教师培训的事宜。事实上,正是从那些国际学生测评中获得优秀表现的教育体系中,芬兰学习到提升教师质量的重要性。每个成功的体系都能创设一种场景,使年轻人将教职当作有趣的职业选择。这些国家中大部分的教师将工作时间用于服务学校。然而,从国际角度出发,针对教师质量与学校改进,有三个迷思或许会将那些教师质量正在下滑的国家教育政策制定者引入歧途(Sahlberg, 2013b)。

第一个迷思是:改善教育质量最重要的唯一因素是教师。这是华盛顿哥伦比亚特区公立学校前校长李·米歇尔在 2010 年《等待超人》的演讲中说的,后来也被许多其他的教育"改革者"多次引用。如果这个认知无误,则学校的力量会比学生的家庭背景与其他校外因素都大,并会因此引导人们得出这样的结论:我们应当首先放弃那些表现不好的教师。然而,两方面的证据说明这一认知是不正确的。

其一,自 1966 年的《科尔曼报告》问世以来,许多研究证明,学生成就差异很大程度上与校外因素有关,例如父母的教育与职业背景、同龄人的影响、学生的个体特点等。半个世纪之后,针对学生测评表现的研究总结道,学生表现差异中仅有 10%—20% 的因素与课堂(也就是教学与教师)有关,大约等值的因素与学校有关(包括学校设施、气候、领导管理等)。也就是说,造成学生表现差异的约三分之二的因素都不在学校的管理控制范围内。

其二,超过 30 年针对学校有效度和学校进步的研究发现,更有效的学校具备一系列特征(Teddlie, 2010)。尽管学校有效性研究的结果比较复杂,大部分学者同意,有效的管理领导是学校有效最重要的特征,和有效的教学一样重要。有效的管理领导包括学校领导本人的品质,是否坚定、具有目标感、有共同的使命与愿景、推动团队合作、高频的监督与提供反馈等。更有效的学校还包括其他与学校文化和管理有关的特征:持续专注学习、创造积极良好的校园气氛、给所有人设立高期望值、发展教职员工的技能以及增强家长的参与感。因此,学校的管理领导和教师一样重要。

第二个迷思是:教育体制的质量不可能超越教师的质量。这一观点是通过具有影响力的麦肯锡报告《世界上表现最好的教育体制是怎样形成的》(Barber & Mourshed, 2007, p.40)而广为人知的。同样的内容也出现在了最新且同样具有影响力的 PISA 报告中(OECD, 2013d, p.96)。尽管这些报告在提升教师地位上使用了更广的视角,强调需要提升教师的薪资以及更谨慎地选拔教师教育项目申请者,但上述观点造成的印象为,教育体制的质量是其相关个体,也就是教师努力的简单总和。在这个论点下,作者假定教师的工作是彼此互不相关的,也就是一位教师的工作并不能影响其他人。这是一种狭隘的人力资本观点。今日,在芬兰、美国与其他地方的大部分校内,教师们都是团队协作的,而他们工作的成果是学校所有人集体的成功。因此,这一认知削弱了团队协作的重要性,以及团队在学校内创造的价值。

上述观点曾在部分国家教育政策文件与改革项目中有所体现。但是,对团队协作的学校文化以及校内同事间合作进行研究的报告展现了,通过专业合作提升社会资本,从而提升了教师在学生校内习得上的影响。这是安迪·哈格里夫斯和迈克尔·富兰的得奖作品《专业资本》(*Professional Capital*, 2012)的核心观点。校内一位教师的作用就像是球队里一名球员的作用一样:所有人都是重要的,但是同事间的合作文化与教师们的专业判断对学校整体质量更重要。团队运动提供了无数个团队重要性的例子,超乎期待的表现都来自于领导力、

投入的决心与精神。1980年冬季奥运会上美国冰球队的表现就是一个例子,一群大学生战胜了苏联和芬兰两大劲旅获得了冠军。美国队的整体实力超越了他们队员个体的水平,对教育系统内的学校来说也是如此。

第三个迷思是:任何孩子只要连续遇到三四个优秀的教师,他们就会获得学术成功,不论他们的社会经济条件如何;而如果他们遇到糟糕的教师,就会被同龄人远远甩开。这一理论假设出现在2011年,由美国进步与教育中心给美国国会上交的一篇题为《教师政策的核心元素:效率、公平和评价》中。文中所谓"优秀教师""优秀学生"同样是按照标准化测试的成绩设定的。

"只要有更多的好教师,学生就会表现更好"的假设,说明了一个观点,教育改革本身就足以战胜学生家庭与社会对他的影响。这也意味着,学校应当摆脱低表现教师,只雇用优秀者。这一迷思存在操作上的困难。首先,一名"优秀教师"究竟是什么意思?就算这个问题答案很清晰,人们也很难在雇用的时候就明确指出谁是优秀教师。成为一名优秀教师通常花费5—10年持之以恒的系统性实践,因此提供可靠的、对优秀教师的判断,需要花费至少5年持续性的观察与数据收集。因此,这在操作上是几乎不可能的。

让我们回到本章的核心问题。举个例子,假设我们将芬兰全部是硕士且经历了高强度专业训练的优秀教师与学校校长放到美国的印第安纳州来工作,印第安纳州的教师和校长则来芬兰工作。(假定语言隔阂不存在。)五年以后,假设两地的教育政策不发生变化保持原样,我们来检测两个地方学生的测试结果。笔者认为,就算印第安纳州的学生有成绩上的进步,进步也不会大。为什么?印第安纳等美国各州的教育政策已经建构了一个非常专业而社会性的网络,使芬兰的教师无法使用他们的知识、经验和热情来帮助学生进步。笔者曾遇到许多经验丰富而在美国任教的芬兰教师,他们的反馈证实了上述猜测。基于从他们处了解的情况,很有可能,他们都无法坚持到五年结束,与他们的许多美国同行一样。另一个问题：芬兰学校的排名会因为这些美国教师的到来而下滑吗？很大可能也是"不"。芬兰的教育文化会试图帮助这些教师，他们会在课堂内花费更少的时间，从而使他们有更多时间与同事合作，更好地帮助学生成长。

所有人都认同，教学专业化与教学质量对学生习得的重要性是毋庸置疑的。因此，总是将"教师质量列为学校教育内影响学生表现的最重要的变量"这一现象，是可以理解的。然而，仅仅拥有高质量的教师，并不能自动转化成为学生的高表现。从包括芬兰以内的国际高表现国家的经验中可知，我们必须重新思考教师这项职业与学校在我们社会中扮演的角色。与其梦想着拥有如芬兰、新加坡、加拿大等国的高质量教师，各国政策制定者不如思考关于教育这项职业的以下三个方面问题：

首先，教师教育项目应当变得更标准化，而学校教学则需要变得不那么标准化。新加坡、加拿大与芬兰都在他们研究性大学内的教师教育项目上对学生提出了高标准、严要求。他们不允许有任何捷径，或是任何其他不进行教学理论与充分实践的学习。在年轻人成为教师之前，这些国家对未来的教师就提出了严格的要求。

其次，应当停止使用有害的学校监管机制。如今在许多国家，仅仅依靠学生的学业表现一项指标就判断教师的质量，这样的做法是不公平且不准确的。不准确是由于大部分学校的目标都并非只有学生在几门学科上的好成绩这一项。不公平是因为大部分影响学生成绩好坏的变量来自于校外，而非校内。在国际评估中表现优异的教育体系内，教师认为自己是被领导与同事赋能的。在芬兰，通过TALIS 2013的结果我们知道，芬兰教师认为自己的工作是有收获的，主要因为其职业自主性和职业所带来的社会声望。

再次，仅仅改变教师相关政策并不能让这份职业变得更有吸引力——需要

同时改变其他教育政策才行。在国际测评中排名较高的国家说明,教师应当拥有规划他们工作的自主权,选择他们认为对教学结果最好的教学方法的自由,以及影响对教师评价体系建设的权威性。应当给予学校和教师在这些教学关键领域的基本信任,才能吸引更多的年轻人投身教育这项事业。

### 心声 3-1 我为何想成为一名教师?

对我来说,选择成为一名教师是非常自然的,这甚至不是一项选择,而是一个从儿时的梦想转变为成人的目标的现实过程。在我们的家庭中有许多教育行业工作者,因此教育基因存在于我的血液中。我父母也鼓励我选择这个方向。他们帮助我找到暑期实习,使我拥有与孩子们在一起的工作经历。我一直认为这些经历是有价值的、有趣的,且是道德上让人满足的。最终,在我高中毕业选择职业方向时,与孩子们一同工作的趣味性影响我,让我做出了选择。

通过在学校兼职教学的经历以及目前在大学里进行师范学习的经历,最初我脑海中对于教师职业的浪漫设想逐渐发生改变,但每个画面仍总是熠熠生辉。如今,当我即将硕士毕业,进入小学就业时,我开始思考,成为一名教师究竟意味着什么。我为什么做老师? 首先,是我希望能够通过这份职业帮助人们发现他们的天赋与长处,但也帮助人们发现自身的不足与短处。我希望成为教师,因为我希望能够改变孩子的生命,并帮助这个国家。我面对孩子们的工作的基础永远是爱、关怀与和善,在他们彼此之间,也在我与他们之间,创造人与人之间的关联。我相信,这是唯一能够让我的生命创造价值的方式。

但我也理解,在普通薪水与巨大的工作量之余,我的工作包含着重大的责任。我也知道,压缩学校财政预算的政策会持续,也将影响我在学校的工作。在赫尔辛基,儿童们正面临的愈发严峻的社会问题将影响我的课堂。我需要有能力关注多元性的学生,提供各式各样的,甚至我还没有准备好提供的帮助。我接受,我的工作并非只是教授我喜爱的事物,还包括处理冲突性的情况,与或许与我想法不同的同事共事,与不同的家长们合作共同教育他们的孩子。毫无疑问,我将持续问自己:这份工作是否值得。

著名的芬兰教育者马尔蒂·阿赫蒂萨里先生曾经使用过这样一个词:教育性的爱。这是我自身作为教师理念的基石。教师这个职业,或许比任何其他职业更多地要求投入情感与热情,只有全身心投入才能成功。每个教师有自己的风格与教育哲学。或许成为教师有各式各样的原因,我自己希望成为教师的原因,是希望能够帮助其他人,关怀他们,爱他们。

——维拉·萨洛南,小学教师,赫尔辛基

## 心声 3-2 基于研究的教师教育

在我作为教师的长时间职业生涯中,经历的最重要的政策改革为,要求所有的教师必须拥有一个教育学或相关学科的硕士学位。这项改革引发了一次改革连锁反应,提升了所有教师的整体水平,使他们能够持续性地提升自身工作水平。在芬兰,教师教育工作者、大学教授与教育实践者花费了超过20年来建立对于教育这项职业复杂性的共识。基于研究的教师教育有以下三项关键原则:

(1) 教师需要对他们教授学科的最新发展有深刻的知识储备。此外,他们需要对于知识可以怎么教、怎么学的研究非常熟悉。

(2) 教师必须采用研究性的态度来面对自身的工作。这意味着,学会用分析性的、开放性的眼光对待他们的工作,基于不同的事实证据,包括最新的研究与他们自身的观察与实践,从教育的发展中寻找结论。

(3) 教师教育自身应当也是被研究的主体。许多人会问,为什么芬兰学生在学校中的表现如此出色,或为什么许多芬兰年轻人选择教育作为职业。在芬兰,没有标准化测试、学校检查、教师评估、学校排名。公立教育在提升芬兰社会的公平与幸福上扮演了重要角色。高质量的学术性教师教育项目保障年轻人可以在劳动市场中胜任多项工作。最重要的是,在芬兰,学校与教师享有高度的公众信心。家长像信任牙医一样信任教师。家长不需要为给孩子找一个好学校担忧。许多人认为,最近的学校就足够好。我相信这是由于教师——作为他们严格的学术训练的结果——有足够清晰的道德目标与独立的专业能力而应该被信任。基于研究的教师教育使这一切成为可能。

——海涅尔·奈弥(Hannele Niemi),教育学教授,赫尔辛基大学

## 第四章

# 芬兰道路：竞争性福利国家

> 真正的赢家从不竞争。
>
> ——萨穆利·帕洛南(Samuli Paronen)，芬兰作家

芬兰教育的独特之处是,从一个低于国际平均水平的教育体系到国际上少见的公立教育强者这一过程中的持续性进步。同样重要的是,芬兰能够创造的学校网络,使其中几乎每个人都能成功,失败则是少数情况。这也使芬兰义务阶段后的教育(包括高中和高等教育)的参与度和毕业率有很大程度的提高。国际媒体与各种教育发展机构常常引述芬兰教育的成功。这一非凡的发展并不是由美国、英国、澳大利亚和世界他国的教育理念造就的。

芬兰具有竞争性的国家经济状况、较低的贪腐情况、优质的生活质量、可持续发展的生活方式以及性别平等。这些特质使芬兰成为世界上最富裕的国家之一。作为一个遥远的欧洲小国,芬兰的成功建立在社会弹性与以解决问题为导向的价值观之上。在芬兰的教育体制内,这些理念使学校用创新的精神来实验,愿意为完成目标而承担风险,不论目标是有效的教育还是高产的学习。这与芬兰公共领域内的其他政策与战略也保持和谐一致。自从 20 世纪 90 年代初期起,教育政策与经济战略之间的互动尤其有趣。

本章更深入地探讨,芬兰的教育政策如何应对国际教育改革理念,以及与芬兰知识型福利经济体的总体发展的关联性。本章描述了自从 1970 年起,公共领域内的政策怎样越来越互相支持,并尝试用分类学来比较芬兰的教育与经济政策。本章认为,追求卓越的教育政策应当建立在系统性上,关注政策制定与可持续的领导管理并不会损害公共领域不同政策之间的复杂关系。

## 全球化的力量

过去 20 年,国际化深刻影响了芬兰与芬兰人的生活。成为欧盟会员国以及 OECD 的活跃分子,提升了芬兰与其他发达国家的交流与流动性。然而,芬兰人对国际化的态度仍是莫衷一是。许多人认为国际化会抹杀民族国家的角

## 第四章 芬兰道路：竞争性福利国家

色、损害国家主权，因为这是全球货币通行、媒体与跨国娱乐公司霸权浮现后的必然结果。另一些人则认为经济、政策、文化的标准化，将会成为企业与国家竞争的崭新标准，进而使芬兰的传统与习俗消亡。全球文化的改变也着实影响了教育的政策、实践与制度。显然，我们无法直接看清全球化究竟会对教育政策产生什么影响。

全球化的确是一种文化矛盾：同时结合了各地的人与文化，却又让他们变得更为分化。在更强势的趋势下，全球化整合了各种国家教育政策。也由于各国教育系统面临的挑战与问题极为相似，应对问题的方法与教育改革的方针也变得雷同。国际教育评价系统的基准出现，人们可以取得、援引各项普遍指标和国际比较数据，进而区分不同教育体系的特质。例如，OECD 的 PISA 报告让许多政治家与教育专家开始进行国际访问，为了了解如何重新定义国家教育政策、提高教育体系效能，他们的目的地经常是芬兰、加拿大和韩国。因此，全球化同时加速了各国教育体系的国际合作、概念交流以及教育政策的传递。

许多国家的教育当局、发展机构与咨询公司，也开始盛行分析全球化政策发展与教育改革。因此，世界各国的教育体系逐渐共享核心价值、功能与结构。有证据显示，世界各地共享的这些经验竟是非常相似。因此，另一个问题出现了：全球的政策制定者与教育家之间的互动与日俱增，并共同制定约定的教育评比指标，在各国相互借用对方政策，这是否让全球的教育改革方法获得了真正的普遍提升？

英美语系国家已经创造、传递了教育政策改革的知识。位于西方的美国、加拿大与英国，位于东方的澳大利亚和新西兰都是提升教育质量与教育效率、研究与辩论教育改革议题的重地。《学校效率与提升》(*School Effectiveness and School Improvement*，创刊于 1990 年)与《教育革新期刊》(*Journals of Educational Change*，创立于 2000 年)是当代教育知识转变的重要沟通场域。在英美语言

体系之外,荷兰、瑞典、西班牙与挪威等国也都积极参与了教育改革的国际对话与研究。但芬兰、韩国与日本——这些教育表现十分杰出,体系内部也相当平等的国家——却在全球教育知识改革的时代中扮演了出乎意料的平淡角色。大部分国家都极仰赖美国、英国、澳大利亚与加拿大的教育研究与创新成果。

在全球教育发展运动中,能够有效利用既有的改革知识是很重要的。并非只将注意力转移到标准化知识内容或掌握常规技能,全球某些发展得更好的教育系统,通过教学法与社群网络、现代科技的结合,关注延展性、敢于冒险、创造力、问题解决等特质。相关的例子正在增加,包括中国,这一新兴的经济强国已经放松对教育体系的标准化控制,并且让"校本课层"成为国家首要教育政策目标(Zhao,2014)。日本和新加坡则采取了"少即是多"的教育政策,希望能够让创意和创新拥有更多发展空间(OECD,2011a)。加拿大教育表现最好的省之一,阿尔伯塔省,也废除了省立标准化评估方式,松绑教育控制权,借此创造更具智慧的教育责任制度,关注真正的学习效果与多样的评测途径。威尔士地区早就已经开始行动。苏格兰已经开始建立更灵活的课程大纲与检测政策,以摆脱外在测试与学校检测。即便是在英国这个曾经世界闻名的测验密集过度的国家,政府也开始想办法终止所有小学阶段的标准化测试。

作为对"知识性教学与标准化测试过分重视"的应对策略,全世界的有关部门开始考虑采用更动态的课程大纲,包括引入新的管理方式,提升教育管理水平,以便找到另一种结构性解决方式来提升知识型社会必备的学习效率。教育改革应当鼓励学校与社群建立网络,而非仅仅关注个体单位。这一理念的核心应当是"互补原则"(Complementary):学校与行政区域进行合作,在构建的网络中寻求更好的学习。合作共赢似乎也是国家在全球化背景下经济竞争与发展的核心。

尽管教育系统的改进已成为全球性的现象,但目前仍未有可靠的比较性分析研究,能说明不同国家教育改革的设计与执行情况。然而,从相关文献来看,目前教育发展的重点已从结构性改革转变为提升教育质量,让教育更普及(Hargreaves, Lieberman, Fullan & Hopkins, 2010)。因此,课程发展、学生评价、教师评估、信息化结合、基本能力(阅读、写作、计算)与基本科学知识的提升已成为全球教育改革的重点。为了在学校内带来这些改变,政府从商业社会中引入了过时、糟糕的管理学模型,例如校际竞争、标准化教学、测验责任制、以成绩为基础的薪资以及数据化管理。笔者称其为"全球教育改革运动"(Sahlberg, 2006a, 2007, 2010a)。

## 全球教育改革运动

全球教育改革运动(GERM)的理念衍生于日渐增长的全球政策与实践交流中。这并不是正式的全球政策项目,只是一系列依赖于提升教育表现的期望而形成的非官方教育进步计划(Hargreaes, Earl, Moore & Manning, 2001; Hargreaves & Shirley, 2009; Sahlberg, 2011)。GERM在20世纪80年代出现,并成为教育全球化理论浪潮下的一个坚实分支,逐渐成为"教育新正统"[1],被全球诸多教育体系接受,包括美国、澳大利亚的许多地区、加拿大、英国、北欧诸国以及越来越多的发展中国家的教育改革。

根据相关信息显示,催生GERM的另一个主因是私营跨国公司、国际发展机构、全球性捐赠人、私立基金会和咨询公司的策略和利益,这些组织单位介入并参与了各国教育改革与政策制定过程。给政策制定者建言献策,支持商业化运作的机构与企业有:在发展中国家是国际与区域性的发展银行;在工业发达国家是OECD和国际货币组织(IMF);在美国是富裕的跨国公司、他们的基金

会以及包括培生（Pearson）、麦肯锡（McKinsey）以及其他具有影响力的大公司。戴安·拉维奇（Diane Ravitch, 2013）曾描述过, 企业慈善家如何在美国公立教育体系中投入亿万美元的资助（在其他国家, 这个数字小一些）, 坚持在教育领域中套用商业管理概念与原则。此举让 GERM 运动不止在美国, 还在全球范围内扩散开来。只有非常少数的私立基金会给芬兰的公共教育提供资金, 且必须在严格的监控之下使用。他们对教育政策或教育改革的影响力微乎其微。

全球教育改革运动的诞生有三个主要因素。第一个因素是 20 世纪 80 年代开始主宰教育领域的新兴学习模式。建构与认知主义的突破点是将学习的中心从"教"转变为"学"。根据这一新模式, 学校教育的意图从强调事实记忆转变为理论理解、问题解决、情感与多元智能以及人际交往能力。不过, 如今, 数学与文字的掌握能力也是教育改革的首要目标。

第二个因素是公众对"面向所有学生、有保障且有效的教育"的要求。具有全球影响力的运动"为所有人的教育"（Education for All）改变了教育改革的重心, 从"为了部分人的教育"转变成"让所有人学习"。更有包容性的教育安排与引入全民学习通用标准成了推动"为所有人的教育"的途径。总体来说, 国家课程与公共项目提升了对所有学生的期望。

第三个因素是教育运动中的竞争与责任制度, 这与全球化浪潮中公共领域的"去中心化"趋势相辅相成。让学校与教师为学生与资源竞争, 随后让他们为结果（也就是学生考试成绩）负责, 这一运动导致了教育标准、评价维度和教育对标、评价测试与法定课程的引入。如詹姆斯·波帕姆（James Popman）所言, 学校表现与教育质量提升开始与评价、升职、追责、经费的过程紧密挂钩时, 多种多样的测试导向责任制度就会应运而生。也就是说, 教育成了一项商品, 教育服务的效能最终取决于成绩。

## 第四章 芬兰道路：竞争性福利国家

自20世纪80年代以来，至少出现了五种不同的教育政策与教育趋势，尝试提升教育质量，尤其是提升学生学业成就。第一种是增进学校间竞争。几乎所有的教育体制都引入了多样的上学方法，为家长在学生择校时提供更多样的选择（OECD，2013b）。20世纪80年代智利的抽签系统、90年代瑞典的免费学校系统、2000年以后的美国特许学校制度、2010年以后英国的中学学院等，都是引入教育竞争的示例。与此同时，更领先的学生在私立学校或独立学校就读的比例增高（OECD，2013d）。在澳大利亚，几乎三分之一的学生小学与中学阶段选择在非政府学校就读（Jensen，Wedmann & Farmer，2013）。基于国家标准化测试成绩为学校排名则会进一步增加学校之间的竞争。OECD的数据显示，OECD各国校长们反映，PISA被测学校中超过四分之三的学校需要与至少一所其他学校竞争生源（OECD，2013d）。最后，学生（尤其是在许多亚洲国家）因为需要打败同龄人而进入更好的学校就读，从而感受到了更大的压力。

教育标准化是第二种理论。结果为导向的教育改革自20世纪80年代开始盛行，随后的90年代则开始教育标准化政策，最早在英美国家中推行。这些改革将关注的重心置于教育结果上，也就是学生的学习结果与学校的表现。作为结果，教育政策制定者与改革者都广泛接受一种理念：为学校、教师与学生制定清晰、有效的表现标准是提升表现的必要方式。从这些教育标准化的政策中衍生出外部标准化测试与学校评价系统，从而验证学校是否达到上述表现标准。教育标准化来源于一种假设，也就是所有学生都应当达到同样的学习结果。这一理念相应地也导致了全球范围内标准化课程的推行与课程大纲的单一化。20世纪90年代英国的国家课程、2010年以后德国的新国家教育标准与美国的州立核心标准都是案例，目标是为所有学校提供连贯的、有质量的教学内容。

第三个常见的全球教育改革特征是专注课程中的关键学科,例如阅读与教学。学生在阅读、写作、数学与自然科学的基础知识与技能被当作是教育改革的主要目标与指数。由于对国际评测标准的广泛接受(诸如 OECD 的 PISA,IEA 的 TIMSS 和 PIRLS),这些学科开始成为学生学习、教师教育、学校管理以及国家教育工作者的中心。根据 OECD 在多个国家的研究,国家教育政策愈发被国际学生评估标准(尤其是 PISA)所影响。贝克斯佩尔(Breaksprear, 2012)总结了 PISA 测试的影响力:

> 结果清晰地显示,PISA 在教育政策制定过程中的影响正在增强。此外,研究提供数据显示,PISA 已经被使用与整合在国家与各省/州的政策、评估与测评手段、课程大纲标准与表现目标设置中。

读写与数学能力策略使相关学科的教学时间增多。例如,在英国与加拿大安大略省等地将相关学科称为"核心学科";在美国,"有教无类法案"(No Child Left Behind)使大部分学区从其他学科(特别是社会学、艺术与音乐,甚至是学生的休息时间)的教学时间中抽时间来帮助学生应对州立测验,提升读写与数学能力(Jennings & Sark Rentner, 2006; Robert Wood Johnson Foundation, 2010)。然而与此同时,在生活与就业中获得真正成功,要求人们必须具有好奇心、能够与他人合作、解决困难的问题、拥有领导力。

第四项特征是测验责任制——要求教师与学校为学生的标准化测验成绩负责。学校表现,尤其是学生标准化测试成绩,与对学校和教师的评估、监管、奖惩措施紧密相联。以成绩为基础的教师薪资制度、教师休息室的数据墙、报纸上的学校排名都是这种责任制的表现,数据的来源也通常是外部测评结果。这种测验责任制的问题并不是让学生、教师和学校负责任,而是这种方法论影响了学生学习与教师教学。在很多区域,学校需要为低质量、低成本的标准化测试结果负责,从而限制了学校真正需要负责的其他内容的发挥。

第五项可以观察到的全球性教育改革因素是择校。20世纪50年代,费里曼经济理论闻名世界,它带来的结果就是父母择校行为的盛行。费里曼与许多他的信徒(其中包括里根总统)相信,家长必须拥有选择孩子学校的自由与权利,因此鼓励学校之间的良性竞争,从而更好地满足家庭多样的需求。择校需求催生了家长自付学费的私立学校的诞生。今日,除了需要付费的私立学校之外,还有其他多样的选择。美国的特许学校、瑞典的免费学校、英国的高中学院、荷兰的宗教学校等都是满足家长择校需求的案例。择校观念认为,家长应当有能力使用公共经费来为他们的孩子选择最适合的学校,不论是私立或是公立。

2009年,美国教育部发布了一项竞争性资助项目"力争上游计划"(Race to the Top, RTTT),用以鼓励与奖励为创新与改革创造条件的州。该项目总计43.5亿美元,目的是刺激州政府与各地相关当局发起教育改革,创设基于学生成就与发展的教师与校长评价体系。它还鼓励各州相互竞争,从而找到更有效的实践方式与聘用教育实践者。2013年,根据教育政策委员会(Education Policy Institute)的合作单位使用更新更广的教育方式(Broader, Bolder Approach to Education)得出的评估结果,RTTT政策在教师表现提升上的效果不尽如人意,且无法揭示机会差异之间的核心动力。另外,RTTT的缺陷引发了州与地区、工会与管理层之间的冲突,从而阻碍了进步。评估报告总结道:"总体来说,评估结果发现,RTTT(也就是各州,在建立成功的基石之前,就要求教师与学校为表现负责)有严重问题"(Weiss,2013,p.8)。其他专家中,戴安·拉维奇(2013)也曾就这项联合改革项目进行相似的评价。表4-1显示,自20世纪80年代起,芬兰教育政策就走上与RTTT相反的路径。

表 4-1 全球教育改革运动（GERM）与芬兰教育改革模型的对比

| 全球教育改革运动（GERM） | 芬兰教育改革模型 |
|---|---|
| **校际竞争**<br>基本假定为：市场经济下的竞争最终会提升质量、产能与效率。当公立学校与特许学校、自由学校、独立学校和私立学校为生源竞争时，会提升教育与教学 | **校际合作**<br>基本假定为：教育是合作性的过程，合作、连接、共享是学校间最终能提升教育质量的路径。学校彼此合作时，能够彼此帮助，使教师在课堂上创设合作的文化 |
| **标准化学习**<br>为所有学校、教师、学生设定清晰、明确、统一的高标准方式，能够提升结果的质量与公平。这带来了外部设计的标准化测试，以确保测量与数据采集的一致与统一 | **个性化学习**<br>设置清晰但具有弹性的国家标准为校本课程设计做框架。鼓励为达到国家标准而进行校本创作或个性化解决，为创造每个人最好的学习机会而找到最佳路径。使用个性化的学习方案来帮助有特殊需要的学生 |
| **专注读写与数学能力**<br>阅读、写作、数学与自然科学方面的基本能力是教育改革的主要重点。这些课程的自然学时增长，而付出了牺牲其他学科（例如艺术与音乐）的代价 | **专注全人教育**<br>教育与教学关注有深度、有广度的学习，基于每个人的个性、道德、创造力、知识、伦理、技能多方面的平等关注。上学的目标是找到每个人的天赋 |
| **测验责任制**<br>学校表现和提升学生成绩与教师的升职、考评、督导以及奖惩紧密挂钩。教师的薪资与学校的预算都由学生的成绩决定。惩罚包括终止聘任以及关闭学校。政策制定者通过统一数据的学生测验作为判断依据 | **信任负责制**<br>在教育体系内逐渐建立具有信任与责任感的文化，最终教师与校长在判断学生发展方面具有专业性。将资源用于支持学校与需要特别帮助（可能会落后）的学生。政策制定者将抽样的学生评估与有主题的研究报告作为判断依据 |
| **学校选择**<br>基本前提：家长必须拥有为孩子选择学校的自由，并鼓励校际良性竞争以更好地服务家庭不同的需求。理想状况下，家长应当不需要出资（使用公立经费）为孩子选择最适合的学校，不论是私立还是公立学校 | **结果平等**<br>基本前提：所有学生在校内都应当拥有同样的教育前景。因为学校学习结果受家庭背景条件等影响，结果平等要求学校根据他们的真实需要来弥补这些不公平。学校选择通常会带来隔阂，加剧不公平的结果 |

还有其他学者也分析过全球教育改革运动。本·勒维（Ben Levin, 1998）曾评论教育政策的风尚，分析了教育政策是否可以跨越国境的条件。哈格里夫

斯和雪莉(2009)曾使用"道路"来形容教育改革。他们的著作《第四条路》(*The Fourth Way*, 2009),笔者将在本章后续内容中介绍。迈克尔·富兰(2011)认为,教育政策或策略杠杆等"改革驱动器"是教育系统迈向目标的好机会。富兰写道:"在匆匆忙忙追求进步的过程中,教育领导者通常容易在挑选动力来源时犯错,特别是那些尚未经历过教育改革的地区更是如此。"错误的动力来源包括成绩责任制度(相较于追求专业化发展)、教师个人水平(而不是追求共同协作管理)、技术取向(对照教学法)以及碎片化策略(放弃系统性思维)。根据富兰所言,这种缺乏效率的教育改革元素与前述所提及的全球教育改革运动特质产生共鸣,都错过了真正的教育目标,并且持续陷入这种窘境(见第二章的表2-5与2-12)。在分析美国与澳大利亚的整体教育体系时,富兰进一步写道:

> 目前使用的策略无法实现这些雄心壮志、令人尊敬的国家级教育目标。没有任何成功的教育体系仰赖这些来驱动。大规模的内在功能才是促使教育系统较大改变的必要条件,但那些策略根本无法创造这种动力。美国和澳大利亚的教育期待与目标听来宏大,但就策略与动力观点而言,却孱弱无比。

许多国家都在教育政策改革的过程中采用了表4-1中的策略,但芬兰并非如此。这当然不代表芬兰没有任何的教育标准、基础技能学习或者任何形式的成绩责任制度,也不是暗示芬兰与其他国家有天壤之别。但是,或许这预示,即使不采用全球教育改革运动中普遍使用的教育政策,也能够建立优质的教育系统。

全球教育改革运动(GERM)成为教育改革主要动力时,就会对教师职务以及学生学习结果产生巨大的影响(Sahlberg,媒体发言)。最重要的影响是,造

就了教育以及教学法发展过程的标准化。教育当局与顾问所设置的标准进入了教育生活,但他们不了解一件事:学生真正需要学习,只是无法用任何清晰的标准呈现。然而,标准化教育议题承诺了良好的教育改革与质量,因此得以在政治与教育专业领域中获得广泛接纳,成为教育改革的基础意识形态。

在教育政策与改革中,很少听到一线教育者的声音。教育改革的相关研究成果都是由学术界与咨询顾问所创造的术语。因此,笔者在这里引述一位苏格兰教育改革实践者的想法。这个例子与教育改革主题有着深厚关联,因为苏格兰正在试着改善过去几年受到全球教育改革运动影响所产生的不良后果。这些症状包括:"头重脚轻"的教育规划、严格的课程大纲、固化的审计测量、外部快照式的监管以及外部审查责任制。这些问题都逐渐地消失,为更完善的课程大纲与评估策略腾出空间。来自普洛克顿小学的尼尔·麦克奇楠呼吁道:"教育必须在更广阔的国家教育政策与实践框架中,践行当地教育问题与目标。"(MacKinnon, 2011, p.98)。这也正确地指出了全球教育改革运动怎样影响教师与学校:

> 如果没有充分理解学校发展的基本原理和理论基础,只是由审计者基于一系列假设来判断教育工作者的发展方向,就会产生真正的实践危机。看似具备普适性的评价标准是一种面具,让各种强行加诸实践者身上的价值判断穿上伪科学的外衣,但充其量不过是另一种不同的教育观点或模式。不同的教育观点原本能够促进教育实践的争论与对话,却因为评价机制的出现,使得这些特质消失在批评与不对等的权力关系中。不同观念会彼此激荡产生新的火花,命令与控制取代了亲密的相互关系、对话和概念性的探索,而这三者正是与实践发展相配的。意图创新并带来崭新理念的人正为此所苦。

国际教育改革运动(GERM)在全世界的政策制定者与咨询顾问间颇受欢迎,是由于其强调教育行政管理以及学习,建议使用强有力的方针、政策来提升教育的质量、平等及有效性,例如确保学习是第一位的,追求所有学生的高表现,使评估成为教学过程的一部分等。但是,它也导致了公立教育的私有化。国际教育改革运动假定,外部标准化测评能够正确描述教师该教什么,学生该学什么,从而能够为所有学生带来好处。通过比较与准确定义教师与学生的教学目标,例如将学生的阅读、写作、数学与科学掌握定义为核心技能且为此制定标准目标。教师的系统训练与外部的检测都是这个方法的必要元素。

是否有证据来判断GERM给学生学习带来了什么影响?我们可以在图2-5和图2-12中得到答案,它们显示了受GERM影响的学校体系21世纪以来在PISA测试中的表现。参与或受GERM影响的国家,包括美国、英国、加拿大、澳大利亚、新西兰、荷兰、瑞典,都没能在国际测评中有进步的表现。

在2012年,OECD从65个国家收集数据,并得出如下结论:

- 从20世纪80年代早期开始,许多国家的改革都给予家长在择校上更大的选择权。
- 2003—2012年间,国际表现出明显的趋势:使用学生的测评结果比较学校之间在区域或全国范围内的表现。
- 2003—2012年间,(OECD各国平均值)选择使用外部测评来检验教师工作的学校增长了20%。

许多国家研究市场机制怎样影响了本国的教育质量。维堡(Wiborg, 2010)探究了20年以来瑞典的自由学校系统(由政府资助的私立学校)的表现,得出如下结论:

瑞典实验(使用营利性私立模式)是昂贵的,而且并没有带来显著的学业习得上的提高。与此同时,瑞典的改革导致了教育不均衡的增长,即便在一个如此公平的社会里。

澳大利亚格拉顿协会(Grattan Institute)考察了市场机制对学校表现的影响,特别是在学校竞争、选择与自主权方面。其结论也判断,市场行为并不是改善学生学习的最佳方式。报告写道:

> 通过增加竞争,政府的政策提升了经济领域内许多板块的效率。然而并不包括学校教育。(Jensen, Weidmann & Farmer, 2013)

PISA 数据是否能够证明 GERM 背后的理论的正确性?2012 年的 PISA 结果能带来三个特别的结论,从而显示 GERM 的元素是否能够与世界范围内的成功改革有关。

第一个发现是,给予学校在课程设计与学生评价上自由权的教育体制会比不这么做的系统表现好(OECD, 2013d, p.53)。这一理念与 GERM 的基本假定相悖。GERM 假设外界制定的教学标准与标准化测试是成功的前提。PISA 显示,专业自主性和学校间合作的文化的平衡与成功有关。证据也显示,表现较高的教育体制让教师参与他们自身的教学目标设立、有效教学环境创设和多种学生评价方式设计的过程,从而最大限度上支持学习与学校的改善。

第二个发现是,学校表现平均值较高与教育平等性相关(OECD, 2013b, p.27)。教育结果的公平,意味着学生自身的社会经济地位对教育结果的影响很小。所有成功的教育体系都具有较高的公平度。专注于教育公平的系统关注早期儿童教育项目、校内健康与特殊教育服务,同样关注音、体、美和学科教育均衡的课程体系。资源配比上的公正对实现教育公平也很重要。2012年PISA结果显示,资源公平与整个教育体系的成功相关:学生表现好,通常也就意味着不论学校优劣都能做到资源均衡(OECD,2013b,p.93)。

第三个发现是,学校选择与校际竞争并不能提升整体教育体系的表现(OECD,2013d,p.133)。在OECD国家中,学校选择与校际竞争通常带来体制内更严重的隔阂,也就是为教育公平带来反作用。成功的教育体制事实上反而致力于管理他们的公立学校与本地学校。2012年PISA结果显示,特许学校与自由学校的盛行以及其对应的校际竞争系统,并没有带来学生习得上的进步。

表4-1说明,芬兰教育改革的模型与GERM的做法大不相同。芬兰教学的典型差异是,在课程、评价、教学组织以及评估工作上对教师与校长充满信心。另一个特征是,学校积极鼓励教师与学生践行新想法,也就是说,使学校成为学习与教学创新的场所。此外,学校内教学在创新的同时能尊重学校原有的教学传承。这不意味着传统的教学与学校组织形式在芬兰不存在。相反,对当今芬兰的教育体系来说,最重要的是30年以来系统性的发展,以及对应诞生的多元文化,在社会上如此,在芬兰教育系统内尤其如此。

我曾将芬兰这种不同于全球教育改革运动的政策称为"芬兰道路"。在信息社会与经济体系的研究领域中当然也有相似的比喻,这就是"芬兰模型"(Finnish Model, Castells & Himanen, 2002; Routti & Yla-Anittila; Saari, 2006)。芬兰与其他国家的最大区别就是,它的教育体系同时在学习成果与平等原则上都获得已受证明的优秀表现。20世纪90年代,因英国首相布莱尔、美国总统克林顿以及德国总理施罗德而声名大噪的"第三条路"(或"激进中央主义"),将学习成功与平等教育视为第三条路的下一代目标。但在教育领域,"芬兰道路"

强力鼓舞了"第四条路"的兴起:

> "第四条路"是鼓舞与创新,也是责任与可持续之路。"第四条路"不会利用教师进行莽撞的改革,也不会将他们视为政策输送人,或者掏空他们的内在动力,填入短期政治议程或特殊利益合成的漩涡(Hargreaves & Shirley, 2009, p.71)。

"芬兰道路"是专业的、民主的道路,是由底层而生、由上层掌舵的改善之道。如哈格里夫斯与雪莉在《第四条路》中所描述的:"通过这些教师,'第四条路'建立了强有力的、负责任的、有生命力的专业社群。这个社会社群的自我规范特质与日俱增,也能免于过度自私自利的弊病。"(p.107)。在芬兰道路中,教师依赖经验证据与专业知识,自行设计各种高标准的学习与目标,并且努力追求这些目标。同时,他们通过专业合作与网络联结,让自己任职的学校持续提升。

## 创新型经济

20世纪90年代的经济转型以及对复杂知识、高科技新产业的技能需求,为芬兰教育体系提供了进行根本革新的独特机会。此时适逢三大政治经济事件发生:苏联解体、芬兰银行体系经济危机所引发的严重经济衰退(1990—1993年)以及欧盟整合(1992—1995年)。这些转变直接或间接地影响芬兰的教育部门发展。90年代中期,移动通信科技的发展最终孕育了芬兰的创新型经济体。这个发展方向也极有可能是芬兰能够摆脱经济危机、迈入欧洲核心的最佳道路(Halme et al., 2014)。同时,人们也认识到知识经济不仅有关培养理解

## 第四章 芬兰道路：竞争性福利国家

"专有技术"(know-how)的能力,也关系着孕育一群高素养、具备批判性思维的消费群体。当市场需要更优异的科技知识时,消费者能够直接从科技产品创新中受益。

1993年初,芬兰发生了自20世纪30年代以来最严重的经济衰退。失业率高达20%,国内生产总值降幅达到13%。银行金融体系面临崩溃,政府公债高筑。对此,芬兰政府选择了一种出人意料的方式应对这次国家危机。首先,芬兰开始大量投资产业革新,而不是选择传统的方法。当时最关键的策略是致力发展芬兰通信产业的多元化。这种策略引入崭新的国家竞争政策,加速国有企业与公共部门的私有化,更降低了芬兰金融市场与外资准入的限制。这些方案背后蕴藏着极为关键的假设：降低私人企业的创新门槛与增加政府企业之间的合作,其互惠效果会比政府直接干预与投入更多研发资源等传统政策来得更好。芬兰关怀通信产业的决心展现在对诺基亚的协助上,这也成了克服经济危机的重要原因之一。诺基亚催生了芬兰焕然一新的电子业,这是20世纪90年代芬兰经济复苏的部分本质要素。

其次,知识的积累与发展乃是芬兰得以脱离经济衰退的关键。芬兰境内没有大量的天然资源,最重要的发展策略就是知识,以及教育与经济方面积极的全球化。1998年,芬兰在世界经济论坛(World Economic Forum,WEF)的评比中排到第15名。2001年,芬兰超过全球130个经济体,排名首位。芬兰主要的教育与研发经费都用于提升知识产业经济体的竞争力。1991年,芬兰的教育与研发经费占全国总支出的2%;到2003年,该项支出的比例提升到3.5%;2010年更达到了3.9%。而OECD成员国同年的支出比例大约在2%—2.3%之间。此外,芬兰进入知识产业的劳动力人数也有显著增加。1991年,芬兰进入知识产业的劳动力比例大约等于OECD的整体平均值,即1 000个劳动力中有超过5个人进入知识产业工作;到了2003年,每1 000个人中有22个人进入知识产

业,几乎是当时 OECD 成员国平均值的三倍。

学者描述芬兰迈向知识经济发展的转型过程是"卓越的,不仅是因为其早期的经济困境,更是因为一个地处偏远的小国能够如此成功地打造知识经济体"(Routti & Yla-Anttila, 2006, p.4)。芬兰拥有的创新信心以及与日俱增的投入,同时让 20 世纪 90 年代的教育政策专注于培育创造力、问题解决能力,以发展出更好的知识与技术。芬兰高度关注数学、科学与技术,也协助了诺基亚在世界通信行业、斯道拉·恩索在国际造纸业的发展。此外,这些公司与芬兰几所大学之间的研究发展工作保持密切联系。芬兰政府的创新机构部门也积极投入,成为芬兰知识与创新世界"铁三角"的一员。芬兰经济学家们也在其中扮演了重要角色,他们认为,创新与教育是极其重要的国家发展政策。教育不只是支出,还是必要的潜在投资,更协助创新发展,让经济体拥有更多的创新能量。拥有高素养的民众,理所当然成为芬兰"国内外施行新科技不可替代"的要素(Asplund & Maliranta, 2006, p.282)。

从 20 世纪 70 年代起,信息社会与知识型经济体已经成为芬兰教育改革的重要背景因素。芬兰的商业领域一直期待教育系统能够提供大量有才华的青年,使这些公司拥有竞争力,以应对急速转变的经济与科技环境。在他们呼吁提升知识与技能标准的过程中,芬兰的企业主们并不愿意支持教育政策转向狭隘的专业化教育与过早地选择学校,这点与其他国家并不一样。芬兰产业界一方面积极提倡更好地数学、科学、技术教育,另一方面支持将创新的校企合作当作正式课程的一部分。20 世纪 90 年代中期快速产生的创新驱动型商业体引入了新颖的问题——问题解决与创新性的跨学科教学项目进入学校[3]。部分领先的芬兰企业提醒教育政策制定者保持教学创新与开放的重要性,而不是将教育局限在预先设定的国家标准与责任制度之中。

芬兰在 1995 年时成为欧盟成员国,这让芬兰必须面对各种挑战与转变。

第四章 芬兰道路：竞争性福利国家

由于苏联解体仍然不远，加入欧盟随之成为加速西欧成员认同感的关键事件。申请成为欧盟成员国的过程与1995年正式加入欧盟，这两个事件同样重要。在申请加入欧盟的过程中，崭新的芬兰认同逐渐浮现，人们受到鼓舞，开始相信芬兰的机构（包括学校在内）能够与其他欧盟国家相提并论。事实上，相较于20世纪70年代、80年代的欧洲同胞，芬兰教育体系当时贫弱的数学、科学表现，成为他们努力将教育提升至欧洲水平的原因。虽然教育不是欧盟成员国的正式要求，也不属于欧盟的普遍政策，但是芬兰申请加入欧盟的过程带动了芬兰所有公共机构的提升，也对教育发展产生了极为积极的影响。让这一事件更特别的原因是，芬兰当时处在严重的经济危机当中（如前述）。芬兰教育家因而更能理解欧洲各国不同的教育体系。这些因素驱动芬兰持续推进教育改革进程，由于更容易获得其他国家的教育体系实践信息，芬兰也得以采纳更多的新观念。

历史经验与芬兰人的心理状态均显示，他们已经做好了面对全球化带来的挑战的准备。抵抗苏联的战争（1939—1944年）、1952年举办的奥运会、20世纪90年代早期的经济衰退，都证明了芬兰的竞争精神与复原能力，或者用芬兰人自己的话说，叫"sisu"（见前述）。这些教育与文化上的态度体现在20世纪70年代启用的关键的经济、就业与社会政策之中。芬兰福利国家的相关机构与政策也在20世纪80年代结束之际完成。对于芬兰人来说，生存永远都是他们获得灵感与能量的来源，使他们能够拥有超出期待的表现。

分析教育改革常常会引发对改革本质的质疑：改革究竟是"改变"还是"革新"？这两种用语指的是，改革究竟是持续性的、拥有从一个阶段到另一个阶段平顺转型的变化，还是剧烈激进的、完全进入新阶段、创造新规则的革命。芬兰的教育改革是周期性的，代表教育改革的本质会随着时间的不同而改变。

表4-2显示了一个重要现象:1990年是芬兰教育改革历程重要的分水岭。1990年以前,芬兰教育的特征是为福利教育体系创造所需的各种机构与框架。1990年以后,芬兰教育更重视兴趣、创意与创造,将教育融入更广阔、复杂的社会、经济和政治系统中。教育改革的成功有部分的原因是,能够在这两个阶段中达到"断点式平衡"(Punctuated Equilibrium)。

表4-2 自20世纪70年代以来,芬兰公共领域内政策增长的互相依赖情况

| | 策 略 | 经济政策 | 就业政策 | 社会政策 | 教育改革原则 |
|---|---|---|---|---|---|
| 公共部门政策的相互依赖程度随着时间发展而递增 | 建立公共部门机构 **20世纪70年代:制度化时期** 巩固社会福利国家的"支柱",增强国家创造的社会资本,培育传统产业生产结构 | 小而开放的经济体,依赖出口,国家管制,大量投入实际资本 | 建立积极的就业政策与失业社会福利系统,增强劳工市场的直接训练 | 为芬兰成年人提供新的风险管理系统,以应对失业、工作与生活平衡、教育进修与居住问题 | 强调公平,所以学生都拥有平等的机会进入中小学,保障教育的公共供给 |
| | **20世纪80年代:重建时期** 完成福利国家建设,重建经济规则,信息技术基础建设与公共管理 | 公共部门急速增长,工业产品集中在金属与木工业 | 重新建立失业福利系统,将早期退休纳入新的就业政策系统中 | 建立学生福利与医疗照顾系统;建立学生贷款与社会福利系统;重建失业相关法案 | 重建高中教育,以增加所有学生入学的机会,将高中转交给市政当局 |
| | 兴趣、理念与创新 **20世纪90年代:理念与创新时期** 公共部门自由化,通过创意驱动市场机制进行多元化,通过社会网络传递各种理念 | 公共领域停滞并且开始萎缩,私有领域兴起,带动信息通讯产业发展,研发投资增加,重新建立银行体系 | 就业福利机制删减,实施新劳动力市场以鼓励就业,进行就业政策改革 | 修正经济大衰退带来的社会问题,特别关注长期失业并且大量负债的人口,为失业人口提供训练与进修的机会 | 通过校本课程授权教师与学校,协调创新,为学校和市政当局建立网络联系,以分享创意和变革,高等教育急速扩张 |

(续表)

| | | 策略 | 经济政策 | 就业政策 | 社会政策 | 教育改革原则 |
|---|---|---|---|---|---|---|
| 公共部门政策的相互依赖程度随着时间发展而递增 | 兴趣、理念与创新 | **21世纪：更新时期**<br>增强原先表现良好的经济因素，更新社会政策(更进一步的私有化)以应对金融危机 | 专注提升服务，放松中央管理角色，强调公共领域生产力 | 人口老化导致就业市场萎缩，失业人口的权利义务意识兴起，强调跨部门合作 | 重新修订移民法案，应对社会多元化趋势，调整社会系统 | 更新教育立法，加强评估政策，加强国家对学校及其他教育部门的控制，学校的规模扩大 |

自20世纪70年代起，上述两种情况同时发展，都在芬兰教育体系中扮演重要角色。一方面，公共部门政策日益增长的交流互动过程增强了经济与社会改革的一致性，也因此创造了哈格里夫斯与芬克斯(Hargreaves & Finks, 2006)所说的教育"可持续领导力"。这种一致性让整个教育系统能够专心致志于长期发展的远景，不同的政策与策略也能进行跨部门合作。另一方面，国际化与加入欧盟等实践，让芬兰的公共机构与它们的基础功能同时用和谐且强化的方式进行巩固与发展。从经济与政治的角度而言，芬兰教育的成功案例可以得出三个结论：

第一，芬兰教育改革的成功，主要奠基于20世纪七八十年代的制度与制度结构，而不是90年代起的改革与改进措施。芬兰国家创造的社会资本通过政府的管理而生，其动力基础是为所有人提供良好的基本生活条件。这种社会资本也缔造了适合发展教育成就的社会背景。

第二，芬兰20世纪90年代以后的小学与初中教育改革更关注兴趣、理念与创新，而较少关注创造性的制度。20世纪90年代的制度变迁更为简单，唯一的例外是高等教育引入了新的理工学院制度。

第三,强调国家竞争力是欧盟大多数公共领域政策的关键驱动力,但这种动力并非芬兰公共政策部门的主要目标与运作方式。同时,20世纪70年代早期宣扬的平等原则也逐渐在这些政策中失去了影响力。

总结来说,20世纪70年代起,两种不同但彼此相连的教育改革,各自受到不同的改革理论影响,推动理念与创新的动力来源也各不相同。一方面,公共领域政策之间的相互依赖持续创造了许多教育改革方针,并且依循互补原则。另一方面,教育改革的理念——特别是有关学校的教与学——建立在芬兰过去良好的教育实践与传统之上。这种现象有时被称作是"教学保守主义"(pedagogical conservatism)。教学保守主义的理念是"以古鉴今""教育未来"等,它在激进主义与保守主义之间取得了教学意义上的平衡(Simola, 2005, 2015)。一般认为,20世纪70年代以后,芬兰教育体系的社会与经济政策证明了环境对教育成就的影响力。换句话说,这个过程让人们明白,诸如个人幸福、收入平等分配与社会资本等因素,都能够影响学生的国际学业表现水平。

现在,本书将进一步详细阐释社会政策与福利国家理念如何影响芬兰教育体系的表现。

## 福利、平等与竞争

20世纪五六十年代的芬兰社会政策较重视家庭农业经济。尽管从20世纪下半叶开始,芬兰开始快速迈向工业化,农业国内生产总值也日渐降低。但这个国家的农业仍屹立不倒。无论芬兰民众的生活形式发生多么剧烈的改变,其全球化特质与日俱增的速度有多快,但传统社会价值仍然十分完整。理查德·刘易斯(Richard Lewis, 2005)在对芬兰文化进行深入考察后认为,这些传统价值包含重要的文化特征,例如法治国家、信任权威(包括学校)、为团体生活奉献、对个人社会地位有清晰认知以及爱国情操。这些文化价值就是20世纪70年代引导教育改革政策的关键部分。另一个重要因素就是芬兰的社会特质：建立共识的原则。

第二次世界大战后芬兰的主要社会政策大致仿效其他北欧国家。这种理念创造出独特的福利国家模式，让包括教育在内的基础社会服务成为向所有公民开放的公共福祉，并且特别照顾需要协助的人。这种理念也提升了芬兰的社会资本，就像国家政策一样，改善了儿童的教育环境，提升了他们的学习机会与意愿。马丁·卡诺伊（Martin Carnoy, 2007）认为这就是"国家创造的社会资本"。国家创造的社会资本政策，也是改善教育成就的重要社会环境。芬兰进行社会重建与教育改革的影响力深远又立竿见影。芬兰家长渴望改善孩子的社会经济条件，于是他们转向教育，期望教育系统能够让社会变得更为平等。

一般认为，收入不平等远比消费能力更能影响人们的生活条件。然而，在更加平等的社会中，教育表现真的会更好吗？理查德·威金森（Richard Wilkinson）与凯特·皮克特（Kate Pickett）在《灵魂的等级》(*The Spirit Level*) 中认为，平等的教育体制在各层面都会更好（Wilkinson & Pickett, 2009）。他们也说明了收入不平等与社会中其他问题的关联。衡量收入不平等的方式有很多种，常见的是测量国家中最贫困的与最富有的之间的差距。在图 4-1 中，笔者使用 OECD 收入分布数据库和 PISA 数据库中的数据，来构建收入不平等与数学学习表现之间的关系。两者之间的关联不是非常强，但足够分辨出财富分布与学生习得之间的关联：学生在更平等的社会中能够学得更好。威金森与皮克特的研究显示，相较于贫富差距大的国家，更平等的国家（从统计数据上而言）识字率较高、辍学率与肥胖率更低、青少年心理更健康、未成年怀孕比率更低。所有的不平等都与学生在校内的学习紧密相关。

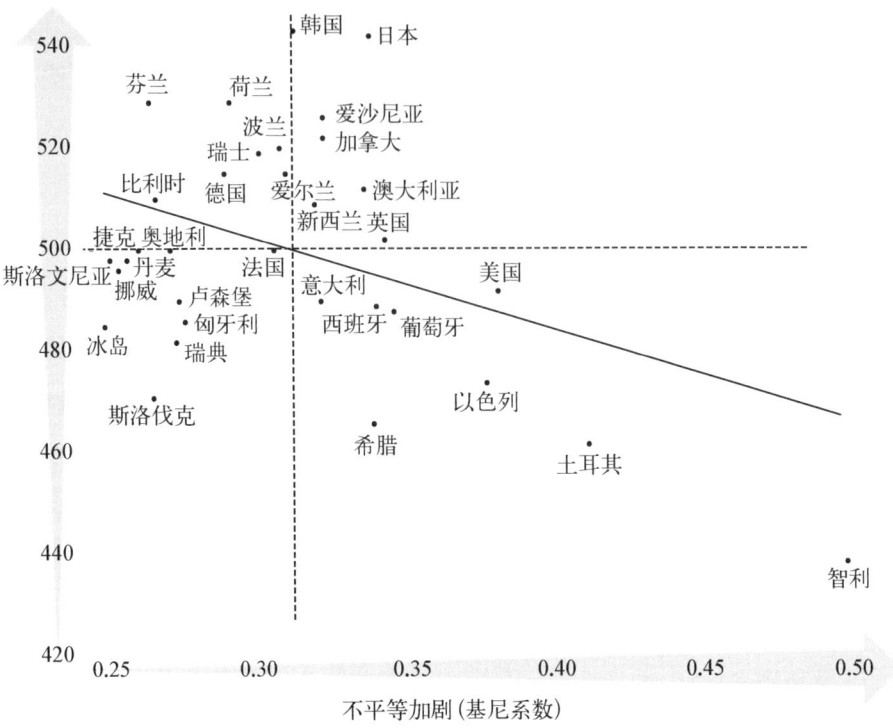

来源：OECD（2013a）与 OECD 收入分配数据库

**图 4-1　2012 年 OECD 各国收入不平等（基尼系数）与 PISA 测试中数学表现情况**

收入不平等、儿童贫困与缺乏适当的儿童福利的确是国家教育系统改善过程中需要考虑的重要部分。早在半个世纪以前，芬兰已经了解了这个道理。所有的芬兰学校都开始让每一位学生取用营养午餐、享受完整的福利政策，还为具有特殊需要的学生提供早期干预支持——这些福利对所有人免费。法律规定，每个学生都拥有使用学校福利设施的权利。

本章认为，检视芬兰教育改革时，需要从更广泛的社会经济发展角度出发，不论国内外。有趣的是，芬兰教育部门成长的同时，经济领域也从生产导向的农业经济转变为知识导向的现代信息社会。确实，芬兰在相对较短的时间内，

## 第四章 芬兰道路：竞争性福利国家

就作为极具活力的知识经济体，转型成了现代福利国家。20世纪90年代的芬兰经验，写下了教育与知识如何成为带动经济增长与转型的范例。在十年之间，芬兰成为全球最专业的通信科技经济体，也因此从过去仰赖资源的国家，发展成知识与创新驱动的经济与教育体系。

21世纪开始，芬兰在经济竞争力、政府治理表现、管理透明度、通信产业发展、可持续发展政策甚至人民幸福指数等方面，在国际评比中持续表现非凡。世界经济论坛的"全球竞争力指数"(World Economic Forum's Global Competitiveness Index)显示，在21世纪的第一个十年内，芬兰数次获选为全球最优竞争力的经济体之一。[4] 考虑到芬兰在20世纪90年代所经历的经济衰退，这项成就显得更为非凡。芬兰是第一个将宽带网络视为所有公民法定权利的国家，其经济体系自然经历过重大的改革，才能提升整体的竞争力。芬兰的法治情况也备受推崇，国内的贪污程度极低（贪污程度与经济与公共机构的表现强相关）。

在经历了20世纪90年代的经济危机之后，良好的政府管理、强大的社会凝聚力以及福利国家制度，是芬兰能够快速实现经济复苏的原因。另一个相似的芬兰经济转折点发生在2008年的全球金融危机期间。如前述，将芬兰经济拉出衰退深渊的战略原则之一，是持续高比例地投资于研发。尽管20世纪90年代与2008年的金融危机期间，芬兰都必须必须削减公共开支，但他们对于知识创造与创新的信念毫不动摇。在2013年经济发展停滞时期，芬兰投入研发的支出比重占国民生产总值的3.6%，是OECD成员国中比例最高的国家之一。

同时，本章也认为教育系统表现的评估，必须参考与社会其他系统共同形成的背景，例如健康、环境、法治、政府治理、经济与科技等。芬兰的教育系统不仅表现杰出，同时也是民主福利国家的一部分。如果有人尝试解释芬兰教育系统的成功，就应该放在更广阔的背景之下，并且将其视为民主社会整体中的组成部分。经济学家一直想要找出芬兰能成为世界上最有竞争力国家的原因，教

育学家则探索芬兰优秀教育表现的秘密。但无论是国民的素质,或者是内部结构的形成,都不会只依赖单一元素,因此社会整体必须协调地运作。

积极的教育与经济发展通常有四个作为主要原因的特质。

第一,政策发展必须考虑整体性,而不倾向任何排他性的子政策。教育板块的发展有赖于认可可持续发展价值的中期政策,例如,为所有人提供良好教育的平等机会,让所有学生能够取得公有资源补助的政策。同时,民众对公共教育有强烈的信心,认为那是公民权利,而不只是义务。这些都是驱动教育发展的关键。同样的,经济与产业政策也使用了产业群落的概念,整合科学发展政策与创新系统。政策的整合可以增进系统表现与各部门的互动,让政治领导更加能持续发展与团结,成为未来成功的基石。

第二,策略架构的发展与变迁必须建立在长期的远见之上。芬兰的国家发展策略,例如1995年的信息社会策略、1997年的国家终身学习策略、2009年提出的2020年教育部策略等,都是教育策略的指导方针。所有的政策都应该强调弹性、部门团结、当地与区域政府发展、机构创新等特质。

第三,无论在教育领域还是经济领域,政府治理与公共机构的角色都是政策发展与执行的核心。优秀的政府治理、高水平的公共机构以及良好的法治运作,都是政策执行与发展的重要因素。我们应当把"发展导向"作为政策评价的基础,这些机构的执行人员也都必须为过程与结果负责。诸如"未来议会委员会"(Parliamentary Committee of the Future)等特殊机构同时拥有民间与官方代表,也是建立社会共识过程中相当重要的角色。

第四,所有劳动力的教育程度越高、公共参与越多时,越能够保障良好的人力资源。人力资源是维持良好体系与经济增长不可或缺的元素。所有的芬兰教师都必须拥有硕士学位,芬兰也鼓励大多数的劳动力持续进行专业发展,并将此视为工作内容的一部分。教师是学校里的专业人士,更会因此积极参与教育工作的规划与执行。

弹性是芬兰教育与经济发展当中的重要因素。芬兰教育体系在20世纪90年代经历了重大的转型,当时放弃了多数国家采取的教育管制,大幅拓宽了通向教育平等的道路。同样的,私营领域的管制也变得宽松,引入了更多有弹性的评价标准,特别有助于企业的高效运转、公共研究所与发展机构的养成。

强力的整合政府架构与具备长期战略眼光的视野,都能增强对教育与私营企业发展的可持续领导。芬兰教育体系采取可持续发展的立场,因此不愿意采用全球教育改革运动鼓吹的市场导向原则。芬兰不赞同标准化的教育与学习、高风险测试或成绩责任制度。芬兰的私企领导与公共部门之间经常举行公开对话,让彼此理解什么才是促成社会公共利益与提升知识经济发展的重要因素。的确,产学积极互动会鼓励校方勇敢采用创意教学与实践,特别有助于培养真正的企业家精神以及积极的工作态度。更重要的是,芬兰社会的主要发展原则,一直都在鼓励每一位公民的智慧成长与进步。在教育机构与职场都发展成长学习的文化就是成功关键。这点已经反复获得证明。

## 外部创新,芬兰施行

许多外部观察者惊讶地发现,他们在芬兰课堂内只看到了为数不多芬兰本地的创新实践。进一步观察芬兰如今正在使用的教学模型、使学校进步的措施、教育创新做法等,我们会发现芬兰学校另一种有趣的特征:芬兰学校内,许多革新举措的根源都来自他国的创新,特别是美国。这一融合也意外地使芬兰成了世界上最具有创造力、最有知识的社会与经济体。

观察者还会注意到:所有成功的教育体制都从其他国家学到了关键的一课。作为世界教育领域最成功的的改革者与表现者之一,新加坡每年都送学生

到美国与英国的大学内学习教育,并鼓励大学教授与外国同行沟通合作。日本、中国香港、韩国等地也有类似举措。近年来,中国也从来自美国和其他西方国家的教育创新实践中有所收获。

芬兰也不例外。芬兰在教学法、学生测评、学校管理和教育进步方面的成功举措几乎都来自海外。芬兰学生与校长学习美国大学与研究机构对教育心理学、教学方式方法、课程设计理论、评估模型和课堂管理的研究。芬兰大学内的小学教师教育课程(见表3-2)包括由国际学者编写的教材与含模型、方法、理论等内容的论文。专业发展与教改项目常常会邀请来自其他国家的专家学者作为演讲嘉宾,与芬兰教育者分享他们的知识与经验。芬兰借鉴美国理念的频次之高,导致有的学者将芬兰教育系统称为美国教育革新的大型"试验田"。

然而,美国在2014年OECD"教育革新排行榜"(芬兰并未参加)中较低的得分成绩(OECD, 2014c)引发了一个有趣的问题:美国的教育改革者为何不能像其他国家那样,在过去的一个世纪内更好地使用本国的教育创新?OECD提供的数据显示,美国在教育体制的改革上仅展示出了中等水平的创新。然而与此同时,美国却在研究产出与实践模型创造方面是其他国家的榜样、世界的领袖。以下五种美国的教育理念被芬兰使用,使芬兰的教育能够加速成功。

**杜威的教育哲学**

芬兰教育思想的起源可以追溯至19世纪60年代,当时的诺·西格诺斯(Uno Cygnaeus)是近代"芬兰的基础教育之父"。他认为,理想的课堂应该是学生说得比教师多,而且他也坚信实用教育的理念,坚持男孩和女孩应该学习日常生活中所需的全部实用技能。正因如此,杜威(John Dewey)所倡导的实用主义,以及以儿童为中心的教育思想能够广泛地被芬兰的教育界所接受。芬兰以研究及学术为本位的教师教育系以杜威的教育哲学理念为基础。杜威的哲学理念也深深影响了20世纪40年代芬兰最具影响力的学者马蒂·考斯柯尼米（Matti Koskenniemi）。芬兰所有的小学教师在教师教育阶段修读学分和攻读硕士时，均要阅读及研究杜威和考斯柯尼米的教育思想。许多芬兰的学校都采用杜威的民主教育观点，强化学生一生中生涯决策及学校生活中学习决策的能力。有些前来芬兰参访的学者，例如已故的美国学者西蒙·萨拉森（Seymour Sarason）即指出，芬兰的学校体系看起来简直和美国的杜威实验学校如出一辙。

**合作学习**

在芬兰的教育体系中，合作学习是学校广泛采用的教学法。芬兰在20世纪90年代初成立的九年制综合学校，即是采取小组学习的思维，让来自不同家庭背景的学生共同学习。不过，直到1994年的国家课程改革，合作学习才广泛地在芬兰的学校推行。在此之前，戴维·强森（David Johnson）、罗杰·强森（Roger Johnson）和伊丽莎白·科恩（Elizabeth Cohen）等合作学习的研究者和培训者前来芬兰，将合作学习的方法教给芬兰的教师。他们所写的书籍和文章也被翻译成芬兰文，公开分享给所有的学校。1994年制订的"国家课程"（National Curriculum）中，要求所有的学校务必依循建构主义的教学理念，自行设计有助于教与学的课程。虽然当局并没有强制各校必须实施合作学习，但有建议教师在教学时可采用合作学习的若干内容。直到现在，合作学习已经成为芬兰教师教育课程中的主要内容，也是教师和校长在进行专业成长时，最受欢迎的主题。

**多元智能理论**

芬兰在20世纪70年代进行教育改革时，尚受到美国大学和学者"全人发展"的思想启迪。在芬兰，教育的最终目的是要重视儿童不同面向的才能和智能，来支持其全面的发展与成长。20世纪80年代，芬兰废除了所有针对学生的

分流与分组制度。这样的政策所持的理念认为，所有的孩子都各自拥有不同的智能，因此学校必须设法找出一种平衡的方式，来培养这些不同的才能。学校根据这样的原则落实在工作上时，美国霍华德·加德纳（Howard Gardner）的多元智能理论备受青睐。1994年订定的"国家课程"强调，学校教育必须给所有学生提供机会，让他们发展不同的心智才能。因此，该课程纲要要求所有的学校都必须发展出将学科和艺术、音乐、工艺及体育等学科融合在一起的均衡方案，且进一步规定，所有学校必须提供学生充足的时间，进行自我指导的活动（self-directive activities）。由于受到加德纳的影响，芬兰的教育体系对所谓的"才能"（talent）有了更广泛的定义。至今，芬兰的教师深信，如果能够给学生全面性的发展，那么将有超过90%的学生可以在课堂上非常成功地进行学习。

**替代性课堂评价（Alternative Classroom Assessment）**

不同于其他教育体系经常采用标准化测验及全面性测验，芬兰教育体系依赖由地方（政府）及教师自行设计的替代性评价来评量学生。根据"国家课程"的规定，学校必须遵循儿童本位，富于互动性质，以及全人的方式来针对不同的学生进行评价。更甚者，小学直到五年级为止，不得在评价中计分。对芬兰的教师来说，这种替代性评价是非常自然的。但讽刺的是，这类的评价方式全都是源自美国的大学校园，而且如今在芬兰（学校体系）受欢迎的程度竟远高于美国。这些所谓的替代性评价包括档案袋评价、表现性评价、自我评价和针对学习方法的自我反思评价。在芬兰的教师教育过程中，所研读的课程内容就包括了教育评价研究和评价理论，同时也教导师范生在课堂中采用这些替代性评价来评估学生的实践性知识与技能。

**同伴互助（Peer Coaching）**

芬兰教育另一个令人感到惊讶的方面是，在规划与实施教育改革时，芬兰的政策制定者和教育主管部门竟然缺乏所需的教育改革知识。芬兰的学术界并没有针对整个教育体系的改革进行研究与发展，因此学术界有关教改的研究报告数量相当稀少。相反的，芬兰的教育学者相当依赖外国学者提供的资源和知识。其中一个著名的例子是，由美国学者布鲁斯·乔伊斯（Bruce Joyce）及其同事在20世纪八九十年代研究发展出的同伴互助教学法。他也曾造访芬兰，教导芬兰的教师和校长如何采用此种方法来促进专业成长。同伴互助是指在互信的过程中，教师相互间对于彼此教学实务的反思、扩展、改善，学习新技能，交换意见，以及进行课堂研究与解决问题的一种方法，早自20世纪80年代中期就已在学校改善方案及专业成长的教学实务中，被芬兰教育界广泛地运用。

笔者，以及笔者的许多芬兰同事，都认为美国是许多伟大的教育研究和创新思维的大本营。但是为何这些（伟大的创新）都没有呈现在近来OECD所举办的国际教育创新评估中呢？每个前往美国访问的学者都不禁纳闷，何以美国的创新使得世界上许许多多的教育体系获致成功，但这些创新却反而无法融入美国自身的学校教育体系中呢？原因之一可能是，美国的学校在运作上被官僚体系、考试本位的绩效评估制度及竞争给"绑"得死死的，在这样的情况下，致使学校只做（上头规定）该做的。许多从美国前来芬兰参访的学者最后总结，芬兰的教育看起来就像是美国20世纪70年代和80年代的样貌。

## 备受挑战的芬兰梦想

如果有人认为20世纪70年代的芬兰九年公立学校教改受到当时所有企业领袖、政治人物和教育学家的一致支持，那就错了。部分商业界人士反对

公立学校改革的声浪非常高。公立学校的基础是过去私立的文法学校。芬兰的商业领袖非常关注公立学校的运作方式。芬兰商业与政策论坛（EVA）曾经自主反对此次教改的基金会，并且将私立学校视为教改的另一种选择。这次教改的支持者（防守者）则表明自己会替芬兰所有孩子守护良好的教育体系，提升芬兰社会的生活适宜性和繁荣。同时，20 世纪 70 年代也发生了另一场争辩，主题为"新的综合学校教育体系是否能够赢得知识与技术劳动力的全球竞争"，批评者担忧公立学校无法让最有才华与天赋的学生得到应有的成长。

在 20 世纪 80 年代晚期，教改反对势力仍旧强劲，某些家长、政治人物和商业领袖对公立学校过去几年废除能力分班与学习分流制度的举动表达了严肃的批评与不满。这些批判认为，过度强调社会平等的结果，是导致个人表现受到压抑。事实上，这种立场的最佳代言人就是芬兰前总理，他在 1987 年 11 月的芬兰校长年度聚会上有过重要发言：

> 综合学校的目标实在太高了，居然相信每个人都能学会每件事情。如果所有人都就读综合学校，它根本没有办法容纳这么多人，这个小国的金融资源与智力资源都会在这个毫无希望的任务中燃烧殆尽。那些能够在不同领域的国际评比中证明自己才华出众的人们，非常需要这些教育资源。只有把资源给这些有才华的人，我们才能让芬兰在科学与国际经济竞争中维持领先地位（Aho et al., 2006, p.62）。

芬兰政治领袖的发言引起了商业界领袖的注意，促使他们开始考察相关事宜，希望能够得知公立学校作为芬兰教育主体的真实情况。在 1988 年秋天，芬兰媒体广泛报道了这项研究的发现。残酷的事实指出，公立学校的确扼杀了天

## 第四章 芬兰道路：竞争性福利国家

才学子。换句话说，因为公立学校体系必须坚持社会平等的理念，进而在所有班级中使用同样的课程，所以无法让有才华与天分的学生得到最充分的发展。同样的，市场经济自由化趋势也对教育体系提出相同的批判与要求。由于芬兰教育体系必须支持整个社会转型为更自由且具竞争力的市场经济，所以有些人——包括随后上任的芬兰总理——认为，后工业时代向知识经济的转型过程需要让更有才华的学生获得充分成长的机会，而无须等待平庸的同学，特别是在数理领域之中。

根据自由市场模式而生的芬兰教改浪潮一路延烧至20世纪90年代。在芬兰商业领袖的眼中，英国在1988年首次提出以国家课程大纲与全国学习为目标的《教育改革法案》、新西兰的学习导向教育政策、美国的标准化教育模型，三者都是芬兰教育改革值得借鉴的目标。增加选择自由、竞争与专业化三种理念，成为通往杰出教育体系的道路。此外，由于其他国家似乎日渐拉大了他们与芬兰之间的距离，国家评价与经常性的学习测验也变成追上其他国家教育系统的必要方法。

虽然没有任何研究结果可以证明，学生因为就读公立学校而学得更少，但对公立学校的批判仍旧方兴未艾，直到20世纪90年代结束才告一段落（Linnakyla & Saari, 1993）。20世纪90年代中期的各种措施让教师与当地政府更加支持芬兰教育体系的发展。这些措施包括让学校与各地政府自行负责规划课程，改善教育与学生评估，而且不使用市场模式的管理方式。批判的声浪终于在2001年冬天时平息了，当时发表于全球各大媒体的PISA第一次调查报告指出，毕业于公立学校的芬兰学生展现出来的阅读、数学与科学能力，全都超过了OECD成员国的其他学生。至此，芬兰道路终于被证明成立，且正如许多人所言，PISA拯救了公立教育改革，使芬兰躲过了全球教育改革运动的有害影响。

## 心声 4-1　芬兰学校校长的职责

芬兰学校的规模正在逐渐增长,150 年前,芬兰旧时的公立学校诞生,当时许多学校都只有一位教师。时至今日,这些学校已经不复存在,现代的教师需要与其他教师在共享环境中合作,并且一同教育学生。每位教师都必须根据同事的风格,调整自己的教学法思维和原则。因此,学校需要创造一种优良的文化氛围,让所有教师都可以为共同目标而进行教育与学习。这就是为什么每个学校都需要一名校长。

芬兰的校长也是教师,一直都是如此。几乎所有的芬兰校长每个星期都会教几节课。他们的行政工作职责越来越多,许多校长抱怨工作量变得太大了。为了可以成功完成所有校务使命与责任,校长必须要拥有非常良好的领导理念。我认为,校长们也得了解什么是好的学校,如何领导、帮助学校完成这个愿景。

我担任校长职务期间,制定了一些基本价值作为领导风格的基础。在一所好学校里,日常工作将会非常平顺,教育也会极具效率。我的任务就是协助教师拿出最好的一面,并且做出让学校能够良好运营的决策。我努力在学校里营造出良好的氛围,让学生和教师都能受到鼓舞。作为领导人,我也同时身处这个行政区域,其他学校所共同形成的网络之中。因此,我必须熟知全国与地方政府的各种教育政策。这点非常重要,因为它能保障公共资源可以明智地分配给各校,包括我的学校。这些事情可以让人成为好校长。

我努力成为好校长,这代表我要成为最好的管理者、领导者、指导者以及师生教学法的指引人。换句话说,我希望自己能够成为水平高超,而且备受信任的人。对我而言,最大的挑战是将所有的工作结合在一起。担任校长,不仅是担任行政官员或者运动球队的教练,校长的职责存在于这个持续变化的复杂社会系统中。如果没有担任教师的经验,这份工作将会变得非常艰难。

——马蒂·赫尔史东(Marti Hellstron)
埃斯波市奥罗拉学校校长

## 第五章

## 未来是否继续芬兰道路？

> 一名不错的球手追着冰球的轨迹,而一名优秀的冰球手预测冰球的轨迹。
>
> ——韦恩·格雷茨基(Wayne Gretzky),
> 加拿大著名冰球运动员

芬兰从20世纪70年代开始进行综合学校改革,公立学校的特质也领导了芬兰大学的应用教育学、学科教学法的发展。但是我们对教育改革的理解仍有未竟之处。即便到了今天,芬兰对教育改革、改善教务与教育效率的研究仍不甚令人满意,许多针对芬兰教育系统的分析与研究主要还是以不同的教育政策发展阶段为主。芬兰缺乏对本国教育政策改革的认识,却又能在过去30年间发展出本书所述的教育改革,的确有些矛盾。芬兰教育改革的模式常常取自于国外经验,但其教育政策则如前述所言,大多是以独特的方法进行规划与执行。

现在的发展已经走到命运关头。在20世纪结束前,芬兰追上了其他国家的脚步,并且从他们那里学到不少,也开始为芬兰教育的重建与发展采用外国经验。见贤思齐确实比身先士卒容易,但未来需要更创新的思考方式。在过去,芬兰已经证明自己能在所需之时极具创造力,也有办法借用过去的经验,作为新政策与实践的依靠。芬兰国家品牌大使清楚形容这场伟大的革命是"从历史与文化而延伸的力量,不偏不倚地专注处理问题。面对不可能,我们卷起袖子,加倍努力"(外交部,2010, p.3)。本书最后一章的主题是证明芬兰能够拥有优秀的教育成果,是因为它在教育改革时选择了一条与全球教育改革运动截然不同的道路。首先,芬兰的选择反映出独特的求胜策略:借着与众不同的行事方法,让整个教育系统既平等又表现卓越。其次,本章将讨论几项在20世纪70年代后蕴藏于芬兰教育成就背后的因素。本章也建议芬兰需要持续创造一套共享的未来愿景,借此鼓励所有的教育实践者与社群,持续为校园与社区教育注入崭新的生命力。本书所处理的最后一个核心问题则是,在未来,芬兰可以维持高水平的教育表现吗?

## 从差异中寻找卓越

如前章所述,如果顽固地采用全球教育改革运动的理念,只会使学校为了促进信息社会与未来发展的教学努力瘫痪。全球教育改革运动的特色是,不断增加竞争与选择、标准化的教育与学习、更紧凑且以成绩作为教师薪资依据的教育成绩责任制。这种思维不是改善芬兰教育的最佳方式,也没有任何证据显示这种方法可以提升教育质量、增进教育系统的平等。芬兰放弃了全球教育改革运动的原则,并从20世纪70年代就开始展示出持续教育改革的决心,学生也能维持优秀的表现,甚至可以保持教育体系内的平等原则。正如前章所言,芬兰学校的运作原则都能配合竞争激烈的知识经济发展。全球教育改革运动要求国家教育体系进行转型,提升整体竞争力,让教育传递的知识与技能能够更符合21世纪的需求。因此,我们应了解芬兰社会如何响应这项挑战。

芬兰的成功与其他国家的做法相当不同。当其他国家追求个人成就时,芬兰向着平等的目标前行。许多国家对教师职业的门槛要求很低,但芬兰学校要求教师具有高度的专业性。当其他国家对造价不菲的教育数据系统感兴趣时,芬兰人专注于教育与教学本身。20世纪90年代,大多数公共机构与行政组织正在经历彻底的去中心化时,芬兰教育改革专注培养教育者的专业责任心,并且鼓励学校教师之间见贤思齐,而不是采用任何官僚体系式的责任制政策。因此抽样调查(而不是全校师生参与的标准化测验)、主题式评估、反思性的自我评价与强调创意的学习模式,就是创造芬兰教育体系互信与尊重文化的关键机制。在高中教育结束前,芬兰教育体系不会举行任何高风险测验。芬兰不会监督教师,也只有十分轻松的外部测验作为评价机制。这些政策原则的实践,让教师专注于教育与学习,而无须应付频繁的考试或汲汲营营于追求排名。20世纪90年代中期,曾有政策制定者预言,芬兰将转向采取全球教育改革运动所推崇的教育责任制。但此言问世之后的十年之内,芬兰教育政策发展从来没有采取任何形式的测验成绩责任制。其他的北欧国家都采取了类似全球教育改革

运动的政策,也与他们的东方邻居芬兰渐行渐远。

解释某个国家或者学校的教育政策如何取得成功向来不易。人们总说,芬兰具有准备万全的教师、以教学法理念设计的学校、良好的校长领导、同构型较高(单民族)的社会、包容性高的全国教育系统、强调特殊教育需求等特质——这些特质虽然彼此独立,却共同创造了令人满意的芬兰教育表现(Hargreaves, Halasz & Pont, 2008; Hautamaki et al., 2008; Kasvio, 2011; Matti, 2009; Sahlberg, 2010a; Simola 2016; Valijarvi et al., 2007)。批评者认为,既然芬兰不属于多元民族,它的教育表现价值也就略显逊色,不如其他族群多元国家的成功。其他人认为,芬兰学生中较低的儿童贫困水平与连贯的社会结构是芬兰学生学业水平较高的原因。然而,笔者认为,芬兰建立了面向所有儿童的早期教育机制,且让学校成为真正教育照顾学生的核心所在,才能让教师专注于探索最重要的任务,也是他们最擅长的任务——教育。芬兰教师不会受到频繁的测验、与他校竞争、满足领导要求与目标等事情的打扰。从20世纪90年代起,芬兰教育当局开始系统地鼓励学校发展独特的学习概念以及符合实践的理论的教学法,创造能够满足所有学生需求的教育环境。这一切就是让芬兰所有学校师生能够如此不凡的原因。

芬兰国家教育委员会在1998年和1999年分别提出《国家教育法》和《芬兰教育表现评价框架》,两项法案都清楚地规划了学生评估与校务评鉴的基础要求与规范。教师必须负责结合教学、人格发展、学习表现,并且综合各种方面进行学生的整体评估。市政当局的责任则是依据当地与国家需要来进行教务评估的规划与执行。因此,芬兰教育政策鼓励学校合作,希望让学校免于不健康的互相竞争。芬兰教育政策鼓励合作与友好的良性竞争,而不是盲目地彼此倾轧或追求卓越。

芬兰是一座非政府组织密布的岛屿。这个岛上一共有13万个注册的团体或社团,总会员人数则有 1 500 万人。每个芬兰人平均参加三个协会或社团,芬兰年轻人也参与体育活动或青年协会,这些组织通常都具有明确的教育目标与原则。年轻人参与社团与协会活动时,可以借此学习社交技巧、处理问题的方法和领导观念等。芬兰人普遍认为,这些协会组织为学校教育提供了积极的附加价值。

从 20 世纪 70 年代早期开始,芬兰改善学习成果的方法就依赖于以下四个主要战略原则:第一,确保每个人拥有平等的机会,能够接受良好的公共教育;第二,强化教师的专业性与信任感;第三,使教师与校长全面参与到课程、评价与政策的规划、执行、评估等各方面;第四,让学校与非政府组织协会共同发展社群网络,减轻教育改革的负担。

本书提出的一个重要观点为,一旦教育陷入竞争导向的氛围,就会让学校沦陷在困难的教育环境中。前行需要充满勇气,以及对教育过程的创新思维。全球公共机构现行的责任制文化会威胁学校,让社群无法发展,建立社会资本,这种情况常见于采用责任制的英国、北美洲与全球其他地区。责任制只会伤害而不是增强信任,也会让教师与学校领导人之间无法达成信任关系。如欧尼尔(O'Neil, 2002)所言,责任制只会引起猜忌危机。虽然追求项目治理的透明度与责任制,可以让家长与政治人物得到更多信息,但也同样带来猜忌,减少教育的道德色彩,甚至让教育专业陷入互相质疑的犬儒心态。

## 成功的教育改革

芬兰教育的典型特质之一就是鼓励师生尝试新的概念与方法,在创新中学习,并且在校园中耕耘出创意。但教师也尊重过去良好的教育传统。我们今日所熟知的芬兰教育政策是这 30 年来系统发展的结果。这些发展大部分来自前

人的坚持,才能够缔结多元,信任与尊重的文化,并且让这种文化盛行于芬兰社会,特别是在教育系统之中。

OECD 教育司司长安德烈亚斯·施莱歇尔(Andreas Schleicher, 2006)认为,芬兰教育成功的关键因素之一是,芬兰教育体系能够"让政策制定者用特别的教改方法,这种方法不是仅将现有的教育结构、政策与实践最佳化,而是彻底改革了 1960 年以前主宰教育政策与实践的典范与信念"(p.9)。尽管 1990 年起盛行的公共部门管理政策与新自由主义浪潮改变了芬兰教育改革政策的论述观点,但这个国家仍然能够免于走向以市场为基础的教育改革思维。相反,芬兰教育部门的发展原则仍然是平等价值,坚持平等分配资源,而不以竞争与选择作为主要考虑。最重要的是,芬兰教育工会拒绝在教育部门中采取任何形式的商业管理模式。尽管芬兰教育与其他社会领域一样,充满了高度的政治色彩,但一直都能够在处理重大的社会与政治议题时,跨越政党界限、达成共识。创建九年公立学校义务教育就是非常好的例子。

外界常常询问,为什么芬兰学校与学生的国际表现比其他国家要好?本书则描述了芬兰人如何采取另一种教育方法来提升学生成就。[2] 法利贾维(Jouni Valijarvi)教授关注国际学生评估机制的经验已有数十年,他认为:

> 芬兰卓越的教育成就,可归功于以下互相联结的元素所共同形成的网络:学生的兴趣休闲活动、学校提供的平等教育机会、家长的支持与参与、社会与文化的学习背景以及结合以上所有元素的教育体系(Valijarvi et al., 2002, p.46)。

芬兰儿童在年纪非常小的时候,就已经拥有良好的阅读能力,这是人们经常忽略的、芬兰教育体系达成的成就之一。芬兰儿童的阅读能力得益于教育文化与社会文化。芬兰传统教育文化认为,学习阅读能力不只是标准化的课程内容,更是个人的发展与成长。芬兰家长喜欢阅读,在这个图书馆林立的国家中,能轻易查阅各种书籍、报刊与媒体。芬兰儿童从小开始接触有字幕的电视节目与电影,这一切都让芬兰儿童在接受 PISA 调查时能占得先机。优秀的阅读与快速理解文本的能力,让他们能够充分了解所有调查领域中的问题描述。

另一项常常被人忽略的芬兰教育改革成就则是,通过国家课程架构,与其教学、哲学原则所共同进行的校园建设改革。芬兰建设新校园时,一定会让教师与建筑师共同合作设计,也因而得以配合各种不同的社群教学需求,同时,实体的教育空间为师生提供了重要的环境。"如果人们能够意识到建筑也是一种学习的设施,"凯撒·纽奇楠(Kaisa Nuikkinen,2011)解释道,"建筑本身就能够成为极具鼓舞效果的实体教学设施,也是良好的人体工学设计与可持续发展原则的鲜活范例。"(p.13-14)校园建筑能创造出良好生活、尊敬与幸福的感受,这些都是芬兰校园的重要特质。

芬兰教育专家经常使用以下五个彼此相关联的因素,来解释教育体系的良好表现。这五个因素都与教育和校园发展有关,也都证明了社会、社区、实际环境和家庭因素都是发展教育时的重要角色。

**公立学校为每个人提供了平等的教育机会**

所有芬兰儿童会在七岁那年的八月开始正式的教育旅程。从形式的角度来说,虽然公立学校制度已经统一为九年学校,但仍可区分为小学六年以及随后的三年初中。人们普遍认为,六年的小学阶段是未来高质量教育的基础。芬兰经验与国际研究的结果皆指出,投资早期发展与小学教育可以让儿童在往后的学习过程中拥有更好的学习态度、学习技巧以及更积极的整体成果(Cunha & Heckman,2010)。芬兰公立学校的班级规模普遍较小,只有 15—25 名学生。

在2014年,23%的芬兰综合学校只有不到50名学生,只有7%的学校拥有超过500名学生,换句话说,芬兰学校的规模相当精致,常见的小学人数(1—6年级)甚至不到300人,虽然公立学校渐渐消除了小学与初中的区隔,但通常在实务运作上,小学仍然独立于初中(7—9年级)。芬兰政府的财政紧缩造成了这种现象,大约有1 000所综合学校在21世纪初期关闭,其中有许多学校是小型的乡村学校。

**教育是激励人心的工作,吸引了许多芬兰年轻学子**

如本书第三章所言,教育在芬兰社会能够享有较高的社会尊重与欣赏。教学是独立、高度专业的工作,每年都能吸引最优秀的高中毕业生。教育的吸引力很强,主要是硕士学位的资格限定。硕士学位是任职芬兰教师的必要资格,也开启了学生未来的其他就业可能。因此,每位将教育作为首份工作的年轻人,都无须担忧未来会受限于校园之中。拥有硕士学位的教师经常能够吸引私人企业的人力资源部门以及其他组织单位的注意,也拥有攻读博士学位的资格与通道。在过去十年间,芬兰各校的校长和教师也都开始攻读,并且成功取得教育学博士学位。

韦斯特伯里(Westbury)与其同事指出,自20世纪70年代中期开始,芬兰教师教育系的核心理念就是将研究导向作为教师专业训练的原则(Westbury et al., 2005)。教师受到较高水平的学术训练,让学校可以积极地规划课程、评估教育效果并且领导整体效果改善。OECD回顾芬兰教育体系的平等情况后,用以下文字描述了芬兰打造"亮丽"教育光环的方法:

> 良好的工作环境、小班制、充足的咨询与特殊教育教师资源、表达校务意见的自由、良好的纪律、高度的专业自主性——一切都有助于获得大量申请者,从而使芬兰的教师教育项目极具竞争性与选择性。这一结果又建

立了相对稳定的教师工作能力,孕育成功的教育结果(PISA调查结果只是其中一例),并且维持教育工作的崇高地位。(p.21)

当代的芬兰教职已经能够与其他高等职业相提并论。教师可以看出班级的问题,使用具备经验基础、非常特别的方式响应这些问题,随后评估与分析执行这些响应所造成的影响。家长信任教师,认为他们就是理解儿童最佳利益的专业人士。

**芬兰的责任制度影响有限**

芬兰并未追求全球教育改革运动鼓吹的成绩责任制。成绩责任制主张学校与教师是学生成绩的关键,所以必须为此负责。芬兰的教育传统,规定教师与学校必须评估学生的教育成果。但是,芬兰的公立学校不采用任何来自外部的标准化高风险测验。学生评估的基础是教师自行设计的测验,施行范围只在该所学校之内。通常在五年级之前,芬兰学校不使用任何数字作为学生教育成果评估的基准,这些数字会造成学生的直接比较。此阶段只会使用文字描述的评价以及教学意见响应,并且会依据学校的课程或是政府的教育规划原则进行相关作业。因此,芬兰小学几乎完全是"免试地带"。儿童能专心于学习知识,培养创造力,保持与生俱来的求知欲,芬兰校园内很少有学习恐惧或焦虑的情绪。

芬兰教育环境内的责任制,反而能够保留和增强教师、学生、学校领导与教育当局之间的彼此信任,也让所有人都参与了教育过程,进而创造出强烈的专业责任与自主决策能力。芬兰式责任制的特色,是让所有人一起为教育学习负责,相较于其他国家大量采用外部标准测验的教育文化,芬兰的家长、学生与教师都倾向于采取更灵活的责任制,让学校可以专注于发展教育,允许更多发挥独特教育理念的自由。

### 提升教育结果公平是教育政策的关键

芬兰梦想的理念为,所有的儿童都可以学习,在学校内拥有平等的获得成功的权利。在20世纪70年代和80年代,许多人担忧,教育公平会以牺牲教育结果的代价获得。芬兰提升教育公平的措施包括:根据学校需要调整资金支持,普及特殊教育使儿童在早期就可以获得支持,在每所学校为每位学生每天都提供健康与安全服务,确保教育体系内课程能够平衡智力发展与性格培养,以及确保每所学校都有好教师。直到2001年末第一次PISA测试报告公之于世时,人们才认可芬兰强调教育公平的策略是正确的。而实际上,世界上最成功的教育体系都结合了公平与质量。OECD(2012)在《教育公平与质量》(*Equity and Quality in Education*)中总结道:

> 择校论的支持者常常论述,引入市场手段会让所有人拥有平等的机会接受高质量的教育。他们认为,扩大择校机会会使所有学生——包括薄弱的学生与进入表现不佳学校的学生——都能进入高质量学校,正如引入教育选择能够提升效率,激发创造,提升整体质量。但是,证据并不支持这些观点,择校与市场手段只能加剧分裂。

图5-1显示了公平(学生家庭背景与在校成就之间的关联度)与质量(在阅读、数学与科学上测得的学业水平)的关系。按照OECD对成功教育体系的定义(例如学业水平高与平等性强),图5-1说明了在2012年,最成功的教育体系(按照首字母顺序)为加拿大、爱沙尼亚、芬兰、日本与韩国。

自20世纪60年代《科尔曼报告》问世以来,学生家庭背景与他们在校学业表现之间的关联就一直是数以千计研究者关注的议题。这一关联性越是无法确定,教育系统的结果平等性就会越小。也就是说,如果学生社会经济背景与

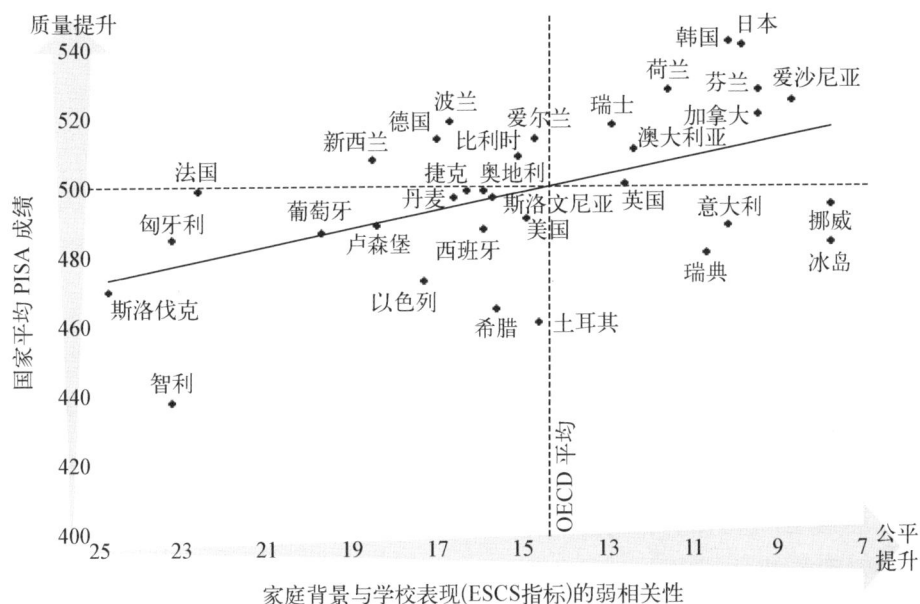

**图 5-1 2012 年,OECD 国家学习结果质量(数学)与教育公平(ESCS 指数)的关联性情况**

他们的在校表现无关,那么教育体制就非常公平。在图 5-1 中,平等是由计算该学生的经济、社会、文化情况的综合指标(ESCS index)与学生在校表现而来。另一种估算教育体制平等性的方式是研究学校校内与校际表现的情况,如图 2-2 所示。第三种评估教育公平性的方法是,计算来自薄弱家庭背景的学生可以成为"异类"的数量,他们在校内展示出较高的学业表现。这些学生被认为"具有复原性",因为他们能够战胜不利的环境,获得学术成功。

"具有复原性"的学生占比有数种不同的计算方式。2012 年 OECD 的 PISA 测评将"具有复原性"的学生定义为:"该学生的经济、社会与文化指标处于测评国家的尾部 25%,而学业表现则为头部 25%。"纵观所有 OECD 国家,平均有 6.5% 的学生具有复原性,他们战胜了社会经济背景的不利因素。如图 5-2 所示,瑞典

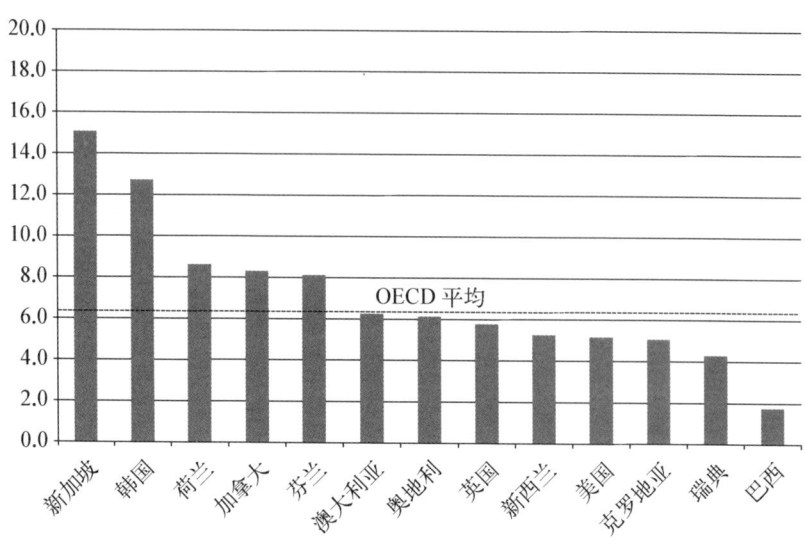

来源：OECD，2013b

图 5-2  2012 年，部分国家"具有复原性"的学生比例

有 4.3% 的复原性学生，美国有 5.2%，芬兰有 8.1%，而加拿大则有 8.3%。

OECD（2011b）数据显示，"复原性并非是一项地域特质，而是部分薄弱学生、他们的社区以及学校帮助他们克服不利环境、成为高表现者的综合特点"（p.33）。"具有复原性"的学生的比例因此能够显示教育结果的公平程度。所有这些不同的平等性指标都显示，芬兰的教育政策成功地为所有学生提供了优质学校。芬兰教育体系的高度公平与普及的早期教育、全面的特殊教育、对学生健康与幸福的系统化关注、全人教育平衡的课程以及研究导向的教师教育有关。换句话说，通过创造个体机会，芬兰成功创建了优质的教育体系。

**芬兰教育体系拥有可持续发展的领导理念以及政治稳定的特质**

芬兰教育的成功不是任何一项重大国家教育改革独自带来的结果，相反，芬兰的教育发展建立在依据个人与社会的共同改革需求持续的调整之上。瑞斯托·瑞内（Risto Rinne，2002）教授和他的同事认为，虽然后来兴盛的新公共管理政策象征着芬兰教育话语已经发生了革命性的改变，但新的教育理论与实践难以扎根于教育领域，也无法进入芬兰其他的社会领域。因此，教育作为公共服务的基础价值与主要愿景之一，仍能够保持20世纪70年代的原始样貌。无论左、右翼政府都非常尊重教育，一致认为教育是相当重要的公共服务，也相信唯有教育普及且教育程度良好的国家，才能在全球市场中获得胜利。

当教育体系承受一波又一波的改革时，它会经常强调实践外部改革设计，并且试图巩固这些方针。但这种举动只会令人感到沮丧，甚至拒绝改变，而无法给人们改善教育的希望。芬兰的政治环境从20世纪80年代起就相当稳定，追求可持续发展的领导们也让芬兰学校与教师专注于教学发展。芬兰教师可以自由地根据需求而发展教学知识与技能，无须为了执行新改革方针而忧虑财务资源与时间分配等相关问题。经历了十年的中央管制教师教育课程，并且在20世纪70年代启动综合学校教育改革之后，芬兰的教师教育重点也开始契合学校与每个人的期待与需求。

## 教育改革知识的转换性

当今的芬兰已经是教育改革成功的范例。"当许多社会开始超越低端技术标准，准备向前迈进时"，安迪·哈格里夫斯与其同事（2008，p.92）写道，"芬兰拥有许多宝贵的教育经济发展经验，能够促进许多国家迈向成功且可持续发展的知识社会。"但是，芬兰从20世纪70年代开始采用的教育改革理念与政策原则，未必完全适用于其他的文化或者社会环境。例如，和许多北欧国家一样，芬兰人民彼此信任，因此也比其他国家更相信教师与校长（OECD，2008）。同样的，许多国外观察家也提到了其他因素，例如社会资本、族群的单一性与教师专

业程度,这些都是迈向教育改革时必须考虑的关键议题。

许多国家确实希望向芬兰人学习如何发展良好的教育体系(Barber & Mourshed, 2007; Darling-Hammond & Lieberman, 2012; Hargreaves et al., 2008; Mortimore, 2013; OECD, 2011a, 2013g; Ofsted, 2010)。自2000年以来,数以万计的访问者不远千里来到芬兰,学习教育改革成果的秘密。然而,想要了解芬兰教育的成功之道,就必须了解本书所说的社会、文化、政治与经济维度,我称它们为隐性因素,因为它们通常隐藏在显性因素之后,这些因素包括学校环境、教师、课程与技术等。

所见之外甚多。OECD曾有一支外部专家小组,他们造访芬兰之后表示,"芬兰的社会体系能广泛接受独特的社会价值,但对其他更为个人主义与不平等的社会来说却难以想象,然而,如果不从这个角度认识芬兰,就很难理解芬兰的教育为何能够取得成功,并且得到保持"(Hargreaves et al., 2008, p.82)。另外一支同样隶属于OECD的访问小组也认为,芬兰的平等教育原则让教师可以从许多地方得到协助,借此增进教育能量,例如特殊教育的教师与课程助教等。芬兰甚至证明,教育改革必须非常具有系统性且连贯一致,而不是许多国家现在采取的毫无章法的教育改革计划。格鲁伯教授因此得出另一个结论:"发展学校能力远比拼命测验学生重要。此外,另外一些并非直接隶属教育领域的国家福利政策,也是发展良好教育系统的必要条件。"(Grubb, 2007, p.112)许多研究芬兰教育的文章都认为,信任教师专业与照顾特殊需要的学生是芬兰教育区别与其他国家的(可见)因素。也有部分改革的理论代表着对芬兰模式的不同观点。

这些对教改知识转换性的观察与另外一派理论相悖。他们主张,寻找改善教育成果的方法,环境、文化、政治或者治理都不是教育体系或领导的关键。国际咨询公司麦肯锡分析了25个国家的教育政策与实践之后指出,以下三个教育改革原则远比其他重要：教育体系的质量不可能超越其教师群体的质量；唯有改善教育指引方针，才能改善教育成果；只有"设立各种机制以确保学校让每个孩子接受高质量教育"，才有可能让整个教育系统变得卓越不凡（Barber & Mourshed, 2007, p.40）。

麦肯锡公司对改善教育的认知建立在经典的人力资源理论之上。麦肯锡改革理论三个关键点中的每一条在系统性的现代教育理念面前都是脆弱的，笔者曾经在第三章指出过麦肯锡第一条观点的问题。第二条与第三条原则削弱了社会资本与校外因素对教育结果的影响。有趣的是，芬兰的经验与麦肯锡公司的建议与发现并不相同。

另一个经常引用的例子就是美国教育改革，也就是"有教无类法案"（No Child Left Behind）。这一改革在 2002 年由执政党批准，要求州、自治区与学校保证所有的学生在 2014 年前达到数学与阅读对应年级的熟练标准。由于在美国，联邦政府在教育上能做的有限，各州有权制定各年级具体的熟练标准。然而，根据这一联邦法案，学校必须"每年有进步"，在 2014 年之前使熟练率逐年提升。如果校内有一个学生无法达到这一标准，学校就会被贴上"低水平学校"的标签。是否达标的主要手段是责任制、标准化测验、学校进步、纠正行为与重建。无法达到每年的预期会导致失去学生，甚至关闭学校。有许多教师与学者表示，这项法案造成教育指导原则"破碎"，也没有整合基本教学理念，而是径自引入多种干预手段，让更多训练不良的导师参与师生之间的工作（Ravitch, 2010c; Darling-Hammond, 2010）。这项法案让学校在学生身上试验太多种教育方针，导致更多不道德行为的发生，诸如考试作弊、行政人员操纵测验条款、让教育指导方针失去连续执行的功能、伤害教务改革系统等。

发生在美国北部新英格兰地区的"佛蒙特州事件"体现了"有教无类法案"的一意孤行。2014 年 8 月，照理改革应该卓有成效，所有学生都应当在数学与

阅读方面达到熟练水平。佛蒙特州分管教育的秘书长丽贝卡·霍尔库姆（Rebecca Holcombe）给州内所有家长与监护人写了一封信。她告知人们，凡是在上一年参加了新英格兰标准测试项目（New England Common Assessment Program Tests）的学校都被教育部认定为"低水平学校"。而佛蒙特州是美国全国教育进步测评结果中表现出色的州之一，拥有全国最高的毕业率，在儿童幸福指数上排名第二。在秘书长的信中，她表示，佛蒙特教育委员会并不认为，所有州内的学校都是低水平学校。很难想象有比"有教无类法案"距离芬兰模式或任何其他优质教育体系更远的案例了。

这两种方法与本书"芬兰道路"的差异值得一提：与其依赖数据驱动的、官僚主义的教育政策与具体化目标设置的教育改革，芬兰人逐渐在学校内建构信任基础，加强教师专业责任心，从而使教育体系能够自动进步。芬兰人持续而有系统地耕耘30年，就是为了确保能够培育具备竞争力的专业人士，也就是能够在所有学校，为所有学生创造最好学习环境的人。这些专业人士不认同标准化指引方针以及相关测验模式能够在最后一刻提升学习成果、拯救失败学校。前述提及的理性与官僚两种教育方法都呼应了全球教育改革运动的核心理念，也都出现在全球各地数个国家与地区，但绝对不是芬兰。

只是单纯引进芬兰教育体系的某些特定方面，无论是课程纲领、教师教育方式、特殊教育模式或者学校领导方针，都对希望改善教育系统的国家没有太多帮助。芬兰的福利系统确保所有儿童都可以拥有安全、健康、营养与道德等协助，这些都是达成良好学习的必要条件。如同本书第一章开头所引述的小说《七兄弟》所言，提升普遍的识字率与教育程度一直是成为完整芬兰社会成员的重要条件。因此，芬兰经验也包括了另外一条：成功的教育改革与教育表现通常需要改善社会就业与经济环境。斯图尔特·考夫曼（Straut Kauffmann）在

1995年指出,任何一个复杂系统中的个别元素都无法以孤立的姿态,在不同于原生环境的新环境中发挥出完整的功能。因此对于一个巨大复杂的系统而言,只有部分特质与原则能转移至其他系统,而不是任何的特定条款或创新设计。芬兰的教育模式就是如此,在复杂的系统中,各种元素的互动决定了这个系统及其成员的行为。因此,如果有人思考如何借鉴芬兰教育系统的理念时,就应该考虑如下事项:

第一,良好教育体系的技术动力。即对所有人开放的统一综合学校、研究导向型的教师教育、为教师提供专业协助、灵活的责任制度政策、规模较小的学校、良好的教育领导方针(特别是校内领导)。

第二,社会文化因素。公民相信识字与教育的社会价值、崇高的工作道德风气、信任公共机构(包括学校在内)、福利国家创造出来的社会资本。

第三,联结其他公共部门政策。一个政策部门的成功取决于其他部门良好的教育表现,必须依靠强大的公共政策原则,包括其他的公共部门政策。

芬兰人也必须更加明智地避免陷入一种幻觉,即认为现行的教育系统评估方式将会永远持续下去。尽管芬兰的教育体系目前在PISA与其他调查中所提出的全球教育指标——特别是与教育经济相关的层面——以及学生评比当中具备优势,但未来几年将持续出现发展新兴教育评比方式的压力,希望能更有效地涵盖多种学习层面以及未来社会变迁。PISA指标也许能够观察某些教育结果,但彼得·摩提莫(Peter Mortimore,2009)认为:

> PISA也有局限性,例如它对学校教育内容的评估能力极为有限,只能采用片面的观察设计,忽略了教师的角色与贡献,它呈现结果的方式也只不过是肤浅的比赛成绩表,至少统计表就是如此,里面的内容应该更加有趣、更加复杂。

许多芬兰教师与校长都对国际评比基准指标有所质疑,他们认为教学应该是极为复杂的过程,所以难以对教育成果进行量化测量。

芬兰人到底有何值得学习之处?如同本书前述章节,笔者并非建议其他国家完全效法芬兰教育体系,比如注入公立学校体系或研究导向型教师培训的元素。但是,世界教育有许多值得见贤思齐的事情。笔者深知教育理念转移至其他地区与系统时会发生各种问题。依照这种认知,笔者提出了芬兰教育最重要的三条经验,这些经验都与改善教育质量、提升教育公平有关:

第一,我们应该重新思考,提倡个人选择、竞争与教育私有化三种策略是不是可持续教育进步的理想动力。任何现存的杰出教育体系都不会仰赖这三种策略。芬兰经验指出,持续关注平等与共享的责任——而不是个人选择与竞争——才可以构建优良的教育体系,让所有儿童的学习成果比以前更好。

第二,我们应当重新思考如下三种教师政策:让教师可以在政府资助下攻读硕士学位、提供更好的教育协助、让教育变成受尊重的职业。一旦教师的教育实践不受信任,或人们不认为教师是专业人士,芬兰的青年才俊就不可能将教育视为一生的事业。即使他们从事教职,也会因为缺乏受尊重的专业工作环境而早早退场。芬兰与其他卓越教育系统的经验非常清楚地证明了这一点。

最后,在国际学生评估研究与教育指标的推波助澜之下,表现良好的与步履维艰的教育体系之间的差异将会越发明显。芬兰的教育改革发展快速且能够持续,其秘密在于灵活地融合了国家传统与国际理念。成为国际教育领域中的"领跑者"与"闪亮之星",不见得就是好的位置,特别是在我们依然需要应对未来需求而持续进行教育改革的情况下。因此,思考如何趋近于教育领导者或许是最好的办法。

## 芬兰教育的未来

在千禧年后的第一个十年间,芬兰在全球树立了教育模范大国的名声。国际媒体积极地将芬兰推入镁光灯下。《新闻周刊》(*Newsweek*)在1999年5月24日的专栏文章做出了美好的描述,"未来属于芬兰",并且极力赞扬芬兰创造国家愿景的方法,以独一无二的方式鼓舞这个以创新为基础的社会,也完美融合了通信产业与信息科技。本书前述章节描述了芬兰的教育体系,如何从20世纪70年代早期开始逐渐成长。移动电话制造商、交响乐团指挥以及世界一级方程式赛车手都是芬兰文化与社会象征。芬兰社会珍惜创造力与创意,勇于冒险,因为这都是能够滋养未来的特质。但芬兰的教育体系还能继续作为未来的模范吗?

从一方面而言,芬兰人具备三种重要的特质,可以支持未来杰出的教育表现:70年代后的系统化教育、稳定的政治领导结构以及公共部门之间的相互支持。但是从另一方面来看,PISA调查所得出的结果,却使教育政策制定者、政治人物以及许多参与芬兰教育政策的公共部门开始志得意满,这可能会导致守旧心态的萌发,让教育政策与原本高水平的教育倾向于维持现状,而不会在这个多次改革的教育体系中寻求未来发展。

自2001年的PISA测评以来,芬兰在教育进步方面没有什么作为。许多芬兰人注意到,许多其他国家正在持续性地推进教育进步,但芬兰却并没有跟上脚步。与此同时,许多市政区域的财政状况正越变越糟,有关机构与许多教育工作者将时间花费在怎样将芬兰作为世界教育领袖的身份转化为商业产品与经济收益。芬兰的教育局势与2013年诺基亚被微软收购时一样。当苹果带着iPhone出现在市场上时,诺基亚在通信行业的主导地位因成功而一叶障目,无

法辨识危机与挑战。诺基亚也研发了触屏技术,但是没有推进。苹果大胆尝试,并最终甩开了诺基亚。这与芬兰教育当前的局势非常相近。来自世界各地的大量外国拜访者来到芬兰学习了不起的、成功的学校体制,从而使有关部门害怕进行任何形式的改变。20世纪90年代教育活动家推动教育变革的动力消失了。尽管芬兰教育体制至今在世界范围内仍表现不错,但有标志显示,这一强大公平的教育体制正在逐渐分崩离析。学校支出的大部分由本地税收承担。许多市镇内灾难性的经济局势,如彼得·约翰逊(Peter Johnson)在【心声5-1】中描述的那样,当前减少了教师职业的道德色彩,危及用于心理咨询与特殊帮助的经费,而学生在此时却恰恰更需要支持。或许有一日,历史会记录道,芬兰并不能从经验中获得教训,在教育改革的道路上再次失败了。

芬兰教育改革的动力来自追求社会、政治与经济生存时所产生的文化与情感。它让世人明白,教改方法仍有其他选择,无须重蹈其他国家的覆辙。芬兰人也清楚,如果没有任何情感,只有科技知识或政治利益,永远不足以成事。全球教育改革证明了过于理性的改革方法无法成功,因为革新需要力量,而力量来自情感。在世界骤然巨变的情况下,情感与热情通常来自危机或者追求生存的理念,这正是在芬兰所发生的。我们也能在新经济、新科技或新文化的机会与创新当中看见这些事情。

芬兰在21世纪初期成为教育典范国家还有其他原因。芬兰能够在维持北欧福利国家模式的情况下,同时创建极具竞争力的知识经济体。水平极高的智库组织"巴黎新社"(New Club of Paris)在思考芬兰的未来发展时认为,生存已经不是芬兰维持过去荣景的动力了。"巴黎新社"在向芬兰政府的建言中提道:

(芬兰)必须带着情感效应找出其他动力,所以最重要的问题是如何增进情感认同,并且从中获益。除了生存之外,改变的动力也可以成为非常有力量的未来,或者换个方式说成为芬兰大梦想,任何理念如果无法得到认同,那么所有的新政策也都无法发挥效果。新政策的文化与情感层面必须相当单纯,使用简单的字眼,让人们可以立刻产生情绪上的投射与联结。(Stahle,2007,p.2)

一些芬兰人想知道,在这个竞争激烈的全球化世界下,其他国家对芬兰的看法如何。多种国际评比指标指出,芬兰在许多层面都成为运作良好、吸引人的国家之一——生活适宜、治理良好和持续发展、教育与幸福。对于一个相对小而年轻的国家来说,这样的结果看来相当不错。芬兰外交部也从各个领域中邀请一组极具影响力的代表团队,共同思考如何在未来维护现有的正面环境,甚至是加强这种氛围。这一代表队提出的最后报告指出,国家运作、自然环境与教育是芬兰应当为了将来而投入建设的重要主题。尽管现在的局势非常良好,或者说,正是因为现在的局势良好,这份报告也坚持提出,芬兰必须在所有领域都继续反思内省:"我们接下去应该做什么?"(芬兰外交部,2010)

教育领域也应该思考这些建议中的精神。芬兰教育政策与教育革新的主要方针来自《2011—2016年教育研究发展计划》。与2007年到2012年期间的旧版本一样,这项计划延续了早期的政策与发展原则,强调保持平等机会,改善教育质量,培育劳动力,发展高等教育以及赋予教师尊严等,才是良好教育体系的主要资源。这些方案更希望建构出完整的教育体制,借此符合各领域之间的"互补原则"。一致认为,芬兰教育体系会在未来几年维持同样良好的表现,不过,从目前芬兰教育系统的运作与社会普遍的氛围中,仍然可以看出一些值得担忧的发展趋势。

第一,芬兰国家教育当局逐渐加强了对学校的控制,这种权力转移象征了当局不再信任学校有能力作出判断。例如,2004年的国家课程架构减少了学校

参与课程设计的程度。2016年的新国家课程架构并不会改变学校工作现有的组织形式,但在原本的体系之上增加了一些新的期望。

第二,政府提出的2006—2010年教育部门生产计划,以及这项计划到2011—2015年的延续版本,都要求市政当局和学校用更少的资源做更多的事情,也开始引导学校进行合并,并且试图扩张学校规模。在某些情况下,当局甚至会减少学校的课外活动、特殊教育和咨询服务的支出,希望能够提高效率。这种局势可能会破坏芬兰学校社会资本的发展。芬兰教育体系内部仍然不知道公立教育的未来方向何在。

第三,无论从政治治理透明度还是经济竞争力与社会平等的角度来看,芬兰都开始慢慢失去原有的领先地位。2012年的PISA测评显示,由于之前表现不足的学生与学校每况愈下,芬兰的表现正在下滑。在2003年的PISA测评中,样本显示在数学方面,芬兰有6.8%的表现不佳学生(低于Level 2)和6.7%表现优异学生(Level 6)(OECD,2004)。九年之后,当数学再次成为PISA测评的主测科目时,芬兰有12.2%的表现不佳学生与3.5%的表现优异学生。尽管这一数据仍然在平均线之上,但比之前是明显下滑。2012年OECD的平均值为23%和3.3%(OECD,2013a)。OECD在2013年的TALIS调查中显示的部分关于芬兰初中教师的情况值得我们敲响警钟:专业发展的参与度很低,教师很少收到教学上的反馈,许多教师觉得"没有准备好"等。或许最让人感到不满的发现是芬兰初中课堂内过分传统的教学模式。只有日本和克罗地亚的初中教师在科技使用、小组学习与项目学习上比芬兰教师的得分更低。

其他数值也说明芬兰社会与教育的不公平正在加剧。图4-1显示,当一个国家的收入平等优势缩小时会有不良的情况发生。在收入的问题上,芬兰一直与其他北欧国家一样,是全世界最平等的国家之一。然而,图5-3显示了收入不平等在过去20年内的增长情况。不平等的日益增长,会导致许多社会问题,如暴力犯罪盛行,社会信任减少、儿童生活质量降低、因贫困增加而将降低教育水平等,因此,面对比其他 OECD 国家更严峻的不平等增长的情况,芬兰真正的挑战并不只是维持高水平的学生表现,而是如何保持社会的平等特质,并且维持全球最平等的教育体系。

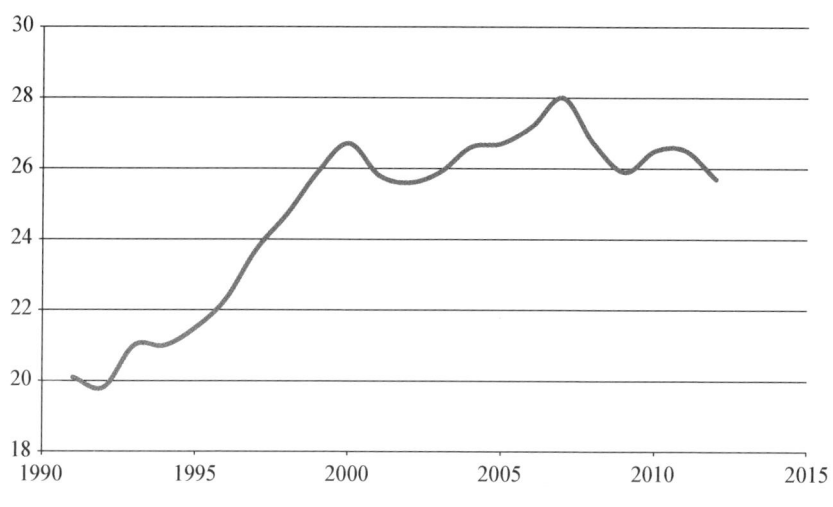

来源:芬兰统计局(n.d.c)

图 5-3 1991—2012 年间,芬兰的收入不平等情况(使用基尼系数%)

芬兰进行教育改革时,非常积极地聆听其他国家的建议,了解如何提升学习质量应对各种教育新挑战。芬兰教育权威机构特别注意跨国组织的建议,如 OECD、欧盟委员会以及联合国相关机构等。芬兰认为这是提高教育政策的必要阶段。芬兰的教育研究社群也采用了外国同仁提出的模型与概念。现在的芬兰则进入另一种阶段。芬兰仍然将与外国伙伴沟通与合作视为重要的事情,也会积极处理相关事宜,但更像是提出建议,而不是询问问题。因此,芬兰需要准备与其他系统合作、交换意见。然而,芬兰已经成为备受信任的信念来源,必须让其他国家得到鼓舞、理念与创新。笔者认为,为了发展良好的教育领导理

念,芬兰需要崭新的全球合作理念。这一切需要投入更多已经获得证明的卓越才能、良好的实践能力以及意志力,才能够在未来教育中无所畏惧地执行创新理念与解决方案。在新兴教育领导国家中,的确有一个留给芬兰的位置。但如果没有任何能够激励人心的教育愿景,芬兰无法真正拥有这个地位。如今,芬兰的教育部门投入更多时间思考怎样将芬兰的全球教育声望转变为利润丰厚产业,而非建立真正的国际合作并提供更有需要的愿景。在2000年的PISA测评使芬兰教育成了国际宠儿之后,芬兰的教育政策只有各个市政府必须执行的碎片化项目与单点式立法,并没有整体的远景规划。

任何改革运动都需要来自价值观、哲学与普遍远景的核心信念。芬兰哲学家佩卡·海曼南(Pekka Himanen)在《学校2.0》(*School 2.0*)中提出的教育前景,就是真正改变当前的教育体系,将之建立在学习社群的概念之上。所有人的利益、热情、创意以及协助每一位学习者探索自我天赋的目标,都能够激发出火花。不必在意新教育形态的具体内容,也无须执着于它的名称,重要的是教育体系必须认真思考什么才是崭新的教育形式。新兴的全球教育改革合作理念,都可以以这个问题作为出发点。

这种激动人心的理念——或者说"大梦想"——通常能够团结芬兰人民,并且提供追求改革的情感动力。第二次世界大战结束以后,让每个人都拥有接受良好公立教育的机会是芬兰普遍盛行的理念。人们无须因为居住地、社会经济地位或者其他境遇的不同而遭遇不同的教育条件。这也是芬兰在20世纪70年代建设公立学校时所采取的主要原则。2000年的PISA第一次测评报告,证明芬兰"大梦想"已经获得了实现。2012年的PISA第五次调查报告则要求我们提出新的芬兰梦想。

20世纪90年代早期,芬兰经历了第二次世界大战以来最严重的经济危机,并且再一次将关注目光转向教育,就算付出一切,也要成为全球最具竞争力的知识经济体领导者,因为只有这样才能让芬兰重回发达经济体的发展轨道。因此,大梦想的根基就是让教育能够有益于社会团结、经济转型以及创新,这一切能协助芬兰完全成为欧盟的成员国,并且保有完整的国家自主权。正如前章所言,教育因而成为芬兰脱离经济危机的关键。过去的教育体系已经结束,未来的数十年就是启动全新教育愿景、引导教育改革的时代,在本书的结论中,笔者将提供一些创造芬兰教育未来的种子。

芬兰的未来"大梦想"应当是如此模样:让所有年轻人都能够在学校发现自己的天赋与热情。这些天赋可能是学术、艺术、创造、运动或者任何其他技能。每所学校都必须成为安全的学习社群,让每个人能参与其中,探索并且与他人保持互动。学校的职责一如既往,就是教导知识与技能,但也必须接受年轻人会犯错。正如罗宾森爵士(Sir Kin Robinson,2009)所说,如果没有犯错的准备,有价值的新观念就不会出现,这也是我们芬兰人唯一能够善用国内稀少人力资源的最好方法。

现存的教育体系必须经历快速的发展。首先也是最重要的一点是,芬兰的学校必须重新审视学生参与度,而这曾经是芬兰教育个性化教育传统的特点。个性化并不意味着用科技与个体学习来代替教师。新型的芬兰学校必须是具有创造性而安全的社会环境,从而使所有的学生能够学习社交技能。个性化学习与社会教育将更具有特色,但也建立在更强有力的通识教育与常识教育的基础上。在这再版的内容当中体现了以下这些主题的变化。

**让教育走出课堂**

一旦学习方式可以进行个性化的良性量身定做,并且以实际活动作为基础,就能够让学生随时随地通过数字设备学习学校教导的大部分内容。智能手持移动设备让人可以随时访问在线数据库和各种学习工具。知识共享与竞争都是现代生活的一部分,也会成为学校教育课堂的一部分。芬兰与另外一些国

家已经证明了学年长度与教学时长不是真正重要的关键。教的时间更短可以让更多学生愿意认真学习,但前提是必须拥有正确的教育环境以及灵活的解决方案。这里所指的"环境"就是指国家教育当局愿意信任校方,让学校可以为所有学生提供足够的学习资源与指引,也开放课程的弹性空间,以配合不同的教育关怀与需求。

无须继续以"学科"与"授课方式分配"来思考教育的未来形态,现在是芬兰拿出勇气并且重新思考教育的时候。传统科目的授课时间会减少,例如母语、数学与科学,但是投入跨学科学习,项目制学习与活动的时间会增加。当然,低年级的小学教育之前也采用这种课程组织的理念,借此提高学生的自我行为管理与学习发展能力。这些发展也会让教学模式从过去以课程导向转移到以个人学习计划为主。如此一来,所有学生都有更多时间参与对自己有意义的研讨、项目或者艺术活动。

**发展个人学习路径**

每个年轻人都必须学习一些基本知识,例如阅读、写作、计算能力等,这非常重要。在将来,让学生对这些基本知识有不同的学习方法是非常关键的。学生可以通过媒体和网络系统学会比我们更多的知识。这将带来一种特别的现象:越来越多的学生认为学校教育与生活没有关联,因为他们早就在别的地方学到了更有意义的知识。

在 OECD 国家中,普遍的现象是,越来越多的年轻人对学校教育不感兴趣,参与度越来越低,芬兰也不例外。有些人认为,我们的学生年纪越长,他们在学校内就越不可能充满动力地学习。通过观察世界各地的学校与课堂,笔者发现,大部分学生通常缺乏真正意义上的好奇心,不论是成人还是儿童。如果好奇心与勇于探索、勇于思考、积极学习有关,那么它应当是我们所有年龄学生在学校教育的核心元素。好奇心代表着对知识的渴望,因此是学习与成长背后主要的力量。

解决这个问题的好方法是重新思考教育方法,让学校教育更趋近于量身定做,并且减少标准化的课程规划。未来教育的艺术性就是取得个性化与标准化的平衡。由于数字世界拓展了教育机会,年轻学子带着不同认识与自我认知进入校园。他们对非常多的事物都感兴趣,但教师却可能对这些一无所知。量身定做的读书计划或学习方式,绝不是指学生自行运用网络上的工具并依赖网络上的知识,而是拥有一份准备充分、丰富并且受到认可的个人学习计划,是一份由老师、家长、学生共同参与设计,彼此认可的学习计划。

**发展社交能力、同理心与领导力**

未来的学生会比现在花费更多的时间与注意力在媒体与通信科技上。从教育的观点来说,这代表两件事情。首先,一般人参与具体社交场合的时间会越来越少。社交行为的基础媒介也会更依赖应用技术带来的社交社群与网络平台。其次,人们可以通过媒体与通信技术更加了解世界与其他人。提升参与社交媒体与网络的程度,有助于我们从其他志同道合的朋友身上找到新的学习资源。这些新兴社交工具的设计,目的就是用来刺激人类彼此的创意想法。举例来说,一个人可以成为游戏设计创意的开放来源,或者在社交网络中与其他朋友一起找出数字化的解决方案。

同时,学校必须重新思考教育的核心任务,绝对不可故步自封,只让年轻人学会未来需要的基本知识与技能。未来就是现在,许多年轻人已经准备好大展身手。学校一定要确定所有学生都拥有良好的阅读、数学、科学能力,并且拥有最核心本质的文化资本。这些学生都必须掌握信息与机会需要的态度与技能,这一点也很重要。同时还要在数字世界与现实生活中发展出更好的社交技巧,学会与自己完全不同的朋友合作,并且妥善应对复杂的社会网络问题。大部分人只能在学校学的技能之一就是怎么在合作中解决真实问题。这也将会成为

未来学校应当具备的一种基本功能,让学生可以在多元小型的团体中学会合作,处理问题。

**学校教育的目的是发现人的天赋**

标准化测验结果是现代教育体系评判学生个人才能的主要依据。但是标准化测验的内容可能只有选择题,并不能有效判断学生的才能。即使是最好的情况下,测验只能激发出学生比一般知识更好的认识,让他们展现分析能力以及批判性思维和处理问题的技巧。然而,标准化测验几乎不能涵盖任何非学术的能力,包括创造性、艺术性技能、处理复杂信息、与他人交换新想法等。评估学生在学校里如何学习基本知识与技能是重要的,但我们也要了解学生怎样发展沟通技能、问题解决能力和创造性。

我们所熟知的传统知识测验将会慢慢止步,让学校开始设计崭新的评估方法。在这个复杂难测的世界中,一旦教育开始强调未来,真正需要的技能就改变了好学校的标准。人们会通过数字工具与媒体学到更多的东西,甚至比他们真正需要的知识还多。因此,定义学校的教育角色(或者不让学生接触某些事物)就变得更为困难。在进入另一个十年之际,有两件事情非常重要——

第一,好奇心在学校教育中越来越重要,作为学习的动力,能激发所有学生的智力、社会、文化与体育技能。现代教师之所以会在课堂与校园遭逢挑战,主要原因就是缺乏参与感。更多年轻人,一旦完成公立学校教育之后,认为学校教育根本就与生活没有关系,会开始寻找实现兴趣的其他选择。因此,学校是否能够成功耕耘教育的标准就在于,能否让学生参与有效的学习活动。

第二,学生创造新价值的能力也比以前更加重要,这不只适用于特定学生,而是所有学生。倘若创造力的意义是构思具有原创性与价值的想法,就应该得到和文化能力一样的重视,学校也必须给予相同的尊重与对待。芬兰的教育传统是鼓励冒险、创新与创造,现在更要加强这种传统。测量学生表现或学校成败时,个人学习与集体行动的创造能力必须拥有相当高的参考价值。换句话说,成功的学校会让每个人——无论是学生还是教师——获得比独自奋斗更多的成就。

芬兰如今是否正走在正确的道路上,将迎来与上述四个方向一致的崭新未来? 2009 年以来,在 PISA 测试上每况愈下的排名让芬兰政策制定者不得不有所作为。对比 2001 年与 2012 年针对初中学生学习能力的国家调查发现,数学与阅读能力两方面有退步,这也给有关部门和领导敲响了警钟(Hautamaki, Kupianen, Marjanen, Vainikainen & Hotulainen, 2013)。这项国家调查报告公布后的三周,2012 年 PISA 测试结果证实了上述退步的趋势。教育当局发布了一项教育改革运动以扭转这一负面发展趋势。这一运动名为"公立系统的未来",由教育部领导,并由两个重要的力量作为支撑。这一相对保守的运动试图找到如下问题的答案:芬兰是否能够借鉴加拿大阿尔伯塔省与安大略省大获成功的教育改革经验,使大量校长与教师参与到教育革新中来?

然而,芬兰教育工会(OAJ)已经在 2012 年邀请了大量会员与其他教育有关人士共同探讨芬兰教育的未来。这恰恰是芬兰教师对领导"真空"和缺乏芬兰教育未来有效对话与直接方向的应对。芬兰教育工会鼓励教师与公民参与对芬兰教育未来的讨论。不过,针对现有学校教育的逻辑与结果,这两项行动均没有任何直接与迅速的指导意见,也没能为芬兰当前正在经历的经济危机带来任何新资源或新投资。

2 300 年前,亚里士多德说,幸福是人类存在的终极目标。幸福程度也确实成了衡量一个国家成败的重要因素。部分教育系统,包括芬兰,认为学生的健康与幸福是学校教育目标的一部分。笔者坚信,人们可以做自己喜欢的事并有所收获时,幸福自然会来敲门。当我们接近自己的内心时,我们距离幸福更近,正如罗宾森爵士(2009,p.148)所言:"被迫遵从某一标准就无法找到真正的自我,正如在一大群人中就无法做自己。"今天,我们的教育制度已经变得陈腐,我

们需要的不再是变化,而是重新设计。

想要实现以上四个重要的改革主题,不是兴起另一场教育改革,而是更新而持续的教学系统转型,步步迈向芬兰"大梦想"。芬兰拥有这样的条件,但必须持续参与全球教育合作,并且领导教育改革。芬兰经验的重要之处在于,条条大路通往卓越教育。这些道路与前章所述的全球教育改革运动截然不同,提高经济生产力以改善效率或许能够节省财务支出,或许能够带来稍纵即逝的改善,但是正如芬兰未来趋势家皮裘·史戴尔(Pirjo Stähle)与马库·威廉斯(Markku Wilenius)所说,在经济背景下,唯有同时进行新兴投资项目,否则预算节流也无法创造持续的发展(Stahle & Wilenius, 2006)。现在已经有足够的迹象显示,芬兰经济与社会需要更多资源的投入,才可以在教育与经济的发展中得到新的观念与创造,并且将社会资本维持在高水平上,而这一直是优秀的教育表现的驱动力。

在20世纪90年代末期,教育改革的核心是实验精神、创意与建立网络,信任、教师与学校也是教育管理的关键。当时的芬兰也是全球最有竞争力的经济体,也从中获得许多帮助。教育改革的内容必须描绘新的理念,也应该提出充分的鼓励与支持,使人愿意承担风险,才有办法让课堂与校园内的创意得以开花结果。唯有继续革新,接受睿智的领导,并且持续与其他公共部门保持紧密合作,芬兰教育体系才能实现这项改革。

许多国家都在寻找具有社会平等特质的教育系统,因为这种教育系统之下的学校教育可以同时鼓励学生与教师实现最好的一面。西摩·色拉森(Seymour Sarason, 1996, p.367)提醒道:"唯有在以上条件具备的情况下,教师才有办法创造与维持具备学习生产力的背景环境。"芬兰教育改革政策完全证明了这一说法。芬兰政府完全理解教师的重要性,所以在师资培育与专业发展方面投入了大量资源,也致力于创造有引导力的工作环境,使教育职业拥有吸引力,留住有天分的人才。

在 PISA 于 2002 年发表调查结果，替芬兰赢得爆发性关注之前，笔者有幸能够在 1995 年于赫尔辛基招待色拉森先生一周。当时他正在修订著作《教育文化与改革问题》(*The Culture of the School and the Problem of Change*)，即笔者前述立场的理念来源。笔者带着色拉森先生拜访了许多学校，和许多教授讨论相关事宜，向一些资深的芬兰教育当局人士表达色拉森先生对教育改革的观点与看法。色拉森先生阅读了 1994 年芬兰国家课程纲领框架中，关于综合学校与高中的部分以及未来运行的教育改革计划。在最后一次讨论会议中，笔者邀请色拉森先生综合阐述他的看法。他说，"为什么你带我来这里呢？对我来说，你们的教育体系非常接近约翰·杜威心中的想法，也像我在过去 30 年间为了教育学校而书写的理想"。

杜威想象，教师成为协助学生思考问题、寻找解答的指引人物。在杜威眼中，学生自己的经验才是培养理解的关键，而不是教师强迫施加的任何信息。正如色拉森先生所说，芬兰教育体系的形成，发展自杜威主张的这些理念，并且加入了各式各样的芬兰实践、创意与认知。全世界可以从芬兰的教育改革中学到，我们真的可以完成梦想，也可以替孩子创造良好且平等的教育体系。而这一切需要我们准确无误地掌握创造力、时间、耐心以及决心。

任何人如果认为竞争、选择、成绩责任制、教师责任薪酬制度已是教育改革的最后"一根稻草"，那么芬兰教育改革应该能够提供一些鼓舞。芬兰教育的未来前景也主张以个性化学习作为另一种选择。对芬兰人来说，个性化不是让学生独自在计算机屏幕前绞尽脑汁地一个人思考，而是用非常有弹性的安排与不同的学习路径，让每个孩子量身定做属于他们的学习计划。科技不是教育的替代品，而是教师与学生完成互动的工具。

作为全球教育改革运动的反对力量，芬兰道路已经向世界证明，有创意的

课程、自主性的教师、鼓舞人心的教育领导以及杰出的教育表现,这四者密不可分。同时,芬兰也让我们明白,唯有教师团结才能带来良好的教育结果,任何冲突与竞争都无法做到这一点。这些证据清晰明了,理当传至远方,一起成为芬兰的全球品牌。

### 心声 5-1 领导地方学区

芬兰教育体系发展的支柱,是一套有系统且可持续经营的财务政策,也非常依赖公共补助。全球金融危机爆发时,芬兰教育部门遭受强烈打击,市政当局当时也经历严峻的预算紧缩。过去十年,芬兰市政当局的负债增加了三倍,芬兰国家政府的负债数字也比过去更为庞大。开源节流成为芬兰现有政策的普遍特色,合并或关闭小型学校也成为其中一项政策。

从国际角度看,芬兰仍然是适合小学校的国家,芬兰综合学校的平均人数大约是200人。2008年,芬兰国内有2988所综合学校,综合学校的数量从2004年开始下降了14%。从1990年开始,芬兰一共失去了1900所综合学校。这个现象急剧改变了芬兰综合学校的密度与本质,更多学生现在必须远距离地通勤上学。许多乡村地区也受到学校关闭的影响,造成这种结构转变的原因是经济环境而不是教育政策的考量。

芬兰公共部门财政每况愈下,也造成许多市政府必须暂时解雇教师来解决燃眉之急。教师们只好收拾东西回家,甚至连续几天几周领不到工作薪资。一名教师遭到解雇,就代表着另外一名教师必须接下离职教师的班级与学生。这种解雇政策节省下来的开销微乎其微,却给学校带来了恶劣影响。

我非常关心这些公共政策带来的长期影响效果。芬兰未来的经济前景令人担忧。一方面,经验告诉我们,单纯增加财务资源根本无法解决项目发展的日常问题,但教育局预算持续萎缩带来的困境,让许多重要的教育结构失去了作用。学校与市政当局有办法在未来用更少的资源完成更多的事情吗?我认为确实有可能,但这需要更仔细地分析现有结构与实践方针,清楚知道应该从何处开始节流,又有哪些资源可以用来进行教育发展与革新。

但是,如果教育无法从整体预算中分配到足够的资源,这些事情就会变得非常困难。根据 OECD 调查,芬兰人的工作品质非常良好。所以减少资源,减少预算,并且让高水平教育的品质越来越差,绝不是回报他们的明智办法。

——彼得·约翰逊(Peter Johnson)

科科拉市教育局长

# 后　记

许多人常常问我，是否真的有国家正在推行我所倡导的教育？每次我的回答都是：芬兰。在本书中，帕斯·萨尔伯格清晰地向我们解释了原因。他阐述了芬兰教育体系为何且怎样经历了演变的过程、如今的现状、奠基的理念以及未来所面对的挑战。芬兰的教育是否完美？当然不。它是否会永远保持领先？究竟怎样做呢？

和所有人类创造的体制一样，芬兰教育体制永远处于变化过程中，而这一过程与芬兰正在经历的经济、社会与文化变迁密不可分。这些社会经济的变化又是世界全球化的一部分，影响着我们所有人的生活，不论我们身在何处。这也恰恰说明了为何国家教育体制需要与时俱进地改变，本书正说明了变迁的方法与方向。

《芬兰道路》的主题是通过为年轻人创造最好的环境来改变教育，从而提升学生参与、成就个体，并创造具有热情而高效能的公民。全球教育改革运动或许也宣称这些目标，但是它在学校内推广的举措却常常适得其反。在一个又一个国家中，标准化行动使课程内容变得狭隘，使学生变得灰心丧气且更加焦虑，并阻碍了学生和教师所能获得的成就。即便一些国家可以在标准化测试中获得好成绩，那也是以牺牲创新、创造、学生参与等珍贵的特质换来的，而这些特质才是个人、社会与经济发展所依赖的重要因素。

近年来，我的作品关注学校内创造力教育的重要性，使学生能够充分发挥他们的天赋与特长。在本书的最后一章中,帕斯指出,这也应当是未来教育需要优先考虑的。那么这究竟是什么呢?

我将"创新"定义为拥有原创且有价值想法的过程。对创新,存在无数谬误的理解。其中之一认为,创新是只有少部分人拥有的特殊才能,然而并非如此,创新是建立在多种我们都具备的能力之上的过程。另一些人认为,创新仅限于部分行业或活动,例如艺术领域,然而并非如此,创新在教育中也一样重要。在我们所从事的所有活动中都可以"创新",不论是数学、科学、技术还是其他领域。

我在"群体"与"个体"的创新之间进行了区分(Robinson,2011)。拥有原创思维的难点在于,我们太容易被过去的经验绑架,深陷"常识"的误区而不去挑战它。因此,技巧可以帮助群体来练习挑战众所周知的传统与习惯,从而生成新的理念和视角。这些技巧应该和其他核心技能一样在学校里传授,也应该加入教师培训的项目中,让教师能够常规使用并介绍给他们的学生。

在《元素:如何发现你的热情改变一切》(*The Element: How Finding Your Passion Changes Everything*)一书中,我仔细研究了个体创新(Robinson,2009)。我们每个人都有独特的长处与爱好。找到你的元素,创造自己独特的色彩,这与寻找自身的兴趣特点有关。仅仅了解自己的长处是不够的。许多人所擅长的却不是他们喜欢的。或许你在音乐、数学、设计或者厨艺上有所长,但却并不享受这些事情。你的元素必须是你喜欢的事物。如果你喜欢且擅长某件事,那就绝不会觉得是在辛苦工作,而是在完成的过程中收获新的能量,获得新的使命感。

有些是我们希望所有学生能够知道、理解以及有能力完成的但也有些是需要学生们自己去发现与发展的,尤其是他们独特的爱好与能力。而当他们能够做到时,他们将更有自信、满怀热情地面对生活,并充满韧劲地面对挑战。

帮助所有学生找到他们的"元素"对学校的课程结构、教学方法和评估体系来说,具有重要的启示意义。这也是个性化教育的核心。正如帕斯所言,我们的教育系统必须帮助年轻人在这前所未有的、变幻莫测的时代里获得成功,这就要求我们用全身心投入的态度和充满意志的方式来应对这一挑战。

在过去的15年间,芬兰在教育上遥遥领先,世界各国能借鉴"芬兰道路"的经验,有所触动。更重要的是,这一体制仍在发展中,这一过程并未结束。

——肯·罗宾森爵士(Sir Kent Robinson)

2014年9月,美国洛杉矶

# 参考文献

Adams, R. J. (2003). Response to "Cautions on OECD's recent educational survey (PISA)." *Oxford Review of Education, 29*(3), 377–389.

Aho, E. (1996). *Myrskyn silmässä* [In the eye of the storm]: *Kouluhallituksen pääjohtaja muistelee*. Helsinki, Finland: Edita.

Aho, E., Pitkänen, K., & Sahlberg, P. (2006). *Policy development and reform principles of basic and secondary education in Finland since 1968*. Washington, DC: World Bank.

Alasuutari, P. (1996). *Toinen tasavalta: Suomi 1946–1994*. Tampere, Finland: Vastapaino.

Allerup, P., & Mejding, J. (2003). Reading achievement in 1991 and 2000. In S. Lie, P. Linnakylä, & A. Roe (Eds.), *Northern lights on PISA: Unity and diversity in Nordic countries in PISA 2000* (pp. 133–146). Oslo, Norway: University of Oslo, Department of Teacher Education and School Development.

Alquézar Sabadie, J., & Johansen, J. (2010). How do national economic competitiveness indices view human capital? *European Journal of Education, 45*(2), 236–258.

Amrein, A. L., & Berliner, D. C. (2002). High-stakes testing, uncertainty, and student learning. *Education Policy Analysis Archives, 10*(18).

Asplund, R., & Maliranta, M. (2006). Productivity growth: The role of human capital and technology in the road to prosperity. In A. Ojala, J. Eloranta, & J. Jalava (Eds.), *The road to prosperity: An economic history of Finland* (pp. 263–283). Helsinki, Finland: SKS.

Atjonen, P., Halinen, I., Hämäläinen, S., Korkeakoski, E., Knubb-Manninen, G., Kupari, P., . . .Wikman, T. (2008). Tavoitteista vuorovaikutukseen. Perusopetuksen pedagogiikan arviointi [From objectives to interaction: Evaluation of the pedagogy of basic education]. *Koulutuksen arviointineuvoston julkaisuja, 30*, 197. Jyväskylä, Finland: Koulutuksen Arviointineuvosto.

Au, W. (2009). *Unequal by design: High-stakes testing and the standardization of inequality*. New York, NY: Routledge.

Auguste, B., Kihn, P., & Miller, M. (2010). *Closing the talent gap: Attracting and retaining top third graduates to a career in teaching*. London, England: McKinsey & Company.

Baker, E., Barton, P., Darling-Hammond, L., Haertel, E., Ladd, H., Linn, R., . . . Shepard, L. (2010). *Problems with the use of student test scores to evaluate teachers: Briefing paper 278*. Washington, DC: Education Policy Institute.

Barber, M., Moffit, A., & Kihn, P. (2011). *Deliverology 101: A field guide for educational leaders*. Thousand Oaks, CA: Corwin.

Barber, M., & Mourshed, M. (2007). *The McKinsey report: How the world's best performing school systems come out on top*. London, England: McKinsey & Company.

Bautier, E., & Rayon, P. (2007). What PISA really evaluates: Literacy or students' universes of reference? *Journal of Educational Change, 8*(4), 359–364.

Berry, J., & Sahlberg, P. (2006). Accountability affects the use of small group learning in school mathematics. *Nordic Studies in Mathematics Education, 11*(1), 5–31.

Bracey, G. (2005). Research: Put out over PISA. *Phi Delta Kappan, 86*(10), 797.

Breakspear, S. (2012). *The policy impact of PISA: An exploration of the normative effects of international benchmarking in school system performance* (OECD Education Working Papers, No. 71). OECD Publishing. Retrieved from dx.doi.org/10.1787/5k9fdfqffr28-en

Brophy, J. (2006). *Grade repetition. Education policy series 6*. Paris, France: International Institute for Educational Planning.

Campbell, D. T. (1976). *Assessing the impact of planned social change*. Paper #8. Hanover, NH: Dartmouth College, The Public Affairs Center.

Carnoy, M. (with A. Gove & J. Marshall). (2007). *Cuba's academic advantage: Why students in Cuba do better in school*. Palo Alto, CA: Stanford University Press.

Castells, M., & Himanen, P. (2002). *The information society and the welfare state: The Finnish model*. Oxford, England: Oxford University Press.

Center for American Progress & The Education Trust. (2011). *Essential elements of teacher policy in ESEA: Effectiveness, fairness, and evaluation*. Retrieved from www.americanprogress.org/issues/education/report/2011/02/23/9167/essential-elements-of-teacher-policy-in-esea-effectiveness-fairness-and-evaluation/

Chaker, A. N. (2014). *The Finnish miracle*. Helsinki, Finland: Talentum. (Original work published 2011)

Coleman, J., Campbell, E., Hobson, C., McPartland, J., Mood, A., Weinfeld, F., & York, R. (1966). *Equality of educational opportunity*. Washington, DC: U.S. Government Printing Office.

Cunha, F., & Heckman, J. (2010). *Investing in our young people* (NBER working paper 16201). Cambridge, MA: National Bureau of Economic Research. Retrieved from www.nber.org/papers/W16201.pdf

Dahlman, C., Routti, J., & Ylä-Anttila, P. (2006). *Finland as a knowledge economy: Elements of success and lessons learned*. Washington, DC: World Bank.

Darling-Hammond, L. (2006). *Powerful teacher education: Lessons from exemplary programs*. San Francisco, CA: Jossey-Bass.

Darling-Hammond, L. (2010). *The flat world and education. How America's commitment to equity will determine our future*. New York, NY: Teachers College Press.

Darling-Hammond, L., & Lieberman, A. (Eds.). (2012). *Teacher education around the world: Changing policies and practices*. New York, NY: Routledge.

Department for Education. (2010). *The importance of teaching: The schools white paper*. London, England: Department for Education.

Dohn, N. B. (2007). Knowledge and skills for PISA. Assessing the assessment. *Journal of Philosophy of Education, 41*(1), 1–16.

Elley, W. B. (Ed.). (1992). *How in the world do students read?* Hamburg, Germany: Grindeldruck.

Fullan, M. (2010). *All systems go: The change imperative for whole system reform*. Thousand Oaks, CA: Corwin.

Fullan, M. (2011). *Choosing wrong drivers for whole system reform* (Seminar series 204). Melbourne, Australia: Centre for Strategic Education.

Gameran, E. (2008, February 29). What makes Finnish kids so smart? *Wall Street Journal*. Retrieved from online.wsj.com/article/SB120425355065601997.html

Gardner, H. (1983). *Frames of minds: The theory of Multiple Intelligences*. New York, NY: Basic Books.

Gardner, H. (2010, January 10). The ministers' misconception. Retrieved from www.thegoodproject.org/the-ministers-misconceptions/

Goldstein, H. (2004). International comparisons of student attainment: Some issues arising from the PISA study. *Assessment in Education: Principles, Policy and Practice, 11*(3), 319–330.

Grek, S. (2009). Governing by numbers: The PISA "effect" in Europe. *Journal of Education Policy, 24*(1), 23–37.

Grubb, N. (2007). Dynamic inequality and intervention: Lessons for a small country. *Phi Delta Kappan, 89*(2), 105–114.

Häivälä, K. (2009). *Voice of upper-secondary school teachers: Subject teachers´ perceptions of changes and visions in upper-secondary schools*. Annales Universitatis Turkuensis, C 283 (in Finnish). Turku, Finland: University of Turku.

Halme, K., Lindy, I., Piirainen, K., Salminen, V., & White, J. (2014). Finland as a knowledge economy 2.0: Lessons on policies and governance. Washington, DC: World Bank.

Hargreaves, A. (2003). *Teaching in the knowledge society. Education in the age of insecurity*. New York, NY: Teachers College Press.

Hargreaves, A., Crocker, R., Davis, B., McEwen, L., Sahlberg, P., Shirley, D., & Sumara, D. (2009). *The learning mosaic: A multiple perspectives review of the Alberta initiative for school improvement*. Edmonton, Alberta, Canada: Alberta Education.

Hargreaves, A., Earl, L., Moore, S., & Manning, M. (2001). *Learning to change: Teaching beyond subjects and standards*. San Francisco, CA: Jossey-Bass.

Hargreaves, A., & Fink, D. (2006). *Sustainable leadership*. San Francisco, CA: Jossey-Bass.

Hargreaves, A., & Fullan, M. (2012). *Professional capital. Transforming teaching in every school*. New York, NY: Teachers College Press.

Hargreaves, A., Halasz, G., & Pont, B. (2008). The Finnish approach to system leadership. In B. Pont, D. Nusche, & D. Hopkins (Eds.), *Improving school leadership, volume 2: Case studies on system leadership* (pp. 69–109). Paris, France: OECD.

Hargreaves, A., Lieberman, A., Fullan, M., & Hopkins, D. (Eds.). (2010). *Second international handbook of educational change*. New York, NY: Springer.

Hargreaves, A., & Shirley, D. (2009). *The Fourth Way: The inspiring future of educational change*. Thousand Oaks, CA: Corwin.

Hargreaves, A., & Shirley, D. (2012). *The Global Fourth Way: The quest for educational excellence*. Thousand Oaks, CA: Corwin.

Hautamäki, J., Harjunen, E., Hautamäki, A., Karjalainen, T., Kupiainen, S., Laaksonen, S., . . . Jakku-Sihvonen, R. (2008). *PISA06 Finland: Analyses, reflections and explanations*. Helsinki, Finland: Ministry of Education.

Hautamäki, J., Kupiainen, S., Marjanen, J., Vainikainen, M-P., & Hotulainen, R. (2013). *Oppimaan oppiminen peruskoulun päättövaiheessa. Tilanne vuonna 2012 ja muutos vuodesta 2001*. [Learning to learn at the end of basic education. Results in 2012 and changes from 2001.] Faculty of Behavioral Sciences, Department of Teacher of Education Research Report No 347. Helsinki, Finland: University of Helsinki.

Hellström, M. (2004). *Muutosote. Akvaarioprojektin pedagogisten kehittämishankkeiden toteutustapa ja onnistuminen* [The way of change—The implementation and success of pedagogical development projects at the experimental schools of the Aquarium Project]. Helsinki, Finland: University of Helsinki.

Itkonen, T., & Jahnukainen, M. (2007). An analysis of accountability policies in Finland and the United States. *International Journal of Disability, Development and Education, 54*(1), 5–23.

Jakku-Sihvonen, R., & Niemi, H. (Eds.) (2006). *Research-based teacher education in Finland: Reflections by Finnish teacher educators*. Turku, Finland: Finnish Educational Research Association.

Jennings, J., & Stark Rentner, D. (2006). *Ten big effects of the No Child Left Behind Act on public schools.* Washington, DC: Center on Education Policy.

Jensen, B., Weidmann, B., & Farmer, J. (2013). *The myth of markets in school education.* Melbourne, Australia: Grattan Institute.

Jimerson, S. (2001). Meta-analysis of grade retention research: Implications for practice in the 21st century. *School Psychology Review, 30,* 420–437.

Jokinen, H., & Välijärvi, J. (2006). Making mentoring a tool for supporting teachers' professional development. In R. Jakku-Sihvonen & H. Niemi (Eds.), *Research-based teacher education in Finland: Reflections by Finnish teacher educators* (pp. 89–101). Turku, Finland: Finnish Educational Research Association.

Joyce, B., & Showers, B. (1995). *Student achievement through staff development: Fundamentals of school renewal* (2nd ed.). White Plains, NY: Longman.

Joyce, B., & Weil, M. (1986). *Models of teaching* (3rd ed.). Englewood Cliffs, NJ: Prentice Hall.

Jussila, J., & Saari, S. (Eds.). (2000). *Teacher education as a future-moulding factor: International evaluation of teacher education in Finnish universities.* Helsinki, Finland: Higher Education Evaluation Council.

Kangasniemi, S. (2008, February 27). Millä ammatilla pääsee naimisiin? [With which profession to get married?] *Helsingin Sanomat Koulutusliite,* pp. 4–6.

Kasvio, M. (Ed.). (2011). *The best school in the world: Seven Finnish examples from the 21st century.* Helsinki, Finland: Museum of Finnish Architecture.

Kauffman, S. (1995). *At home in the universe: The search for the laws of self-organization and complexity.* Oxford, England: Oxford University Press.

Kets De Vries, M. (2006). *The leader on the couch.* San Francisco, CA: Jossey Bass.

Kiuasmaa, K. (1982). *Oppikoulu 1880–1980: Oppikoulu ja sen opettajat koulujärjestyksestä peruskouluun* [Grammar school 1880–1980: Grammar school and its teachers from school order to comprehensive school]. Oulu, Finland: Kustannusosakeyhtiö Pohjoinen.

Kivi, A. (2005). *Seven brothers* [*Seitsemän veljestä*, R. Impola, Trans.]. Beaverton, ON: Aspasia Books. (Original work published 1870)

Koskenniemi, M. (1944). *Kansakoulun opetusoppi* [Didactics of primary school]. Helsinki, Finland: Otava.

Kreiner, S., & Christensen, K. B. (2013, June). Analyses of model fit and robustness: A new look at the PISA scaling model underlying ranking of countries according to reading literacy. *Psychometrika,* 1–22.

Kupari, P., & Välijärvi, J. (Eds.). (2005). *Osaaminen kestävällä pohjalla. PISA 2003 Suomessa* [Competences on the solid ground. PISA 2003 in Finland]. Jyväskylä, Finland: Institute for Educational Research, University of Jyväskylä.

Kuusi, P. (1961). *60-luvun sosiaalipolitiikka* [Social politics of the 1960s]. Porvoo, Finland: WSOY.

Laukkanen, R. (1998). Accountability and evaluation: Decision-making structures and the utilization of evaluation in Finland. *Scandinavian Journal of Educational Research, 42*(2), 123–133.

Laukkanen, R. (2008). Finnish strategy for high-level education for all. In N. C. Sognel & P. Jaccard (Eds.), *Governance and performance of education systems* (pp. 305–324). Dordrecht, The Netherlands: Springer.

Lavonen, J., Krzywacki-Vainio, H., Aksela, M., Krokfors, L., Oikkonen, J., & Saarikko, H. (2007). Pre-service teacher education in chemistry, mathematics and physics. In E. Pehkonen, M. Ahtee, & J. Lavonen (Eds.), *How Finns learn mathematics and science* (pp. 49–68). Rotterdam, The Netherlands: Sense Publishers.

Lehtinen, E. (2004). *Koulutusjärjestelmä suomalaisen yhteiskunnan muutoksessa* [Education system in the changing Finnish society]. Helsinki, Finland: Sitra.

Lehtinen, E., Kinnunen, R., Vauras, M., Salonen, P., Olkinuora, E., & Poskiparta, E. (1989). *Oppimiskäsitys* [Conception of knowledge]. Helsinki, Finland: Valtion painatuskeskus.

Levin, B. (1998). An epidemic of education policy: (What) can we learn from each other? *Comparative Education, 34*(2), 131–141.

Lewis, R. (2005). *Finland, cultural lone wolf.* Yarmouth, ME: Intercultural Press.

Liiten, M. (2004, February 11). Ykkössuosikki: Opettajan ammatti [Top favorite: Teaching Profession]. *Helsingin Sanomat.* Retrieved from www.hs.fi/artikkeli/Ykk%C3%B6ssuosikki+opettajan+ammatti/1076151893860

Linnakylä, P. (2004). Finland. In H. Döbert, E. Klieme, & W. Stroka (Eds.), *Conditions of school performance in seven countries: A quest for understanding the international variation of PISA results* (pp. 150–218). Munster, Germany: Waxmann.

Linnakylä, P., & Saari, H. (1993). *Oppiiko oppilas peruskoulussa? Peruskoulu arviointi 90 -tutkimuksen tuloksia* [Does the pupil learn in peruskoulu? Findings of the Peruskoulu 90 reserach]. Jyväskylä, Finland: Jyväskylän yliopiston kasvatustieteiden tutkimuslaitos.

MacKinnon, N. (2011). The urgent need for new approaches in school evaluation to enable Scotland's Curriculum for Excellence. *Educational Assessment, Evaluation and Accountability, 23*(1), 89–106.

Martin, M. O., Mullis, I. V. S., Gonzales, E. J., Gregory, K. D., Smith, T. A., Chrostowski, S. J., . . . O'Connor, K. M. (2000). *TIMSS 1999 international science report: Findings from IEA's repeat of the third international mathematics and science study at the eighth grade.* Chestnut Hill, MA: Boston College.

Matti, T. (Ed.). (2009). *Northern lights on PISA 2006. Differences and similarities in the Nordic countries.* Copenhagen, Denmark: Nordic Council of Ministers.

Meyer, H-D., & Benavot, A. (2013). PISA and the globalization of education governance: Some puzzles and problems. In H-D. Meyer & A. Benavot (Eds.), *PISA, power, and policy the emergence of global educational governance* (pp. 9-26). Oxford, England: Symposium Books.

Miettinen, R. (1990). *Koulun muuttamisen mahdollisuudesta* [About the possibilities of school change]. Helsinki, Finland: Gaudeamus.

Ministry of Education. (2004). *Development plan for education and research 2003–2008.* Helsinki, Finland: Author.

Ministry of Education. (2007). *Opettajankoulutus 2020* [Teacher Education 2020]. Committee Report 44. Helsinki, Finland: Author.

Ministry of Education. (2009). *Ensuring professional competence and improving opportunities for continuing education in education* (Committee report 16). Helsinki, Finland: Author.

Ministry of Foreign Affairs. (2010). *How Finland will demonstrate its strengths by solving the world's most intractable problems: Final report of the country brand delegation.* Helsinki, Finland: Author.

Mortimore, P. (2009). *Alternative models for analysing and representing countries' performance in PISA.* Paper commissioned by Education International Research Institute. Brussels, Belgium: Education International.

Mortimore, P. (2013). *Education under siege. Why there is a better alternative.* Bristol, England: Policy Press.

Mourshed, M., Chijioke, C., & Barber, M. (2010*). How the world's most improved school systems keep getting better.* London, England: McKinsey.

Murgatroyd, S. (2007). *Accountability project framework—Developing school based accountability.* Unpublished report. Edmonton, Alberta, Canada: The Innovation Expedition Inc.

National Board of Education. (1999). *A framework for evaluating educational outcomes in Finland.* Helsinki, Finland: Author.

National Board of Education. (2010). *National Core Curriculum for Pre-primary Education 2010.* Helsinki, Finland: Author. Retrieved from www.oph.fi/english/

National Board of Education. (2013). *Korkeakouluun hakeneet, hyväksytyt ja opiskelupaikan vastaanottaneet.* Helsinki, Finland: Author. Retrieved from https://opintopolku.fi/wp/wp-content/uploads/2014/01/YO-Hakeneet-hyväksytyt-ja-paikanvastaanottaneet.pdf

National Board of Education. (2014). *Opettajat Suomessa 2013* [Teachers in Finland 2013]. Helsinki, Finland: Author.

National Youth Survey. (2010). *KNT 2010.* Helsinki, Finland: 15/30 Research.

Newsweek. (1999, May 24). *The future is Finnish*. Retrieved from www.newsweek.com/1999/05/23/the-future-is-finnish.html

Nichols, S. L., & Berliner, D. C. (2007). *Collateral damage: How high-stakes testing corrupts America's schools*. Cambridge, MA: Harvard Education Press.

Niemi, H. (2008). Research-based teacher education for teachers' lifelong learning. *Lifelong Learning in Europe, 13*(1), 61–69.

Niemi, H. (2011). Educating student teachers to become high quality professionals: A Finnish case. *CEPS Journal 1*(1), 43–66.

Nuikkinen, K. (2011). Learning spaces: How they meet evolving educational needs. In M. Kasvio (Ed.), *The best school in the world: Seven Finnish examples from the 21st century* (pp. 10–19). Helsinki, Finland: Museum of Finnish Architecture.

OECD. (2001). *Knowledge and skills for life: First results from PISA 2000*. Paris, France: Author.

OECD. (2004). *Learning for tomorrow's world: First results from PISA 2003*. Paris, France: Author

OECD. (2005). *Equity in education: Thematic review of Finland*. Paris, France: Author.

OECD. (2007). *PISA 2006: Science competencies for tomorrow's world* (Vol. 1). Paris, France: Author.

OECD. (2008). *Trends shaping education*. Paris, France: Author.

OECD. (2010). *PISA 2009 results: What students know and can do. Student performance in reading, mathematics and science* (Vol. 1). Paris, France: Author.

OECD. (2011a). *Strong performers and successful reformers in education: Lessons from PISA for the United States*. Paris, France: Author.

OECD. (2011b). *Against the odds: Disadvantaged students who succeed in school*. Paris, France: Author.

OECD. (2012). *Equity and quality in education*. Paris, France: Author.

OECD. (2013a). *PISA 2012 results: What students know and can do. Resources, policies and practices* (Vol. 1). Paris, France: Author.

OECD. (2013b). *PISA 2012 results: Excellence through equity. Resources, policies and practices* (Volume 2). Paris, France: Author.

OECD. (2013c). *PISA 2012 results: Ready to learn. Resources, policies and practices* (Vol. 3). Paris, France: Author.

OECD. (2013d). *PISA 2012 results: What makes schools successful? Resources, policies and practices* (Vol. 4). Paris, France: Author.

OECD. (2013f). *Education at a glance: Education indicators*. Paris, France: Author.

OECD. (2013g). *Lessons from PISA 2012 for the United States: Strong performers and successful reformers in education*. Paris, France: Author.

OECD. (2013h). *OECD skills outlook: First results from the survey of adult skills*. Paris, France: Author.

OECD. (2014a). *Education at a glance: Education indicators*. Paris, France: Author OECD.

OECD. (2014b). *TALIS 2013 results: An international perspective on teaching and learning*. Paris, France: Author.

OECD. (2014c). *Measuring innovation in education: A new perspective*. Paris, France: Author.

Ofsted (Office for Standards in Education, Children's Services and Skills). (2010). *Finnish pupils' success in mathematics: Factors that contribute to Finnish pupils' success in mathematics*. Manchester, England: Author.

O'Neill, O. (2002). *A question of trust*. Cambridge, England: Cambridge University Press.

Pechar, H. (2007). "The Bologna Process": A European response to global competition in higher education. *Canadian Journal of Higher Education, 37*(3), 109–125.

Piesanen, E., Kiviniemi, U., & Valkonen, S. (2007). *Opettajankoulutuksen kehittämisohjelman seuranta ja arviointi. Opettajien täydennyskoulutus 2005 ja seuranta 1998–2005 oppiaineittain ja oppialoittain eri oppilaitosmuodoissa* [Follow-up and evaluation of the teacher education development program: Continuing teacher education in 2005 and its follow-up 1998–2005 by fields and teaching subjects in different types of educational institutions]. Jyväskylä, Finland: University of Jyväskylä, Institute for Educational Research.

Popham, J. (2007). The no-win accountability game. In C. Glickman (Ed.), *Letters to the next president. What we can do about the real crisis in public education* (pp. 166–173). New York, NY: Teachers College Press.

Prais, S. J. (2003). Cautions on OECD's recent educational survey (PISA). *Oxford Review of Education, 29*(2), 139–163.

Prais, S. J. (2004). Cautions on OECD's recent educational survey (PISA): Rejoinder to OECD's response. *Oxford Review of Education, 30*(4), 569–573.

Ravitch, D. (2010a, June 22). Obama's awful education plan. *Huffington Post*. Retrieved from www.huffingtonpost.com/diane-ravitch/obamas-awful-education-pl_b_266412.html

Ravitch, D. (2010b, July 6). Speech to the Representative Assembly of the National Education Association, New Orleans, LA.

Ravitch, D. (2010c). *The death and life of the great American school system: How testing and choice are undermining education*. New York, NY: Basic Books.

Ravitch, D. (2013). *Reign of error: The hoax of the privatization movement and the danger to America's public schools.* New York, NY: Alfred A. Knopf.

Riley, K., & Torrance, H. (2003). Big change question: As national policy-makers seek to find solutions to national education issues, do international comparisons such as TIMSS and PISA create a wider understanding, or do they serve to promote the orthodoxies of international agencies? *Journal of Educational Change, 4*(4), 419–425.

Rinne, R., Kivirauma, J., & Simola, H. (2002). Shoots of revisionist education policy or just slow readjustment? *Journal of Education Policy, 17*(6), 643–659.

Robert Wood Johnson Foundation. (2010). *The state of play: Gallup survey of principals on school recess.* Princeton, NJ: Author.

Robinson, K. (with L. Aronica). (2009). *The element: How finding your passion changes everything.* New York, NY: Viking Books.

Robinson, K. (2011). *Out of our minds: Learning to be creative.* Chichester, England: Capstone Publishing.

Robitaille, D. F., & Garden, R. A. (Eds.). (1989). *The IEA study of mathematics II: Context and outcomes of school mathematics.* Oxford, England: Pergamon Press.

Saari, S., & Frimodig, M. (Eds.). (2009). Leadership and management of education. Evaluation of education at the University of Helsinki 2007–2008. *Administrative Publications 58.* Helsinki, Finland: University of Helsinki.

Sahlberg, P. (2006a). Education reform for raising economic competitiveness. *Journal of Educational Change, 7*(4), 259–287.

Sahlberg, P. (2006b). Raising the bar: How Finland responds to the twin challenge of secondary education. *Profesorado, 10*(1), 1–26.

Sahlberg, P. (2007). Education policies for raising student learning: The Finnish approach. *Journal of Education Policy, 22*(2), 173–197.

Sahlberg, P. (2009). Ideat, innovaatiot ja investoinnit koulun kehittämisessä [Ideas, innovation and investment in school improvement]. In M. Suortamo, H., Laaksola, & J. Välijärvi (Eds.), *Opettajan vuosi 2009–2010* [Teacher's year 2009–2010] (pp. 13–56). Jyväskylä, Finland: PS-kustannus.

Sahlberg, P. (2010a). Rethinking accountability for a knowledge society. *Journal of Educational Change, 11*(1), 45–61.

Sahlberg, P. (2010b). Educational change in Finland. In A. Hargreaves, A. Lieberman, M. Fullan, & D. Hopkins (Eds.), *Second international handbook of educational change* (pp. 323–348). New York, NY: Springer.

Sahlberg, P. (2011). The fourth way of Finland. *Journal of Educational Change, 12*(2), 173–185.

Sahlberg, P. (2012). The most wanted: Teachers and teacher education in Finland. In L. Darling-Hammond & A. Lieberman (Eds.) *Teacher education around the world: Changing policies and practices* (pp. 1–21). New York, NY: Routledge.

Sahlberg, P. (2013a). Teachers as leaders in Finland. *Educational Leadership, 71*(2), 36–40.
Sahlberg, P. (2013b, May 15). What if Finland's great teachers taught in U.S. schools? *Washington Post*. Retrieved from www.washingtonpost.com/blogs/answer-sheet/wp/2013/05/15/what-if-finlands-great-teachers-taught-in-u-s-schools-not-what-you-think.
Sahlberg, P. (in press). The Global Educational Reform Movement and its impact on schooling. K. Mundy, A. Green, R. Lingard, & A. Verger (Eds.), *The handbook of global policy and policy-making in education* (pages not available). New York, NY: Wiley-Blackwell.
Sarason, S. B. (1996). *Revisiting "the culture of the school and the problem of change."* New York, NY: Teachers College Press.
Schleicher, A. (2006). *The economics of knowledge: Why education is key for Europe's success*. Brussels, Belgium: The Lisbon Council.
Schleicher, A. (2007). Can competencies assessed by PISA be considered the fundamental school knowledge 15-year-olds should possess? *Journal of Educational Change, 8*(4), 349–357.
Schulz, W., Ainley, J., Fraillon, J., Kerr, D., & Losito, B. (2010). ICCS 2009 International Report: Civic knowledge, attitudes and engagement among lower-secondary school students in thirty-eight countries. Amsterdam, The Netherlands: IEA.
Seddon, J. (2008). *Systems thinking in the public sector: The failure of the reform regime . . . and a manifesto for a better way*. Axminster, England: Triarchy Press.
Sellar, S., & Lingard, B. (2013). The OECD and the expansion of PISA: New global modes of governance in education. *British Educational Research Journal*. doi:10.1002/berj.3120
Simola, H. (2005). The Finnish miracle of PISA: Historical and sociological remarks on teaching and teacher education. *Comparative Education, 41*(4), 455–470.
Simola, H. (2015). *The Finnish education mystery. Historical and sociological essays on schooling in Finland*. London, England: Routledge.
Ståhle, P. (Ed.). (2007). *Five steps for Finland's future*. Helsinki, Finland: TEKES.
Ståhle, P., & Wilenius, M. (2006). *Luova tietopääoma: Tulevaisuuden kestävä kilpailuetu* [Creative intellectual capital: Sustainable competitive advantage of the future]. Helsinki, Finland: Edita.
Statistics Finland. (2011). *Population structure*. Retrieved from www.stat.fi/til/vaerak/2010/vaerak_2010_2011-03-18_tie_001_en.html
Statistics Finland. (2014a). *Nearly every fifth Finn is aged 65 or over*. Retrieved from tilastokeskus.fi/til/vaerak/index_en.html

Statistics Finland. (2014b). *Discontinuation of education*. Retrieved from www.stat.fi/til/kkesk/index_en.html

Statistics Finland. (n.d.a). *Education*. Retrieved from www.stat.fi/til/kou_en.html

Statistics Finland. (n.d.b). *Research and development*. Retrieved from www.stat.fi/til/tkke/index_en.html

Statistics Finland. (n.d.c). *Income and consumption*. Retrieved from www.stat.fi/til/tul_en.html

Spieghalter, D. (2013, December 3). East Asian countries top global league tables for educational performance. Retrieved from www.theguardian.com/world/2013/dec/03/east-asian-top-oecd-education-rankings

Teddlie, C. (2010). The legacy of the school effectiveness research tradition. In A. Hargreaves, A. Lieberman, M. Fullan, & D. Hopkins (Eds.), *The second international handbook of educational change* (pp. 523–554). Dordrecht, Netherlands: Springer.

Toom, A., Kynäslahti, H., Krokfors, L., Jyrhämä, R., Byman, R., Stenberg, K., . . . Kansanen, P. (2010). Experiences of a research-based approach to teacher education: Suggestion for the future policies. *European Journal of Education, 45*(2), 331–344.

Tucker, M. (2011). *Surpassing Shanghai: An agenda for American education built on the world's leading systems*. Cambridge, MA: Harvard Education Press.

UNICEF. (2012). *Measuring child poverty: New league tables of child poverty in the world's richest countries*. Florence, Italy: Innocenti Research Centre Report Card #10.

Välijärvi, J. (2004). Implications of the modular curriculum in the secondary school in Finland. In J. van den Akker, W. Kuiper, & U. Hameyer (Eds.), *Curriculum landscapes and trends* (pp. 101–116). Dordrecht, Netherlands: Kluwer.

Välijärvi, J. (2008). Miten hyvinvointi taataan tulevaisuudessakin? [How to guarantee welfare also in future?]. In M. Suortamo, H., Laaksola, & J. Välijärvi (Eds.), *Opettajan vuosi 2008–2009* [Teacher's year 2008–2009] (pp. 55–64). Jyväskylä, Finland: PS-kustannus.

Välijärvi, J., Kupari, P., Linnakylä, P., Reinikainen, P., Sulkunen, S., Törnroos, J., & Arffman, I. (2007). *Finnish success in PISA and some reasons behind it II*. Jyväskylä, Finland: University of Jyväskylä.

Välijärvi, J., Linnakylä, P., Kupari, P., Reinikainen, P., & Arffman, I. (2002). *Finnish success in PISA and some reasons behind it*. Jyväskylä, Finland: Institute for Educational Research, University of Jyväskylä.

Välijärvi, J., & Sahlberg, P. (2008). Should "failing" students repeat a grade? A retrospective response from Finland. *Journal of Educational Change, 9*(4), 385–389.

Voutilainen, T., Mehtäläinen, J., & Niiniluoto, I. (1989). *Tiedonkäsitys* [Conception of knowledge]. Helsinki, Finland: Kouluhallitus.

Weiss, E. (2013). *Mismatches in Race to the Top limit educational improvement: Lack of time, resources, and tools to address opportunity gaps puts lofty state goals out of reach*. Washington, DC: Broader, Bolder Approach to Education/Education Policy Institute.

Westbury, I., Hansen, S-E., Kansanen, P., & Björkvist, O. (2005). Teacher education for research-based practice in expanded roles: Finland's experience. *Scandinavian Journal of Educational Research, 49*(5), 475–485.

Wiborg, S. (2010). *Swedish free schools: Do they work?* London, England: Centre for Learning and Life Chances in Knowledge Economies and Societies, www.llakes.org.

Wilkinson, R., & Pickett, K. (2009). *The spirit level: Why more equal societies almost always do better*. New York, NY: Allen Lane.

World Bank. (2011). *Learning for all: Investing in people's knowledge and skills to promote development*. Washington, DC: World Bank.

Zhao, Y. (2009). *Catching up or leading the way: American education in the age of globalization*. Alexandria, VA: ASCD.

Zhao, Y. (2013, December 2). Reading the PISA tea leaves: Who is responsible for Finland's decline and the Asian magic? Retrieved from zhaolearning.com/2013/12/02/reading-the-pisa-tea-leaves-who-is-responsible-for-finland's-decline-and-the-asian-magic/

Zhao, Y. (2014). *Who's afraid of the big bad dragon: Why China has the best (and worst) education system in the world*. San Francisco, CA: Jossey Bass.

# 注　释

## 导论

1. 世界银行与 OECD 曾在报告中援引芬兰作为案例,可见于 Aho, Pitkanen 和 Sahlberg(2006)和 OECD(2011a)。麦肯锡的报告也将芬兰当作全球教育优质实践的案例,可见 Barber & Mourshed(2007)和 Auguste, Kihn & Miller(2010)。

2. 在 OECD 第一次 PISA 测评结果公布之后不久,芬兰媒体上就发生了一次公开辩论。许多芬兰学术界人士拒绝这一结果,认为测评无法衡量学生数学或科学的"真正"水平,而只是测试了某些对后续深造无关的常见知识。

3. 霍华德·加德纳曾于 2010 年 5 月造访芬兰,他的采访则在 2010 年 5 月 28 日发表于《赫尔辛基报》(*Helsingin Sanomat*)。

## 第一章

1. Peruskoulu 是芬兰文,指的是九年制的综合学校,包括六年的初级综合学校(即小学)和三年的高级综合学校(即初中)。

2. 第二共和指的是芬兰历史上 1946—1994 年之间时期,根据 Alasuutari(1996)。

3. 在完成综合学校的学业之后,学生可以自主选择是否要进行十年级的额外学业。学生的个性化学习方案通常由学术教育和实践教育组成。十年级课程的关键目标之一是提供年轻人精进他们知识和技能水平的机会,使他们可以在高中表现出色。十年级被安排为综合学校教育的后部分,有综合学校的教师教授。

4. www.washingtonpost.com/blogs/answer-sheet/wp/2014/03/20/werid-list-of-topics-avoided-on-california-high-school-exit-exam/

5. "水族馆计划"是一项由政府资助的学校进步计划,旨在支持从中央统一管理转变为地方持续性领导的变革进程。该项目的芬兰语介绍可以在 Hellstrom(2004)的博士论文中找到。

6. 芬兰国家健康与福利机构(The National Institute for Health and Welfare, THL;www.thl.fi/en/web/thlfi-en)是芬兰社会与健康部下属的研究发展机构,致力于服务除科研人员、政府官员之外的广大人群,旨在提升芬兰的健康与福利水平。

## 第二章

1. 国际教育成就评估协会(The International Association for the Evaluation of Educational Achievement)每四年进行 PIRLS,每五年进行 TIMSS 测试。国际数学与科学学校趋势调查(TIMSS, Trends in International Mathematics and Science Study)测量四年级和八年级学生数学与科学学习成果的趋势变化。自从1995年以来,每四年进行一次,因此 2011 年是第五次进行 TIMSS 测试。国际阅读学习成果测试(PIRLS, Progress in International Reading Literacy Survey)测量四年级学生的阅读理解能力。自 2001 年测试以来,每五年进行一次。TIMSS 和

PIRLS 都在 2011 年进行了测试,更多的数据与信息可以在 timssandpirls.bc.edu 上找到。

## 第三章

1. 博洛尼亚进程(The Bologna Process)是一项国际间的合作性倡议,目前有 46 个国家签署参与。这项合作创造了欧洲高等教育区,打通了教育体制,共享教育学位,创设了欧洲学分流通系统(ECTS, The European Credit Transfer System)。教师/师范教育在 Pechar(2007)和 Jakku-Sihvonen & Niemi(2006)中有描述。

2. 基于博洛尼亚进程和欧洲其他的交流项目,泛欧洲师范教育合作逐步增加,但芬兰高校始终与他们在北美、英国、澳大利亚的同仁保持活跃的合作。

3. 一直以来,"高中毕业考试是否对高中阶段教师的教学有负面影响"这一问题备受争议。关于这个问题的一些实证性研究课件可见 Haivala(2009)的报告。

## 第四章

1. 在教育改革与学校进步方面,有两大重要的学术刊物。

2. 最初的创意"一种新的教育正统"来自于安迪·哈格里夫斯,见 Salhberg(2001)。

3. 当时我负责一个全国性的项目,叫作"创造性问题解决在学校",并与芬兰的创造性企业,诸如诺基亚、通力(Kone)和维萨拉(Vaisala)保持密切关系。这一项目由国家教育委员会管理与资助,部分受纽约水牛城的"创造性问题解决方案"启发。

4. 世界经济论坛(The World Economics Forum，WEF)是一个总部在瑞士的国际组织，协调国际上在经济方面的研究成果。国际管理发展机构(The International Institute for Management Development，IMD)也进行相似的国家经济竞争力比较方面的研究。2010年欧盟成员国经济竞争力的内部排名中，芬兰与瑞典并列第一。

## 第五章

1. 关于责任制文化，一个著名案例是具有争议性的"实现学"(deliverology)论述，依托目标、测量和责任制来管理和监控教育改革政策与策略的实施。关于赞成实现学的论述，可见 Barber，Moffit 和 Kihn's(2011)的文章"*field game*"，关于批判性视角，则可见 Seddon(2008)的评论。

2. 例如，Hargreaves(2003)，Schleicher(2007)和 Grubb(2007)都可以理解，在转变传统教育模式的过程中，另一种可选的教育政策的重要性。

3. 文化因素也被许多芬兰教育的外部观察者提及，请见 Hargreaves et al.(2008)，Schleicher(2006)和 Grubb(2007)。

4. 自 2001 年 PISA 测试之后，对芬兰教育的相关媒体报道均可见 www.pasisalhberg.com。

图书在版编目（CIP）数据

芬兰道路：世界可以从芬兰教育改革中学到什么 / (芬) 帕斯·萨尔伯格著；鲍方越译. — 2版. — 上海：上海教育出版社, 2020.4
（2022.8重印）
ISBN 978-7-5444-9844-9

Ⅰ.①芬… Ⅱ.①帕…②鲍… Ⅲ.①教育改革–研究–芬兰
Ⅳ.①G553.11

中国版本图书馆CIP数据核字(2020)第039120号

Finnish Lessons 2.0:What can the world learn from educational change in Finland? By Pasi Sahlberg
Copyright@2015 by Teachers College,Columbia University
First published by Teachers College Press,Teachers College,Columbia University,New York USA.All Rights Reserved.

上海市版权局著作权合同登记号 图字 09-2020-221 号

责任编辑　李　玮
封面设计　陆　弦

**芬兰道路：世界可以从芬兰教育改革中学到什么**
(芬) 帕斯·萨尔伯格　著　鲍方越　译

| | |
|---|---|
| 出版发行 | 上海教育出版社有限公司 |
| 官　网 | www.seph.com.cn |
| 地　址 | 上海市闵行区号景路159弄C座 |
| 邮　编 | 201101 |
| 印　刷 | 启东市人民印刷有限公司 |
| 开　本 | 700×1000　1/16　印张 16.25 |
| 字　数 | 206 千字 |
| 版　次 | 2020年5月第1版 |
| 印　次 | 2022年8月第3次印刷 |
| 书　号 | ISBN 978-7-5444-9844-9/G·8115 |
| 定　价 | 65.00 元 |

如发现质量问题，读者可向本社调换　　电话：021-64373213